Mosaik

bei GOLDMANN

Buch

»Ein Mann ohne Bauch ist ein Krüppel!« – Für alle Frauen, die diese Ausrede nicht mehr hören können, gibt es jetzt das erfolgreiche Ernährungskonzept speziell für Männer. LOW FETT 30 macht Schluss mit dem Kalorienzählen und setzt auf Information und Eigenverantwortung. LOW FETT 30 ist nämlich keine Diät: Man(n) darf alles essen, solange nicht mehr als 30 Prozent der Kalorien aus Fett stammen. Leckere Rezepte zum Sattessen und ein erträgliches Maß an Bewegung machen ihm das Abnehmen schmackhaft und verhindern, dass er wieder schwach wird. 14 lebende männliche Beispiele zeigen, dass schon kleine Veränderungen große Wirkungen haben können.

Autorinnen

Gabi Schierz ist Diplom-Ökotrophologin und arbeitete in der Ernährungsindustrie als Produktmanagerin.
Gabi Vallenthin ist die eigentliche Initiatorin des LOW FETT 30-Konzepts. Schon als Säugling übergewichtig, hat sie im Laufe ihres Lebens nahezu alle Diäten kennen gelernt. Mit dem Ergebnis, anschließend wieder zuzunehmen. Mit der Fett-Formel von LOW FETT 30 gelang es ihr, dem Teufelskreis zu entrinnen.

Im Sonderheft der Stiftung Warentest (April 2002) zum Thema »Diäten« erhielt das Gruppenkonzept LOW FETT 30-konkret die Bewertung »sehr empfehlenswert«, und auch weitere Bücher der Autorinnen wurden bei den 22 besten Abnehmkonzepten auf dem Markt eingestuft.

Internet: www.lowfett.de

Von den Autorinnen außerdem bei Mosaik bei Goldmann:

LOW FETT 30. Essen macht Spaß (16504)
LOW FETT 30 für Berufstätige (16535)

Gabi Schierz / Gabi Vallenthin

So koche ich meinen Mann schlank

Mosaik
bei GOLDMANN

Die Ratschläge in diesem Buch sind von den Autorinnen und vom Verlag sorgfältig erwogen und geprüft, dennoch kann eine Garantie nicht übernommen werden. Eine Haftung der Autorinnen bzw. des Verlags und seiner Beauftragten für Personen-, Sach- und Vermögensschäden ist ausgeschlossen.

Bildnachweis: Die Fotos der LOW FETT 30-Anwender wurden von den Beteiligten zur Verfügung gestellt.

Umwelthinweis:
Alle bedruckten Materialien dieses Taschenbuches sind chlorfrei und umweltschonend.

4. Auflage
Originalausgabe Januar 2004

Umschlaggestaltung: Design Team München
unter Verwendung eines Fotos von Zefa/SIS
(Mann: B. Budrovic; Gemüse: Michael Carroll)
Redaktion: Bettina Snowdon
Satz: Uhl + Massopust, Aalen
Druck: GGP Media, Pößneck
Verlagsnummer: 16583
kö/ue · Herstellung: Ina Hochbach
Printed in Germany
ISBN 3-442-16583-0
www.goldmann-verlag.de

Inhalt

Teil 1

Teil 2

Teil 3

Teil 1

In eigener Sache: Frauenfragen, Männerthemen

Im Vorfeld zu diesem Buch haben wir heiß den Titel diskutiert: »Wie koche ich meinen Mann schlank« stieß bei einigen auf heftige Kritik. Männer sollten selbst zusehen, dass sie abnehmen – und nicht erwarten, dass ihre Frauen auch dieses Eisen aus dem Feuer holen.

Die andere Fraktion meinte dagegen, dass man so viel Humor voraussetzen könne – schließlich wäre das mal eine richtig witzige Formulierung.

Nun haben wir als Autoren uns damit ein kleines »Problem« eingehandelt: Wen sprechen wir denn nun an? Die Frauen, die ihre Männer dünner haben wollen? Oder die Männer, die das Buch selbst lesen? Oder etwa die Frauen, die LOW FETT 30 als gemeinschaftliches Projekt starten wollen, weil sie beide davon profitieren.

Wir gehen also jetzt in diesem Buch einfach mal davon aus, dass SIE, die oder der Sie das jetzt hier lesen, etwas bei Ihrer Ernährung ändern wollen. Und werden versuchen, SIE dazu zu motivieren. Und wenn IHNEN LOW FETT 30 gefällt, werden Sie auch Ihren Partner, Ihre Partnerin, Ihre Freunde und alle, die es sonst nicht wissen wollen, von LOW FETT 30 überzeugen.

Viel Spaß beim Lesen!

Guten Tag und Willkommen bei LOW FETT 30

Sie haben dieses Buch erworben, weil Sie
a) ein Mann sind, der etwas FÜR seine Gesundheit und GEGEN seinen Bauch unternehmen will, oder
b) eine Frau sind, die Ihren Mann gerne beim Abnehmen unterstützen möchte, oder
c) eine Frau sind, die Ihren Mann gerne dazu bringen möchte, endlich abzunehmen.

Sollte c) für Sie zutreffen, dann lesen Sie bitte unbedingt den nachstehenden Absatz, a) und b) können Sie überspringen!

Ja, ich möchte, dass mein Mann endlich abnimmt!

Bevor wir beginnen, möchten wir Ihnen noch etwas auf den Weg geben, weil wir in der täglichen Beratungspraxis immer wieder erleben, dass Frauen ihre Männer zum Abnehmen motivieren – in manchen Fällen sollte man besser sagen »überlisten« oder »zwingen« – möchten.

Frauen neigen dazu, die Probleme ihrer Männer zu ihren eigenen zu machen und scheuen weder Tricks noch Schliche, um den Göttergatten auf den von ihnen gewählten Pfad der Tugend zu bringen. Und weil Männer so gerne auf beiden Ohren taub sind, wenn Themen angeschnitten werden, die ihnen nicht passen, versuchen Frauen es im ersten Schritt mit der »Schnucki-Überzeugungs-Masche«: »Ach Hasemann, was lieb ich Dich, aber Dein kleines Bäuchelein, das macht mir doch großen Kummer!«

Vergessen Sie's! Das Flöten in den süßesten Tönen bei gleichzeitig liebevollem, leicht vorwurfsvollen Tätscheln des Bierbauchs bringt Ihren Mann nicht auf die richtige Fährte. Im Gegenteil. Er wird bloß störrisch werden und Ihnen zu verstehen geben, dass Sie seinen Bauch so lassen sollen, wie er ist, und dass ein Mann ohne Bauch sowieso kein Mann sei.

Schritt zwei liegt nahe: Sie versuchen es jetzt mit mehr oder minder sanfter Erpressung. Bei jeder sich bietenden Gelegenheit kehren Sie leuchtende Beispiele raus von Männern, die schlanker sind. Von Männern, die es sehr wohl geschafft haben, abzunehmen, und – das ist dann die ganz hohe Schule von Schritt zwei – von deren Frauen, die angeblich von gigantischen Nächten erzählen, die sie mit ihrem Schatzemann erleben, seit er abgenommen hat.

Auch IHR Mann würde dieses Manöver durchschauen und noch mehr auf Durchzug schalten. Die Aussicht auf »gigantische Nächte« mag ja recht nett sein, aber selbst über diesen Weg wollen sie nicht manipuliert werden, die Vertreter des starken Geschlechts.

Schritt drei ist dann nicht mehr weit: Böse Blicke, giftige Bemerkungen beim Essen, im Bad, im Bett, beim Klamottenkaufen … also, bei allem Respekt, aber der dickste Bauch ist es nicht wert, die Atmosphäre zu vergiften.

Gegenvorschlag: Reden Sie Klartext

Männer sind viel einfacher gestrickt als Frauen. Sie können klare Worte vertragen, aber Sie verstehen uns Frauen nicht, wenn wir uns in typisch weiblichen Andeutungen und Verklausulierungen ergehen. Erst kriegen sie es nicht mit, und dann igeln sie sich ein: »Komm mir bloß nicht zu nahe!«

Es hilft wirklich nur eins: Sprechen Sie mit Ihrem Mann in aller Deutlichkeit über sein Übergewicht und über die Risiken, die damit, vor allem in Verbindung mit zu viel Bauchfett, einhergehen. Gerade der Apfeltyp, also der Typus, der das Fett als Bauchring herumträgt, ist besonders anfällig für Herzinfarkte. Das ist wissenschaftlich belegt.

Bitten Sie ihn, zum Arzt zu gehen, und überlassen Sie DIESEM die weitere Argumentation. Er soll einen Check-up machen, ein großes Blutbild, gegebenenfalls einen Blutzucker-Belastungstest und ihm die Konsequenzen aufzeigen. Die Ergebnisse werden Ihren Mann eher überzeugen als weibliches Taktieren. Viele Männer mit deutlichem Übergewicht beginnen ihre Umstellung wirklich erst nach einem Gesundheits-Check durch ihren Arzt.

Dann können Sie ihm auch bei der Umsetzung helfen. Vielleicht möchten Sie ja beide abnehmen. Aber denken sie immer daran: SIE können nicht für IHN abnehmen. Es muss sein eigener Wille, sein fester Entschluss sein. Machen Sie ihm klar, dass es seine Entscheidung ist, und dass nur ER etwas dagegen tun kann. Lassen Sie die Verantwortung für die Figur bei dem, der die Figur hat: Sie sind für IHRE Figur verantwortlich, er für SEINE. Nur für die Figur Ihrer Kinder sollten Sie sich auch noch verantwortlich fühlen – und, falls es notwendig ist, hier Schritte zur Reduktion des Gewichts einleiten. Bei Ihrem Mann funktioniert das nicht. Würden Sie probieren, das Problem für ihn im Alleingang zu lösen, würde er Sie nach kurzer Zeit austricksen: Er würde heimlich essen, vor dem LOW FETT 30-Abendessen noch kurz in die Pommesbude gehen oder in der Kantine doppelt und dreifach zuschlagen. Wenn es nicht SEIN ganz persönliches Ziel ist, sein Gewicht zu reduzieren, dann müssen Sie lernen, über seinen Bauch hinwegzusehen. Wenn es Sie aber soooo maßlos stört, dass Sie NICHT darüber hinwegsehen können und wollen und Sie es charakterlos und widerlich finden: Dann seien Sie konsequent, und suchen Sie sich einen neuen Mann.

Werden Sie erst aktiv, wenn Ihr Mann es wird

Wenn Ihr Mann auf SIE zukommt, weil er etwas ändern möchte, dann kaufen Sie für die ganze Familie anders ein. Lernen Sie, fettarm zu kochen. Und wenn Sie es ganz lieb mit ihm meinen, dann versuchen Sie, alle seine Lieblingsgerichte auf LOW FETT 30-Kurs zu bringen. Auch gemeinsame Bewegung – also Walking, Schwimmen, Fahrradfahren oder gemeinsame Fitness – sind dann das Tüpfelchen auf dem i der gemeinschaftlichen Problemlösung. Und wenn Sie Ihre Kinder noch mitnehmen können, werden Sie in Kürze und dauerhaft eine Familie ohne Gewichtsprobleme sein.

So. Und jetzt geht es los!

LOW FETT 30 – was ist das?

LOW FETT 30 bedeutet, man soll nur 30 Prozent des täglichen Kalorienbedarfs über Kalorien decken, die aus Fett stammen. Das wurde übrigens nicht von uns erfunden, sondern ist eine der zehn Empfehlungen der Deutschen Gesellschaft für Ernährung (DGE) zum Thema »Gesünder Essen«.

Doch gerade dieser eine Punkt, der Fettkonsum, ist besonders ausschlaggebend für die Veränderung der Figur.

Das Gewicht: Ein Kind mit vielen Vätern

Unser Körpergewicht wird von verschiedenen Faktoren beeinflusst:

Die genetische Disposition

Die Qualität Ihres Stoffwechsels und Ihr Körpertypus werden zu etwa 60 Prozent von Ihrer genetischen Disposition bestimmt. Die einen erben eben die Grundstücke, die anderen den lahmen Stoffwechsel und das schüttere Haar. So gibt es dann auch »gute Futterverwerter« und »schlechte Futterverwerter«. Es gibt athletische Typen mit kurzen Muskeln, die schnell »Muckis« aufbauen können, und »Läufertypen«, die groß und meistens schlank sind und die selbst bei fortschreitendem Alter kaum Probleme mit ihrer Figur bekommen. Letzteren fallen alle Ausdauer-Sportarten leicht, die ein vernünftiges Abnehmen besonders unterstützen. Ungerecht ist das. Es müsste genau umgekehrt sein. Denn die athletischen Typen, also die, die schnell Muskeln aufbauen können, haben meist viel mehr Spaß am Training mit Gewichten und an Geräten, was zwar für einen höheren Muskelanteil sorgt, aber so nur indirekt für den Abbau von Körperfett sorgt. Ausdauersportarten wie Laufen sind für Athleten viel, viel schwieriger: Die Athleten sind schwerer, haben mehr Masse zu bewegen, und Laufen bringt ihnen verständlicherweise nicht so viel Spaß, weil es für sie eben ungleich anstrengender ist als für jemanden, der wie ein Reh durch den Wald hüpfen kann. Durch das höhere Gewicht und die Konstruktion von Gelenken und Muskelansätzen sind Athleten meist auch anfälliger für Probleme in Knie- und Sprunggelenken. Ihr langsamerer Stoffwechsel äußert sich nicht zuletzt in einer niedrigeren Hauttemperatur.

Wenn man die beiden Gruppen mit Vertretern aus der Tierwelt vergleichen würde, könnte man auf der einen Seite an Bären und auf der anderen an Gazellen denken. Der Bär ruhig, schwer und kräftig, die Gazelle nervig, leichtfüßig und schnell. Wenn ein Bär den Job einer Gazelle machen sollte, hätte er die gleichen Probleme wie die Gazelle mit dem Job des Bären. Keiner würde das verlangen wollen. Aber da wir heute nicht mehr so schwer schuften wie die Bären, müssen wir eben für weniger reichhaltiges »Futter« sorgen und für mehr Bewegung. Der Bär muss schließlich auch aus seiner Höhle!

Die Ernährung

Wer weiß das heutzutage noch nicht: Wir essen zu fett. Der bundesdeutsche Durchschnitt liegt bei rund 55 Prozent der Gesamtkalorien aus Fett, die DGE empfiehlt maximal 30 Prozent. Wir werden Ihnen in diesem Buch genau aufzeigen, wie das funktioniert.

Die Bewegung

Wer sich wenig bewegt, braucht auch weniger Nahrung. Leider entwickelt sich bei uns das Verhältnis genau umgekehrt: Wenn wir sitzen, essen wir auch. Zumindest essen wir mehr, als wenn wir uns viel bewegen und viel unterwegs sind. Je gemütlicher Sie veranlagt sind, um so schwerer wird es für Sie, auf das Essen zu verzichten. Auch dafür haben wir Lösungen!

Das Trinkverhalten

Wir reden hier nicht über Alkohol (das kommt später), sondern über unsere generellen Trinkgewohnheiten. Und über die Trinkgewohnheiten von Männern im Speziellen. Der Verbrauch an Mineralwasser ist bei Männern viel geringer als bei Frauen. Männer greifen eben doch häufiger zu Cola und Limo, Apfelschorle und Bier. Oder Kaffee mit Zucker. Männer, die sich daran gewöhnen, auf Wasser umzusteigen, haben schon einen erheblichen Beitrag zur Gewichtsreduktion geleistet.

Mit den letzten drei Faktoren – Ernährung, Bewegung und Trinkverhalten – werden wir uns in diesem Buch beschäftigen. An der genetischen Disposition können wir ja auch schwer etwas ändern. Vielleicht wird es in ein paar Jahrzehnten möglich sein, so an den Genen rumzuschrauben, dass wir alle dem Typus der Gazelle entsprechen. Hoffen wir nur, dass wir dann nicht in Zeiten geraten, die so hart sind, dass gute Futterverwerter mit langsamem Stoffwechsel die einzigen sind, die sie überleben. Man muss bei all dem Hadern mit dem langsamen Stoffwechsel schließlich bedenken, dass uns genau dieser lahme Umsatz und der geringere Bedarf an Nahrung bis heute geholfen hat, Notzeiten zu überwinden. Menschen mit besseren Speicherfähigkeiten für Energievorräte konnten Hungersnöte, lange Winter und schlechte Erntejahre eben leichter »aussitzen« als diejenigen, die einfach immer futtern mussten, um nicht umzufallen.

Unser Körper spricht eine deutliche Sprache

Unser Körper hat einfache, gut funktionierende Mechanismen, um uns von unüberlegten und gesundheitsschädigenden Handlungsweisen abzubringen. Im Einzelnen sind das:

- Müdigkeit
- schlechte Laune
- Kopfschmerzen
- Muskel- und Gliederschmerzen
- Übelkeit

Diese »Sprache« setzt er immer ein, wenn wir uns überfordern, im Guten wie im Schlechten, sei es bei wilden Feten und durchzechten Nächten oder bei strengen Diäten und harten Sportprogrammen.

Das heißt, es geht Ihnen nach einer Sauforgie genauso schlecht wie bei einer Turbodiät. Die Konsequenz: Nach einer Orgie schlafen Sie erst mal richtig aus… und eine Diät halten Sie – oder Ihr Mann – eben nicht lange durch. Womit Ihr Körper mal wieder über Ihren Willen gesiegt hat. Seien Sie nicht sauer auf Ihren Körper, er kann ja nicht wissen, dass Ihr Bruder seinen Geburtstag jedes Mal bis zum bitteren Ende feiert, und er weiß nicht, dass Ihr Mann partout wieder in die Jeans aus der Schulzeit passen will! Er hat es lediglich geschafft, Sie von Ihrem unheilvollen Tun abzuhalten (bis zum nächsten Mal, wo Sie sich ins Partygetümmel stürzen oder von der Waage steigen und sich schwören: Ab morgen mache ich Diät).

Auch Muskelkater ist nichts anderes als die Reaktion auf Überforderung. Die Muskeln wurden übersäuert, winzige Muskelfasern sind gerissen – und das tut weh! Das tut so weh, dass Sie erst einmal Ihre Sportschuhe in die Ecke stellen. Bingo!

Fazit

Sie und Ihr Mann müssen so viel tun, dass sich was ändert, aber im gleichen Zuge so wenig, dass der Körper noch gerne mitmacht und sich nicht gegen Ihre Pläne wehrt.

Das heißt: Sie müssen nicht weniger, sondern fettärmer essen, und Sie müssen keine sportlichen Höchstleistungen erbringen, sondern sich einfach ein bisschen mehr bewegen.

Die Regeln für das Essen und die Bewegung werden wir Ihnen genauestens erläutern. Und wir sind fest davon überzeugt, dass Sie sich – wie die vielen Menschen, die bereits mit LOW FETT 30 erfolgreich abgenommen haben – auf die Stirn schlagen und ausrufen werden: Meine Güte, das ist ja total einfach!

Lebende Beispiele sagen mehr als graue Theorie

Bevor wir in die Theorie einsteigen, möchten wir Ihnen anhand von »echten« Beispielen zeigen, wie erfolgreich man mit verschiedenen Methoden der Ernährungsumstellung nach LOW FETT 30 sein kann, zumal jeder der hier vorgestellten Herren (und eine Dame) eine andere Abnehmgeschichte hat.

Wir können Ihnen versichern, dass es diese Menschen wirklich gibt und dass sie sich aufgrund persönlicher Ansprache bzw. einem Aufruf auf unserer Internetseite zum Mitmachen bereit erklärt haben. Wir möchten uns auch auf diesem Wege bei unseren »Testimonials« recht herzlich bedanken!

Name:	Dr. Günther Schierz
Alter:	50 Jahre
aus:	Mönchengladbach
Beruf:	Tierarzt
Ausgangsgewicht Oktober 1997:	89 kg
heutiges Gewicht:	82 kg

Dr. Günther Schierz war einer der Ersten, die das LOW FETT 30-Ernährungsprogramm ausprobierten: Als Ehemann von Gabi Schierz sitzt er ja auch an der Quelle, was Grundlagen und Rezepte angeht.

Als echter Genussmensch – mit latentem Hang zu den Süßigkeiten, die eigentlich die Kinder naschen – fällt es ihm nicht immer leicht, bei LOW FETT 30 in allen Lebenslagen konsequent zu sein. Kühlschränke und Vorratskammer sind zwar mit LOW FETT 30-Produkten gefüllt, aber angesichts vieler Einladungen und gesellschaftlicher Verpflichtungen, die Freundeskreis und Beruf mit sich bringen, ist die Versuchung einfach groß.

Da er aber – genau wie der Rest der Familie – sehr sportlich ist (Schifahren, Joggen, Cross-Trainer, Fahrradfahren und Golf), sorgt er für einen zusätzlichen Ausgleich zu den kleinen Sünden des Alltags.

»Günthers liebster Käsekuchen« (Rezept siehe Seite 333) ist übrigens nach ihm benannt: Und als Testesser von neuen Kreationen kommt er leider auch manchmal in den zweifelhaften Genuss von Rezepturen, die NICHT so lecker sind, wie Gabi Schierz sich das gedacht hat (und von denen unsere Leser dann natürlich auch verschont bleiben).

Name:	Henrik Plötz
Alter:	50 Jahre
aus:	Miltenberg
Beruf:	Elektrotechniker
Ausgangsgewicht Februar 2003:	ca. 88 kg
Gewicht April 2003:	83 kg

Auch bei Henrik Plötz ist eine ganze Reihe von Faktoren für das Übergewicht verantwortlich: Lange Arbeitszeiten und viel Stress im Job auf der einen Seite, nette Einladungen und Restaurantbesuche auf der anderen.

Und als seine Frau, die sich schon länger mit LOW FETT 30 beschäftigte, auf Anraten des Arztes wegen zu hoher Blutfettwerte auch für ihn die Ernährung umstellte, brach erst einmal eine Welt zusammen: keine Salami, kein Milcheis, keine Schokolade – bis Henrik Plötz mit den Alternativen vertraut war, dauerte es schon ein bisschen. Aber mittlerweile kann er die typischen LOW FETT 30-Süßigkeiten schon im Schlaf herunterbeten: After Eight, Schokoschaumköpfe, Gummibären... dazu natürlich die »normalen« Lebensmittel wie Obst, Salat oder den 0,2-prozentigen fitline-Frischkäse von Exquisa. Vor allem gibt es jetzt zwischendurch immer Obst.

Den Einstieg empfand Henrik Plötz schon ziemlich hart. Doch als dann schon nach kurzer Zeit längst abgelegte Hosen wieder passten, der Blutfettwert fast wieder im normalen Bereich lag – ebenso das Cholesterin –, war er sehr zufrieden und fühlte sich auch wesentlich wohler.

Die Bewegung gehört ebenfalls fest ins Programm: Einmal pro Woche spielt er Tennis, zweimal quält er sich auf seinem Hometrainer.

Für den Eis-Fan haben wir da noch einen guten Tipp für den nächsten Sommer: Das Eis von Langnese »Solero Exotic« ist ebenfalls LOW FETT 30 (und das »normale« Eis von McDonalds auch!).

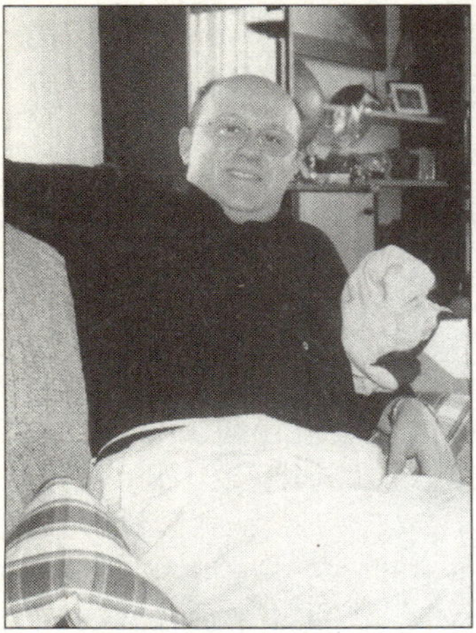

Name:	Susanne und Herbert Priller
Alter:	Susanne Priller 37 Jahre Herbert Priller 43 Jahre
aus:	Wenzenbach
Berufe:	Susanne Priller macht Mittagsbetreuung in der Grundschule Herbert Priller ist Vorarbeiter in einem Elektrokonzern
Ausgangsgewicht April 2002:	Susanne Priller 96 kg Herbert Priller 104 kg
Gewicht Februar 2003:	Susanne Priller 65 kg Herbert Priller 78 kg

In unserem Internetforum unter www.lowfett.de suchten wir in einem Aufruf nach »lebenden Beispielen« für LOW FETT 30, weil uns noch ein paar Männer für dieses Buch fehlten. Daraufhin erhielten wir folgende E-Mail:

»Hallo, Frau Vallenthin, zunächst möchten wir Ihnen großen Dank für Ihre tollen LOW FETT 30-Bücher aussprechen! Es war eigentlich nur Zufall, dass wir auf Ihre Bücher gestoßen sind; sie waren bzw. sind für meinen Mann und mich ein wahrer Segen!

Im April 2002 wog mein Mann (42 Jahre) bei einer Größe von 1,76 m 104 kg und ich (36 Jahre) bei 1,65 m 96 Kilogramm.

Ich fühlte mich einfach nicht mehr wohl und beschloss, abzunehmen. Nichts ahnend, was LOW FETT 30 überhaupt ist, suchte ich in einer Buchhandlung nach einem Kochbuch, mit dem man fettarm kochen kann. Ich schaute mir mehrere Bücher an, von den Rezepten her gefiel mir das LF-Buch »Die besten Rezepte« am meisten. Zu Hause studierte ich das Buch von vorne bis hinten durch und war begeistert: Mir war sofort klar, dass wir mit diesem Konzept unser Traumgewicht erreichen würden.

Gleich am nächsten Tag ging ich mit meiner LOW FETT 30-Liste und Taschenrechner einkaufen. Die ersten paar Mal war es wirklich eine lange Prozedur, bis ich alles zusammen fand. Heute ist das reine Routine, wobei ich aber immer noch, wenn ich mehr Zeit habe, gerne nach etwas Neuem suche.

Wir begannen mit Sport, indem ich alle zwei bis drei Tage ca. 45 bis 60 Minuten walken ging und mein Mann joggte. Das machen wir bis heute regelmäßig (mindestens einmal pro Woche). Auch benutze ich bewusst für kürzere Strecken nicht mehr das Auto und gehe zu Fuß oder fahre mit dem Rad.

Nach und nach bestellte ich mir per Internet ziemlich alle LF-Bücher, die es gibt. Es macht mir großen Spaß (auch der restlichen Familie – wir haben zwei Kinder, 13 und 15 Jahre – denen die LF-Gerichte ebenso gut wie uns beiden schmecken), immer wieder mal etwas Neues auszuprobieren. Meistens kochen wir nach den LF-Büchern, aber ich habe auch ein Gefühl dafür bekommen, selbst etwas zu kochen, das dann auch LOW FETT 30 ist. (Anmerkung: Hier folgten dann einige Rezepte, die Sie im Rezeptteil ab Seite 137 finden.)

Die Pfunde purzelten wöchentlich, schon nach kurzer Zeit brauchten wir neue Kleidung. Nach ca. einem halben Jahr wog mein Mann 78 Kilogramm und ich 65 Kilogramm – unser Traumgewicht!

Ohne zu hungern, konnten wir bis heute mühelos unser Gewicht (leicht schwankend) halten.

Wir fühlen uns wohl und sind rundum glücklich. Ich trage jetzt Größe 38/40, vorher Größe 48/50. Ich kann es kaum fassen, wenn ich eine meiner neuen Hosen bügle, dass ich da jetzt hineinpasse!

Wir leben weiterhin, bis auf wenige kleine Ausnahmen, nach dem LOW FETT 30-Prinzip.

Im ersten halben Jahr machten wir keine einzige Ausnahme. Alles, was wir aßen, war LOW FETT 30, wir hatten aber nie das Gefühl, auf etwas verzichten zu müssen!

Gerne würden wir uns für Ihr neues Buch »Wie koche ich meinen Mann schlank« zur Verfügung stellen und würden uns riesig freuen, wieder von Ihnen zu hören.

Falls Sie Interesse haben, schicken wir Ihnen gerne Vorher-Nachher-Fotos.

Mit freundlichen Grüßen

Herbert und Susanne Priller, Wenzenbach«

Nun, das hatten wir. Wir schickten an Susanne und Herbert Priller alle Unterlagen, und als die Fotos kamen, staunten selbst wir! Obwohl wir jeden Tag mit »Vorher-Nachher-Geschichten« umgehen und schon viele Beispiele gesehen haben, ist es doch immer wieder ein Erlebnis, wenn man erfährt, wie sehr eine drastische Gewichtsabnahme Menschen verändert.

Beim Ehepaar Priller wird das aus unserer Sicht besonders gut deutlich!

Und hier noch die Ergebnisse unseres Fragebogens in Kurzform:

Haben Sie für das Abnehmen während der Arbeit einen besonderen Tipp? – Gegen den Heißhunger ausreichend Obst mitnehmen, viel Wasser trinken!
Was waren Ihre »Klippen«? – Bei Feiern und Festen standhaft zu bleiben.
Was können Sie empfehlen, um Klippen leichter zu meistern? – Ich dachte immer, wenn ich etwas nicht essen sollte, was ich alles anziehen kann, wenn ich mein Traumgewicht erreicht habe. Dann fiel es mir nicht mehr schwer, mal auf etwas zu verzichten.
Haben Sie früher schon Diäten gemacht? – Wir haben nie eine richtig durchgehalten, wir haben es mit Fatburner und Weekend-Diäten versucht.
Haben sich Ihre Einkaufsgewohnheiten verändert? – Ja, sehr! Meine LOW FETT 30-Tabelle ist immer dabei! Es wäre schön, wenn überall die Nährwertangaben draufstehen würden!
Wurden Sie beim Abnehmen unterstützt und wenn ja, von wem und wie? – Wir motivierten uns gegenseitig
Was war Ihr Auslöser, um mit LOW FETT 30 zu beginnen? – Wir fühlten uns beide nicht mehr wohl, auch wurde es immer schwieriger, etwas zum Anziehen zu finden in so großen Größen.

Name:	Lutz Cleffmann
Alter:	49 Jahre
aus:	Düsseldorf
Beruf:	Geschäftsführer einer PR-Agentur
Ausgangsgewicht November 2002:	111,5 kg
Gewicht April 2003:	95 kg

Auch bei Lutz Cleffmann stand jahrelang der Genuss im Vordergrund – plus die Not aller Unternehmer: Lange Arbeitszeiten waren schuld an späten Abendessen, hinzu kamen Geschäftsessen und Reisen, und der ständige Termindruck, der allzu oft dazu führte, dass er statt eines fettarmen Sandwich im Vorbeigehen die Dose mit den Besprechungskeksen plünderte.

Und dann noch die gemütlichen, privaten Treffen mit Freunden. Wo man endlich einmal Zeit hat, ein gepflegtes Glas Wein zu einem ebenso gepflegten Essen zu trinken.

Als Ausgleich eben. Man lebt schließlich nicht nur für den Job.

Schon öfter hatte Lutz Cleffmann Versuche unternommen, den steten Anstieg der Waage zu bremsen. Tausend-Kalorien-Diäten im Frühjahr, Ersatznahrung aus der Apotheke, Dosenfutter aus der Diätecke. Die Kilos gingen. Die Kilos kamen wieder. Jedes Jahr ein, zwei mehr.

Als der Arzt dann schließlich bei einem Routine-Check einen latenten Diabetes diagnostizierte, war der Schuss gefallen: Der Startschuss zum Abnehmen.

Lutz Cleffmann stellte seine Ernährung auf LOW FETT 30 um. Weniger Fett, mehr Kohlenhydrate, nach Möglichkeit kein Zucker und kein Weißmehl, sondern Vollkornprodukte. Die Zwischenmahlzeiten fielen weg, ebenso die Kekse und Süßgetränke – egal ob Cola oder Zucker im Kaffee.

Und zur gleichen Zeit beschloss Lutz Cleffmann, auch wieder mit dem Schwimmen anzufangen – zwei- bis dreimal die Woche tausend Meter, und die in ca. 40 Minuten.

Die Fitness stieg, das Gewicht sank … und das Gespenst »Diabetes« steht nun nicht mehr im Raum, bestenfalls als Warnung, nicht wieder in alte Gewohnheiten zurückzufallen.

Lutz Cleffmann findet für sich sehr wichtig, wirklich den Punkt zu erwischen, ab dem er das Gefühl hat, satt zu sein. Das hat mittlerweile zu kleineren Portionen geführt, und manchmal bleibt eben auch etwas liegen. Entscheidend dafür ist, dass man bewusst und in Ruhe isst, und nicht zwischen zwei Terminen noch irgendwie versucht, auf die Schnelle den Magen mit all dem zu füllen, was man – womöglich noch mit ordentlich »Kohldampf« – gerade gekauft oder bestellt hat.

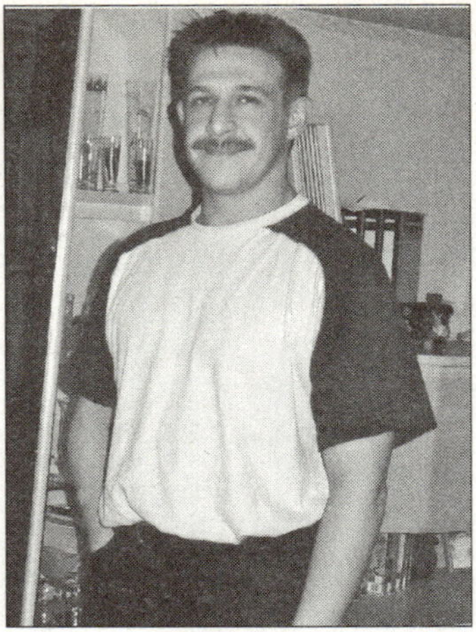

Name:	Thorsten Markus
Alter:	32 Jahre
aus:	Oberhausen
Beruf:	Energieelektroniker
Ausgangsgewicht Juli 2002:	86 kg
heutiges Gewicht:	72 kg

Thorstens Freundin Sandra lieferte den Auslöser für seine Gewichtsreduktion: Sie brachte ein LOW FETT 30-Kochbuch mit nach Hause (dem im Laufe der Zeit noch ein paar andere folgten), und beide hatten das sichere Gefühl, dass man mit diesen Rezepten wenigstens satt würde. Vernünftige Portionen, interessante Gerichte, nicht die üblichen 100 Gramm Hühnchenbrust, die man in herkömmlichen Diätkochbüchern so findet. Und da sich Sandra auch um den Einkauf und die Zubereitung kümmert (bis auf drei Tage in der Woche, an denen Thorsten kocht), waren die sonstigen Veränderungen gar nicht mehr so schlimm.

Statt Margarine verwendet Thorsten heute Kräuterfrischkäse, und ins Büro nimmt er sich Schwarzbrot mit Corned Beef oder magerem Schinken mit. Am schlimmsten war für ihn die Zeit zwischen Arbeitsende und Abendessen. Aber statt sich wie früher erst einmal wie ein hungriger Wolf an den Kühlschrank – oder vielmehr an den Schrank mit den ganzen Süßigkeiten – zu stürzen, isst er heute zur »Überbrückung« eine Scheibe Brot mit körnigem Frischkäse, ein paar Tomaten oder Reiswaffeln. Das füllt den Magen und stoppt den Heißhunger.

Für die Knabberlust beim Fernsehen gibt es mittlerweile Gurken statt Chips … oder einfach ein alternatives Abendprogramm. Aktivitäten aller Art sind viel besser, meint Thorsten, als einfach nur wahllos irgendetwas in den Mund zu schieben.

Das Fitnessstudio, das er zweimal pro Woche besucht, bietet eine der Möglichkeiten, mehr Bewegung in den Alltag zu bekommen.

Zu seinen Lieblingsgerichten gehören LOW FETT 30-Klassiker wie die Nudelpfanne mit Kasseler oder Schweinefilet mit Champignons. Und da Sandra relativ häufig unsere Internet-Seiten besucht, ist sie bezüglich aktueller Tipps und Tricks immer auf dem Laufenden. Hier holt sie sich auch jede Menge neuer Anregungen zum Kochen und Genießen.

Name:	Ulf Groskopf
Alter:	38 Jahre
aus:	Mönchengladbach
Beruf:	Lokführer
Ausgangsgewicht	
April 2001:	108 kg
heutiges Gewicht:	87 kg

Bei Ulf Groskopf ist die Verpflegung bei der Arbeit schon allein wegen der wechselnden Dienstzeiten ein Problem. Der Körper stellt sich nicht so einfach auf Schichtdienst ein. Das merkt man auch beim Essen. Und da es in einer Lok natürlich auch keine Kantine gibt, bleibt nur die Selbstverpflegung.

Bei seinem Hausarzt startete Ulf Groskopf dann das FormMed-Abnehmprogramm. Er war es leid, bei kleinsten Anstrengungen ins Schwitzen zu kommen, und fühlte sich einfach nicht mehr richtig wohl. FormMed ist ein Abnehmkonzept, das zwei Eiweißmahlzeiten (Drinks) pro Tag beinhaltet plus eine LOW FETT 30-Hauptmahlzeit, im Idealfall zu Mittag.

Mithilfe dieses Programms nahm Ulf Groskopf auch langsam, aber stetig ab.

Im Rahmen der Kooperation mit FormMed besuchte er dann ein LOW FETT 30-Einkaufstraining, und seitdem achten er und seine Frau Andrea bereits beim Einkaufen auf einen geringen Fettgehalt der Lebensmittel.

Ulf Groskopf empfiehlt, möglichst wenig Aufhebens um die Abnehmpläne zu machen. Einfach umsetzen, nicht darüber reden und seinen Weg gehen. Es würden eben doch immer wieder »Freunde« versuchen, einen auf den angeblichen Pfad der Tugend zurückzubringen und zu fettreichem Essen zu verleiten.

Seit er seine Ernährung umgestellt hat, macht er – wenn es irgendwie möglich ist – jeden Tag rund 30 Minuten Sport auf seinem Heimtrainer, dem Elypsentrainer (»Cross-Trainer«) oder einfach nur in Form von einigen Gymnastikübungen.

Richtige »Lieblingsgerichte« hat er nicht. Aber so ein Nudelauflauf dann und wann ist schon sein Ding.

Ohne die Unterstützung seiner Frau, die ihre Kochgewohnheiten auf das LOW FETT 30-Programm abgestimmt hat, wäre es sicher schwerer gewesen, meint Ulf Groskopf. Die Nudelpfanne auf Seite 236 ist ein Beispiel aus ihrer neuen Küche.

Name:	Ulrich Richter
Alter:	46 Jahre
aus:	Mönchengladbach
Beruf:	Fahrer
Ausgangsgewicht:	
Februar 2002:	126 kg
heutiges Gewicht:	96 kg

Als der Arzt die Diagnose »Diabetes« stellte, half Freundin Sonja, die sich aus beruflichen Gründen mit Ernährung auseinander setzt, Ulrich Richter dabei, seine Ernährung umzustellen. Sie kannte LOW FETT 30 aus ihrem Job, und gemeinsam begannen sie, anders einzukaufen und anders zu kochen.

Eine Herausforderung war das Essen unterwegs: Da das Angebot vor allem aus Fastfood von Pommesbuden und Schnellimbissen besteht – das geht ja auch schnell und liegt immer irgendwo auf der Strecke –, mussten neue Wege gefunden werden. Bei Ulrich Richter bestand der »neue Weg« darin, einfach Snacks auf seine Touren mitzunehmen.

Ansonsten ist ihm die Umstellung nicht schwer gefallen: Die große Anzahl köstlicher Gerichte sorgte für genügend Abwechslung auf dem Teller, und hungern musste Ulrich Richter dabei auch nie.

Mit seinen Lieblingsgerichten beweist Ulrich Richter auf jeden Fall Geschmack: Schweinefilet mit Orangensoße, Günters liebster Käsekuchen und Puten-Pilaw gehören zu seinen Favoriten.

Sport gehört mittlerweile auch fest zu Ulrich Richters Wochenplan: Zweimal pro Woche absolviert er mit dem Rad eine Strecke von 60 Kilometern, und er ist sicher, dass es ohne den unterstützenden Sport mit dem Abnehmen nicht so schnell gegangen wäre.

Seine Blutzuckerwerte haben sich natürlich erheblich verbessert. Kein Wunder bei rund 30 Kilogramm Gewichtsverlust. Und wie die Fotos beweisen, sehen 30 Kilo weniger Gewicht auch erheblich besser aus.

Name:	Hansjürgen Brag
Alter:	35 Jahre
aus:	Duisburg
Beruf:	Kaufmann im Außendienst
Ausgangsgewicht September 2001:	104 kg
heutiges Gewicht:	88 kg

Den ausschlaggebenden Anlass, sich dann doch um eine Reduktion des Gewichts zu bemühen, gab der Tod eines Kollegen. Hansjürgen Brag wurde mit einem Schlag bewusst, dass sein Hausarzt, der ihm schon seit mehr als vier Jahren wegen seiner Figur immer wieder ins Gewissen redete, vielleicht doch Recht hatte: Übergewicht ist verdammt gefährlich. Noch dazu, wenn man einen Job hat, der einen viel »umhertreibt«: vier bis sechs Stunden im Auto, ungeregelte Mahlzeiten, ständig unterwegs.

Als der mentale Start geschafft war, hörte er sich um und wurde bei einem Freund und dessen Bruder auch schnell »fündig«: Die Brüder Ohmen, die wir beide bereits in unseren Büchern »Essen macht Spaß« und »LOW FETT 30 für Berufstätige« mit ihren Erfolgsgeschichten vorgestellt haben, erklärten ihm das Konzept, empfahlen ihm Bücher, und dann ging es los: Das Fett sollte runter. Das vom Bauch und das vom Teller. Diäterfahrungen hatte Hansjürgen Brag keine, und das Konzept von LOW FETT 30 fand er nach einer kurzen Zeit der »Einarbeitung« gar nicht so dramatisch.

Genießen ohne Reue – bei LOW FETT 30, sagt er, bleibt es auch in dieser Hinsicht nicht beim Versprechen. Die Rezepte sind lecker, das Essen reichlich, und selbst bei Geschäftsessen ist das Ernährungskonzept anwendbar.

Von dem Tag an, an dem er alles »Fette« aus seinem Kühlschrank in den Müll warf, änderte er seine Einkaufsgewohnheiten. Mit LOW FETT 30-Tabellen ging er von nun an in den Supermarkt – und die Erfolge stellten sich umgehend ein.

Tagsüber isst er heute viel Obst (und kein Fastfood mehr). Bei Tagungen und Hotelübernachtungen hinterfragt er sehr genau die Angebote und bestellt auch schon mal um: Statt Pommes eben eine Folienkartoffel und die dann mit Quark oder Jogurt statt mit Sauerrahm.

Seit einem Jahr hält Hansjürgen Brag mittlerweile sein Gewicht. Und sobald die Tage länger werden, geht es mit dem abendlichen Joggen wieder los. In diesem Jahr möchte er noch einmal sechs Kilo »runterlaufen«.

Für Momente, in denen ihn die Motivation zu verlassen droht, schaut er einfach in den Spiegel, guckt, wie viel er schon geschafft hat oder zieht mal kurz die Hose von einem alten Anzug an: Wenn die einfach über den Hintern rutscht, ohne dass man sie geöffnet hat, dann ist das schon ein tolles Gefühl!

Seine Lieblingsgerichte? Alles, was gut schmeckt und LOW FETT 30 ist. Und generell lieber Reis und Nudeln als Kartoffeln. Mittlerweile ist sein Gewicht auch schon so gefestigt, dass er ohne Konsequenzen mal einen Ausrutscher wegpacken kann. Doch danach, und das ist der Trick dabei, geht es eben mit LOW FETT 30 ganz normal weiter.

Name:	Jürgen Wahleder
Alter:	33 Jahre
aus:	Altdorf
Beruf:	Außendienstmitarbeiter
Ausgangsgewicht Januar 2002:	116 kg
heutiges Gewicht:	103 kg

Wer im Außendienst arbeitet, hat neben der Anspannung, pünktlich von einem Termin zum nächsten zu kommen, und den immer länger werdenden Staus auf den Autobahnen und Bundesstraßen das Problem, zwischendrin etwas zu Beißen zu bekommen. Und da die Zeit meist viel zu knapp für ein Mittagessen in Ruhe ist, stoppt man an der nächsten Tankstelle, vertilgt ein Brühwürstchen mit Pommes, ein Schnitzel mit Salat (beides natürlich mit Majo, denn in den Raststätten gibt es dazu selten eine Alternative), schiebt noch einen Schokoriegel oder eine kleine Tüte Chips hinterher und sitzt auch schon wieder im Auto.

Bei Jürgen Wahleder war das auch nicht anders. Und er war auch der Meinung, dass man an dieser Situation wenig ändern könnte.

Bis zu dem Zeitpunkt, als sein Kollege Hansjürgen Brag, den wir auf den vorangegangen Seiten vorgestellt haben, seinen Bauch verlor und immer dünner wurde, und ihm so anschaulich vermitteln konnte, dass Abnehmen im Außendienst kein wirkliches Problem ist, wenn man das will. Aber auch das Sendungsbewusstsein von Hansjürgen Brag, der alle Kollegen von LOW FETT 30 überzeugen wollte, hat dazu beigetragen.

Jürgen Wahleder folgte also dem Beispiel seines Kollegen. Besonders seine Einkaufsgewohnheiten haben sich drastisch verändert: Heute achtet er absolut auf fettarme oder fettfreie Produkte. Das Joggen hat ihm sicher auch geholfen, schneller Fett abzubauen.

Seine Lieblingsgerichte sind Nudeln in allen Variationen und alles aus dem Wok.

Name:	Botho-Hasko Günther
Alter:	52 Jahre
aus:	Nürnberg
Beruf:	Technischer Angestellter (IT-Branche)
Ausgangsgewicht September 2002:	100,3 kg
Gewicht April 2003:	84 kg

Die dreistellige Anzeige auf der Waage gab den Ausschlag: 100 Kilogramm. Jetzt musste etwas passieren. Botho-Hasko Günther verließ sich auf seine Frau, die ein paar Tage vorher im Internet auf LOW FETT 30 gestoßen war, und gemeinsam besuchten sie die Abnehmgruppe in Nürnberg.

»Vor allem im Kopf muss es losgehen, und man muss sich darüber klar sein, dass es kein ›nach der Diät‹ geben wird«, sagt Botho-Hasko Günther rückblickend. Bei einer FdH-Kur vor einigen Jahren auf Anraten des Hausarztes ging das Gewicht zwar nach unten, stieg aber »danach« sofort wieder an.

Botho-Hasko Günther macht nach eigenen Angaben zwar re-

lativ wenig Sport, schöpft dabei aber aus dem Vollen: Radfahren, Inlineskaten, Walken, Joggen, und zwei-, dreimal pro Woche in die Stadt laufen, also eine Stunde zügiges Gehen.

Durch die Teilnahme in der Abnehmgruppe hat das Ehepaar Günther viel über Lebensmittel gelernt und ist seitdem auch viel kritischer beim Einkauf: Produkte, auf denen keine Nährwertangaben stehen und die sie nicht in den Nährwertelisten von LOW FETT 30 finden können, bleiben im Regal. Das ist zwar manchmal nervig, sorgt aber für den gewünschten Erfolg. In die Kantine geht Botho-Hasko Günther nun nicht mehr. Stattdessen nimmt er sich belegte Brote mit, isst viel Gemüse dazu.

Seine Lieblingsgerichte decken wirklich die gesamte Bandbreite ab: Nudeln, selbstgekochte Thai-Gerichte, Fisch, alle Arten von Gemüse und Rührkuchen.

»Richtige« Rezepte verwendet er dazu nicht. Er lässt einfach bei allen Gerichten konsequent das Fett weg, und wundert sich immer noch, wie viel Fett man ohne geschmackliche Einbußen weglassen kann.

Name:	Frank Will
Alter:	35 Jahre
aus:	Weismain
Beruf:	Projektleiter bei der REWE Handelsgruppe
Ausgangsgewicht März (Aschermittwoch) 1997:	100 kg
heutiges Gewicht:	etwa 82 kg

Frank Will hatte bereits die 82 Kilo erreicht, als er LOW FETT 30 kennen lernte. Witzigerweise erarbeitete er bei der REWE im Bereich Hungen (Mitteldeutschland) das Konzept »fit und schlank«, das mit LOW FETT 30 nahezu deckungsgleich ist. Über die Kontakte zur REWE lernten wir uns kennen, und es stellte sich heraus: So, wie er abgenommen hatte, entsprach das genau den Empfehlungen von LOW FETT 30: maximal 30 Prozent der Kalorien aus Fett, wie die Deutsche Gesellschaft für Ernährung das empfiehlt, und dazu mehr Bewegung im aeroben Bereich. Und auch die Kennzeichnung der Lebensmittel war zentrales Thema seiner Bemühungen in seinem Job, damit die Kunden in der von ihm betreuten Region schon beim Einkauf sehen konnten, welche Produkte man bedenkenlos essen kann. Offensichtlich war zu diesem Zeitpunkt die Zeit für das Thema fettarme Ernährung plus Bewegung einfach reif.

Seit 1990 arbeiten wir mit der REWE eng zusammen – und Frank Will gehört zu einem unserer vorrangigen Ansprechpartner bei dieser Kooperation. Wir haben ihm – wie allen unseren »lebenden Beispielen« – für dieses Buch einen Fragebogen zugesandt. Hier das Ergebnis:

Was war Ihr »Auslöser«, um mit dem Abnehmen zu beginnen?

Der Auslöser, einen anderen Weg zur Gewichtsreduktion zu suchen, war der Moment am Aschermittwoch 1997, als ich morgens auf der Waage stand und die Dreistelligkeit bei meinem Gewicht erreicht hatte. Mir war klar, dass es mit »normalen Diäten« nicht funktionieren kann, denn knapp drei Jahre zuvor hatte ich mich einmal in zwölf Wochen FdH auf 72 Kilogramm gehungert. Erst bei einem Seminar mit Dr. Strunz und seinem damaligen Partner Dr. Spitzbart bin ich auf die richtige Bewegungsform gestoßen und in meinem Selbststudium auf die Empfehlung der Deutschen Gesellschaft für Ernährung, die da lautet, nur 30 Prozent der Energie in Form von Fett zu mir zu nehmen, und was das eigentlich bedeutet!

Haben Sie früher schon Diäten gemacht? Und wenn ja, welche?

FdH jährlich mindestens einmal. Irgendeine 14-Tage-Diät eines Institutes mit Garantie, dass man danach essen könne, was immer man wollte. Mit dem Ergebnis, dass ich zwar fünf

Kilogramm in den zwei Wochen abgenommen, ein halbes Jahr später allerdings zwölf Kilo mehr hatte als zum Ende der Diät!

Was waren Ihre »Klippen«?

Die Macht der Gewohnheit! Fehlende Geschmackssensoren, die unendliches Süßen notwendig gemacht haben. Die Wochenenden mit vielen Feiern und gutem Essen. Viele Buffets bei Tagungen und Seminaren und Übernachtungen in Hotels. Schwierig war auch, dass ich – wie jeder andere normale Verbraucher eben auch – keine Ahnung hatte, wie viel Fett tatsächlich in den jeweiligen Lebensmitteln steckt.

Was können Sie empfehlen, um Klippen zu meistern?

So viel wie möglich über unsere Lebensmittel zu wissen, da viele Fehler nicht aus Inkonsequenz, sondern Unwissenheit begangen werden. Ich kann jedem nur empfehlen, selbst zum »Ernährungsspezialisten« zu werden. Somit erweitern Sie automatisch die Speisepläne, und man kann endlich ohne Reue genießen. Sich selbst unter Druck zu setzen kann allerdings auch hilfreich sein, um mehr Konsequenz zu entwickeln. Das heißt. möglichst viele Menschen vom eigenen Vorhaben zu informieren. Einen festgelegten Tag als Belohnungstag festzulegen (z. B. Sonntag), an dem auch mal das ein oder andere »Nicht-LOW FETT 30«-Lebensmittel gegessen werden darf. Ein Leben lang auf diese zu verzichten ist nicht realistisch. Allerdings meine ich mit genießen auch wirklich GENIESSEN und nicht, sich voll zu stopfen. Die Wochenbilanz ist damit immer noch locker LOW FETT 30. Das habe ich schon mehrmals nachgerechnet, es funktioniert!

Haben Sie für das Abnehmen während der Arbeit einen besonderen Tipp?

Möglichst viel trinken! Pro Tag mindestens drei Liter Wasser oder ungesüßte Früchtetees. Apfelschorle mit drei Teilen Wasser und einem Teil Apfelsaft ist auch möglich, allerdings sollte man davon nicht mehr als einen halben bis dreiviertel Liter trinken. Auch Apfelschorle hat Kalorien. Um den gesamten Tag ein bisschen energetischer zu leben, empfehle ich, Aufzüge zu meiden, möglichst oft beim Telefonieren aufzustehen und im Büro ein bisschen mehr zu laufen: Fragen mit Kollegen persönlich klären statt am Telefon, das Postfach nachsehen, die Post wegbringen. Und auch sein Auto nicht direkt vor der Eingangstüre abzustellen.

Und wie sieht es mit Sport aus?

Ohne Frage ein absolutes Muss, um langfristig erfolgreich zu sein. Ohne die Kombination von Bewegung und Ernährung wird ein funktionsfähiger und schöner Körper nicht zu realisieren sein. Nur die Ernährung zur Gewichtsreduktion heranzuziehen wird zur Folge haben, dass der Körper langsam und kontinuierlich zusätzlich den Eiweißstoffwechsel verstärkt. Somit baut der Körper permanent Muskelmasse (reines Eiweiß) ab. Da aber nur der Muskel Fett verbrennen kann, sinkt hierdurch der Energieverbrauch immer weiter ab. Bei gleicher Zufuhr von Kalorien wird nach einiger Zeit die Gewichtsreduktion stoppen und dann die Gewichtszunahme wieder starten. Daher ist die sinnvolle Kombination aus Bewegung und Ernährung das A und O. Das Optimum ist hier die Kombination zwischen Ausdauer- und Krafttraining. Ich selbst kombiniere dies wie folgt: viermal Ausdauertraining (Joggen im Fettstoffwechsel mit je 45 Minuten) und zweimal

Krafttraining (Fitnessstudio an Geräten mit je 50 Minuten). Weiterhin fahre ich im Sommer gerne Inliner und im Winter Snowboard.

Wurden Sie beim Abnehmen unterstützt? Wenn ja, von wem und wie?

Im März 1997 habe ich ein Seminar bei Dr. Strunz und Dr. Spitzbart besucht. Hier ging es schwerpunktmäßig um die Bewegung im optimalen Fettstoffwechselbereich. Hier lernte ich, dass ich mich bisher immer falsch (zu schnell) bewegt hatte, was kontraproduktiv war, da kein Fett verbrannt wurde und auch im Körper stark Muskeln abgebaut wurden. Weiterhin habe ich einen Laktattest durchgeführt, um meinen genauen Fettverbrennungspuls kennen zu lernen. Im Ernährungsbereich habe ich zahlreiche Bücher zu dem Thema gelesen. Neben Seminaren und Büchern hatte ich allerdings keine Unterstützung bei meinem Vorhaben. Aber: Eine Körperfettwaage und einen Herzfrequenzmesser kann ich eindeutig in die Kategorie der »unterstützenden Hilfsmittel« einordnen.

Genießen bedeutet auch, gut zu essen. Verraten Sie uns Ihre Lieblingsgerichte?

Rührei mit Tomate, Rigatoni arrabiata richtig schööööön scharf, sämtliche Nudelgerichte mit Tomatensoßen, ab und an mit Meeresfrüchten, dazu ein schönes knuspriges Pizzabrot, Salate mit Riesengarnelen und Balsamico, am besten zwölf bis 18 Jahre alt (der Essig, nicht der Salat!!), oder mit einer herrlichen Himbeervinaigrette, selbst gemacht und ohne Öl, Meeresfrüchte aller Art, natürlich nicht frittiert und/oder paniert, Nudelauflauf mit Schinken und Gemüse, Grießauflauf mit heißen Früchten, Geschnetzeltes nach Gyros-Art aus magerem Schweinefleisch mit selbstgemachten Tsatsiki, Krautsalat, Zwiebelringe und Reis … und LOW FETT 30.

Nettes aus der Pressewelt

Natürlich werben wir auch für unser LOW FETT 30-Projekt und stellen es Journalisten vor, einfach, um einen höheren Bekanntheitsgrad zu erreichen.

Selbst mit Gourmets haben wir keine Berührungsängste – schließlich kann man bei LOW FETT 30 das Essen wirklich GENIESSEN (weil nämlich bei uns nicht jeder Bissen päckchenweise auf den Rippen hängen bleibt!).

Dass aber auch umgekehrt die Gourmets der LOW FETT 30-Küche zugetan sind, beweist uns der Brief des Chefredakteurs der Zeitschrift »Hummer«, der gleichzeitig als Ordensoberer der Grand Maître CC fungiert, von dem wir einen kleinen Auszug zitieren möchten:

»(...) Ich versichere Ihnen, bis heute nicht nur aufmerksamer Leser aller zur Verfügung gestellten Unterlagen gewesen zu sein, sondern auch gute Ratschläge zu berücksichtigen. So nähere ich mich – Schrittchen für Schrittchen – meinem von mir angestrebten »Idealgewicht« von 70 Kilogramm. Für einen engagierten Hobbykoch mit reiner Freude am puren Genuss keine leichte, doch erfüllbare Aufgabe. Die mir zur Verfügung gestellten Rezeptbücher waren mir eine große Hilfe. Ich empfahl jedem schwergewichtigen Kochbruder den Erwerb und die Nutzung – zumal ich aus eigener Erfahrung weiß, dass Ihre Empfehlungen Genuss nicht nur versprechen.

Nochmals Dank, weiterhin Freude an und Erfolg bei Ihrer Arbeit fürs Wohlergehen sowie freundliche Grüße,

Ihr Werner Berger«

Name:	Markus Klühr
Alter:	42 Jahre
aus:	Sommerach
Beruf:	Kellermeister
Ausgangsgewicht September 2002:	126 kg
Gewicht April 2003:	97 kg

Die Diagnose »Bluthochdruck« gab schließlich den Ausschlag, denn wohl gefühlt hatte sich Markus Klühr schon eine ganze Weile nicht mehr. Ein Bekannter machte ihn dann auf die LOW FETT 30-Ernährungsgruppe aufmerksam, und von da an ging es mit dem Gewicht rasant bergab… und mit der Stimmung bergauf. Trotz solcher Klippen, wie sie die Weihnachtszeit mit Plätzchen und Braten mit sich bringt, blieb Markus Klühr bei der Stange, ging einmal pro Woche in seine Gruppe und erfuhr hier die Grundregeln der LOW FETT 30-Ernährung. Seine Frau unterstützt ihn, indem sie seitdem fettarm für ihn kocht.

Gut, das absolute Lieblingsgericht, ein schöner Schweinebraten mit Knödeln, bleibt heute nur noch ausgesuchten »Orgien« vorbehalten. Aber die leckeren Gerichte aus der LOW FETT 30-Küche schmecken Markus Klühr mittlerweile mindestens genauso gut, zumal sie viel bekömmlicher sind.

Sein persönlicher Trick ist, dass er vor dem Essen viel Wasser trinkt. Das nimmt ihm etwas den Heißhunger und ermöglicht vollen Genuss, weil sich Markus Klühr dann eben auf den Geschmack konzentrieren kann, ohne in die Schlemmerfalle zu tappen.

Mittlerweile macht er auch wieder viel Sport: Er spielt aktiv Tennis, geht schwimmen, Rad fahren, und genießt es, sich wieder ohne Beeinträchtigung bewegen zu können. Die letzten acht Kilo, die Markus Klühr noch abnehmen möchte, wird er in seiner Abnehmgruppe sicher auch bald geschafft haben.

Sein Resümee nach acht Monaten Gruppenerfahrung: »LOW FETT 30 kann ich mit gutem Gewissen jedem, der Gewichtsprobleme hat, nur wärmstens empfehlen.«

Name:	Wolfgang Rethmeier
Alter:	38 Jahre
aus:	Erkelenz
Beruf:	Friedhofsgärtner, stellv. Friedhofsverwalter
Ausgangsgewicht 6. Januar 2001:	98,8 kg
Gewicht am 31. März 2003:	87,1 kg

Bei einer Fünf-Mann-Belegschaft gibt es weder eine Kantine noch eine Büroküche – da ist ein vernünftiges Mittagessen häufig ein Problem. Und so gesellt sich im Laufe der Zeit ein Kilo zum anderen. Als dann das Gewicht von Wolfgang Rethmeier fast die 100-Kilogramm-Marke erreicht hatte, zog er die Notbremse: Er meldete sich in einer LOW FETT 30-Abnehmgruppe an, auch wenn ihm die Entscheidung zum Einstieg nicht besonders leicht fiel. Frühere Diäten, von FdH über Herzdiät bis hin zu Exoten wie der Spinat-Diät, brachten zwar kurzfristige Abnehmerfolge, aber das alte Gewicht stellte sich schnell wieder ein. Die Diäten wirkten genauso lange, wie Wolfgang Rethmeier sie durchzog.

Eine Kollegin seiner Frau empfahl ihm dann aber wärmstens das LOW FETT 30 konkret-Programm – der erste Schritt zur Überwindung des inneren Schweinehundes war getan.

Zum Glück gab es eine Abnehmgruppe in der Nähe, und die Erfolge stellten sich wirklich umgehend ein.

Da ihm seine Gruppenleiterin auch zu mehr Ausdauersport riet, begann Wolfgang Rethmeier, mehrmals pro Woche zu joggen.

Statt der üblichen Snacks aus dem Fastfood-Angebot rund um die Arbeitsstätte gibt es heute zum Mittagessen Salat oder Obst. Und abends kocht Wolfgang Rethmeier selbst. Am liebsten Gemüseaufläufe. Seine Einkaufsgewohnheiten hat er ebenfalls verändert – wenngleich er einräumt, dass es hier noch Raum für Verbesserungen geben würde. Seine Frau und auch seine Schwiegermutter unterstützen ihn beide beim Abnehmen, und seine Kollegen auch.

Wichtig findet Wolfgang Rethmeier, dass man sich selbst motivieren kann und den inneren Schweinehund an die Kette legt, statt aufzugeben, falls die Pfunde einmal nicht so purzeln, wie man das gerne hätte.

Name:	Michael Glück
Alter:	47 Jahre
aus:	Rengsdorf
Beruf:	selbstständiger REWE Lebensmitteleinzelhändler
Ausgangsgewicht Februar 2002:	89 kg
heutiges Gewicht:	77 kg (± 1 kg)

Über Langeweile im Job kann sich Michael Glück nicht beklagen: Wenn neue Ware angeliefert wird, muss richtig rangeklotzt werden – und ansonsten fordern Büro und Organisation der Geschäfte ihren Tribut. Die Arbeitstage sind lang – da ist die Verlockung, sich zwischendurch mit Süßigkeiten zu »tunen«, natürlich groß. Zumal er in seinen REWE Supermärkten sämtliche Leckereien direkt vor der Nase hat.

In den firmeninternen Seminaren der REWE Handelsgruppe, die sich mit dem Abnehmen nach LOW FETT 30 bzw. dem «fit und schlank«-Konzept beschäftigten, das dem LOW

FETT 30-Konzept sehr ähnlich ist (siehe auch Frank Will, Seite 44ff.), machte es bei Michael Glück »klick«: Mit einem Mal war ihm klar, warum die zahlreichen Diäten, die er bislang gemacht hatte, nicht gewirkt hatten. Zumindest nie lange.

Ohne dauerhafte Umstellung der Gewohnheiten, egal ob beim Essen oder in puncto Sport, geht es nicht. Und Michael Glück stellte nicht nur seine eigenen Gewohnheiten um, seine REWE Supermärkte kamen ebenfalls an die Reihe: Alle Produkte, die dem LOW FETT 30-Kriterium entsprachen, erhielten fortan ein grünes Etikett. Was den ernährungs-(fett-)bewussten Einkauf für die REWE Kunden wesentlich vereinfacht.

Natürlich gab es auch Klippen – die kamen aber aus einer Ecke, wo er sie nicht vermutet hatte: Bei Feten und Grillfesten versuchten so genannte Freunde ihn immer wieder zu ermutigen, doch noch ein paar Bierchen mehr zu trinken, oder sich noch ein bisschen mehr auf den Teller zu legen. »Stell dich nicht an, ein Steak packst du doch noch«, was dann für ihn auch der Auslöser war, sich auch über die wirklichen Freunde im Leben Gedanken zu machen.

Seine Empfehlung an alle, die abnehmen möchten, ist, sich nicht zu verkriechen und auf hohem Niveau zu jammern, sondern anzufangen, durchzuziehen und nie, nie, niemals aufzugeben.

Diese Grundhaltung gilt für ihn auch in Bezug auf Sport. Er trainiert eisern, um sein ganz persönliches Ziel zu erreichen: die Teilnahme am »Köln Marathon« im Oktober 2003. Aber auch abseits des rein sportlichen Laufens hat er umgedacht: Rolltreppen und Aufzüge sind für ihn tabu. Ein guter Ausgleich für etliche Stunden des Sitzens im Büro.

LOW FETT 30 ist für Michael Glück zur Selbstverständlichkeit geworden. Er kann ja auch schlecht zurück, als bester Werbeträger für seine REWE Supermärkte, in denen er eine leichtere Lebensweise fördert. »Meine Kunden und auch meine Mitarbeiter beäugen mich schon ganz genau« lacht er. Und bei einem der zahlreichen Fortbildungsseminare der REWE-Handelsgruppe hielt er seinen Kollegen einen flammenden Vortrag, endlich den Hintern aus dem Sessel zu heben, sich mehr zu bewegen, gesünder zu essen und seinem Beispiel zu folgen.

Interessant finden wir auch Michael Glücks Lieblingsgerichte, die bei einer normalen Zubereitung alle zu den absoluten Fettfallen gehören: Reibekuchen, Bratkartoffeln, Rouladen und Sauerbraten – er hat sie rigoros entfettet und bereitet sie heute streng nach LOW FETT 30 zu. Damit erlauben sie dem engagierten REWE Kaufmann den totalen Genuss – ganz ohne schlechtes Gewissen.

Die Ernährung umstellen

LOW FETT 30 basiert auf der Empfehlung der DGE, dass nicht mehr als 30 Prozent der täglichen Kalorienzufuhr aus Fettkalorien stammen sollen. Hat also ein Produkt 100 kcal, sollen nur 30 kcal davon aus Fett kommen. Fett hat aber dummerweise 9 kcal pro Gramm, im Gegensatz zu Kohlenhydraten und Eiweißen, die nur je 4 kcal pro Gramm haben, also noch nicht einmal halb so viel. Um zu bestimmen, wie viel Gramm 30 Prozent Fett entsprechen, ist es nötig, den Prozentanteil der Kalorien zu errechnen, die aus Fettkalorien kommen.

Keine Angst, das ist nicht schwer, das haben Sie schnell drauf.

Die LOW FETT 30-Fettformel

$$\frac{\text{Gramm Fett x 9 kcal x 100}}{\text{Gesamtkalorien}} = \text{Prozent der kcal aus Fett (Fettkalorien)}$$

Auf vielen Produkten sind Nährwertangaben abgedruckt. Wählen Sie den Wert für das Fett pro 100 Gramm Produkt (und zwar für das gesamte Fett, es gibt Nährwertangaben, da ist der Fettgehalt in gesättigte und ungesättigte Fette aufgeteilt!), und setzen Sie ihn bei Gramm Fett in die Formel ein.

Da ein Gramm Fett 9 kcal mitbringt, wird der Wert für die Gramm Fett dann mit 9 kcal und mit 100 multipliziert (mit 900 geht schneller!). Dann teilen Sie diesen Wert durch die Gesamtkalorien pro 100 Gramm – das steht bei »Brennwert«, aber Vorsicht: nicht versehentlich den Wert in Joule erwischen!

Ist das Ergebnis kleiner oder gleich 30,00 Prozent, dann können Sie dieses Produkt essen. Ist er größer, lassen Sie es besser liegen.

> Die Nährwertangaben müssen in Deutschland, wenn sie überhaupt angegeben werden, auf jeden Fall pro 100 Gramm angegeben werden, können aber zusätzlich auch noch pro Stück ausgewiesen werden. Nehmen Sie den Wert pro 100 Gramm, denn bei kleinen Portionsgrößen (wenn ein Stück zum Beispiel unter 10 Gramm wiegt) kann es sein, dass der Fettwert dann nur noch kleiner als ein Gramm angegeben wird, und hier entstehen schnell erhebliche Fehler. Besonders drastisch ist das bei einem amerikanischen Produkt, einem Backspray. Hier wird der Wert lediglich »per serving« angegeben – also pro Anwendung. Wenn man nur einmal kurz sprüht, kommt tatsächlich nur ein Gramm raus. Der Wert für das Fett wurde dann großzügig auf Null abgerundet. Da das Produkt aber zu mehr als 50 Prozent aus Öl besteht, liegt der Brennwert pro 100 Gramm bei rund 600 kcal, der Gramm-Wert für Fett bei 60 Gramm, was einem Fettprozent-Anteil von ca. 85 Prozent der Kalorien entspricht.
>
> Zum Glück sind unsere Vorschriften bei den Angaben von Nährwerten erheblich strenger, so dass man sich als etwas aufgeklärterer Verbraucher eben nicht so eklatant irren kann.

Beispielrechnungen

Beispiel 1: Filinchen Aktiv (eine Art **»Knäckebrot«**)
100 Gramm = 377 kcal
Fett: 5,7 g
Ab damit in die Formel:
5,7 x 9 kcal x 100 = 5130
5130 : 377 kcal = 13,61 Prozent der Kalorien aus Fett. Dieses Produkt ist also LOW FETT 30 und erhält für unser Ernährungskonzept grünes Licht.

Beispiel 2: SCHIPPS (gebackene Kartoffel-Chips)
100 Gramm = 438 kcal
Fett: 14,0 g
Und wieder die Formel:
14 x 9 kcal x 100 = 12600
12600 : 438 kcal = 28,77 Prozent der Kalorien aus Fett.
Ha! Auch diese Kartoffel-Chips dürfen Sie bedenkenlos genießen.

Beispiel 3: Erdnuss-Flips
100 Gramm = 489 kcal
Fett = 23,7 g
Dann die Formel:
23,7 x 9 kcal x 100 = 21330
21330 : 489 kcal = 43,62 Prozent der Kalorien aus Fett.
Aaaaber, werden Sie jetzt sagen, die haben doch gar nicht so viel mehr Kalorien als zum Beispiel die SCHIPPS. Stimmt. Aber das Verhältnis Kalorien zu Fett ist bei den SCHIPPS günstiger.

Die Nahrungsbausteine und ihre Verwendung

Da Fett vor allen Dingen als »Speicherware« konzipiert ist, hat es viele Kalorien bei wenig Volumen. Eiweiß und Kohlenhydrate dagegen sind zum »sofortigen Gebrauch« bestimmt.

Eiweiß wird zur Zellerneuerung und für das Immunsystem benötigt, Kohlenhydrate sind der Brennstoff, mit dem unsere Körperfunktionen über den Blutzuckerspiegel sichergestellt werden. Man könnte die Kohlenhydrate auch mit dem Normalbenzin für Autos vergleichen.

Im Idealfall sind unter den Kohlenhydraten, die wir essen, auch noch viele Ballaststoffe, die den Magen und den Darm füllen. Mit Wasser quellen sie in der Regel noch zusätzlich auf (bestes Beispiel: Weizenkleie!) und halten uns so länger satt.

Sowohl Kohlenhydrate als auch Eiweiß haben jeweils nur vier kcal pro Gramm – Fett liefert also mehr als doppelt so viele Kalorien wie Kohlenhydrate oder Eiweiß.

Anders ausgedrückt: Um den Kalorienwert von einem Gramm Fett zu erreichen, können Sie 2,25 Gramm Kohlenhydrate oder Eiweiß essen. Gegenüber 100 Gramm Fett können Sie 225 Gramm Kohlenhydrate oder Eiweiß essen. Eine ganz schöne Menge.

Kohlenhydrate – ein kleiner Überblick

Hinzu kommt, dass gerade die Kohlenhydrate liefernden Lebensmittel mit Ballaststoffen und mit Wasser kombiniert sind, wie zum Beispiel Gemüse und Obst. 100 Gramm Apfel enthalten nur 12,4 Gramm Kohlenhydrate, der Rest des Apfels besteht aus Ballaststoffen und Wasser. Eine Salatgurke besteht fast nur aus Wasser und ein paar Ballaststoffen: Sie enthält gerade mal 2,1 Gramm Kohlenhydrate und zwölf kcal pro 100 Gramm. Den Rest verwerten Sie als Wasser und als Darmfüllung.

Fett dagegen kommt »in der freien Natur« häufig als wahres »Klötzchen« daher: Weder in Sämereien (Nüssen, Sesamkörnern, Sonnenblumenkernen) noch in Butter oder Speck befinden sich viele Ballaststoffe oder viel Eiweiß. Das meiste ist konzentrierte Speicher-Energie. Die Differenz zwischen 100 Gramm Paprikaschote (20 kcal) und 100 Gramm gerösteten Erdnüssen (603 kcal) beträgt 583 kcal. Zugegeben, 100 Gramm geröstete Erdnüsse halten ein bisschen länger vor als 100 Gramm Paprikaschote. Aber wenn Sie nach 100 Gramm Paprika wieder Hunger bekommen, können Sie ja noch einmal 100 Gramm essen ... und noch einmal ... und noch einmal. Mit Sicherheit aber halten Sie drei Kilo Paprika (das entspräche den 603 kcal aus den Erdnüssen) länger satt als 100 Gramm Nüsse. Zumindest essen Sie an drei Kilo Paprika dreißigmal länger als an 100 Gramm Nüssen.

Anhand der extremen Gegenüberstellung von Paprika vs. Erdnüsse wird schnell klar, worauf LOW FETT 30 hinausläuft: Wir führen uns über diese Formel (bzw. über die ihr zugrunde liegenden Nahrungsbestandteile Eiweiß, Kohlenhydrate, Wasser und Ballaststoffe) deutlich weniger Energie bei gleicher Magenfüllung zu.

Noch ein Wort zum Eiweiß

Man unterscheidet auch hier zwischen tierischem und pflanzlichem Eiweiß. Besonders gesund ist die Kombination von beidem. Sehr viel pflanzliches Eiweiß enthalten Lebensmittel wie Hülsenfrüchte oder Sojaprodukte (Achtung: Achten Sie hier auf den Fettgehalt!). Besonders wertvolles tierisches Eiweiß erhalten Sie aus Fisch, vor allem aus rohem Fisch (Sushi, Graved Lachs). Die DGE empfiehlt, dass maximal 15 Prozent der zugeführten Kalorien aus Eiweiß stammen sollten. In anderen Veröffentlichungen kann man lesen, dass die Proteinzufuhr zwei Gramm pro Kilogramm Körpergewicht pro Tag nicht überschreiten sollte. Das liegt daran, dass eine dauerhafte Überversorgung mit Eiweiß Ihre Nieren belastet und tierisches Eiweiß reich an Purinen ist, was u. a. die Entstehung von Gicht begünstigt. Wild hat von allen Fleischsorten den höchsten Puringehalt und sollte in Maßen genossen werden.

Andererseits ist der Eiweißbedarf noch so wenig erforscht, dass Wissenschaftler uns hier in den nächsten Jahrzehnten sicher noch mit ein paar Studien überraschen werden.

Wie überall gilt auch hier: Übertreiben Sie's einfach nicht. Essen Sie Fleisch, essen Sie Fisch, essen Sie pflanzliche Eiweißlieferanten wie Linsen und alle anderen Hülsenfrüchte. Solange Sie sich ausgewogen ernähren, droht aus der Ecke der Eiweiße keine Gefahr.

> Schwierigkeiten beim Abnehmen können in einzelnen Fällen daran liegen, dass bestimmte Aminosäuren – die Bausteine der Eiweiße – fehlen. Falls Sie trotz Sport und fettarmer Ernährung auch über einen längeren Zeitraum nicht oder nur sehr wenig abnehmen, ist es sinnvoll, bei einem auf Orthomolekular-Medizin spezialisierten Arzt oder Heilpraktiker einen Aminosäurenstatus erstellen zu lassen.

Achtung: Sie brauchen Fett

Obwohl alle Fette 9 kcal pro Gramm mitbringen, gibt es Fette, die wir zu uns nehmen müssen, und solche, die wir getrost weglassen können.

Die Welt der Fette teilt sich in drei Gruppen:

Und zwar in Fette mit gesättigten Fettsäuren, solche mit einfach ungesättigten Fettsäuren und solche mit mehrfach ungesättigten Fettsäuren. Die Begriffe leiten sich von der chemischen Struktur der jeweiligen Fettsäure – aus denen die Fette zu einem großen Teil bestehen – ab. Während gesättigte Fettsäuren nur Einfachbindungen aufweisen, gibt es bei ungesättigten Fettsäuren in der Molekularstruktur Doppelbindungen. Ist nur eine Doppelbindung vorhanden, spricht man von einfach ungesättigten Fettsäuren, sind es mehrere, von mehrfach ungesättigten Fettsäuren. Das aber nur am Rande.

Was Sie in diesem Zusammenhang wissen müssen, ist, dass die Aufnahme ungesättigter Fettsäuren für uns lebensnotwendig ist (man spricht hier von »essenziell«). Sie sind ein ebenso wichtiger Baustein für die Zellmembran wie die Proteine. Wir müssen essenzielle Fettsäuren mit der Nahrung aufnehmen, weil wir sie nicht selbst bilden können.

Während Sie also bei gesättigten Fettsäuren richtig geizig sein sollten, müssen Sie dem Organismus essenzielle Fettsäuren zuführen, das aber in verhältnismäßig geringen Mengen.

Fette mit gesättigten Fettsäuren
Fette mit gesättigten Fettsäuren – das sind unsere Fettpölsterchen auf den Rippen, den Hüften und am Doppelkinn. Und bei den Tieren, die wir essen, ist es genauso: Tiere liefern fast ausschließlich gesättigte Fettsäuren – abgesehen von Fisch. Auch tierische Produkte wie Eier, Milch und die Folgeprodukte von Milch (Butter, Käse, Sahne und Co.) liefern fast nur gesättigte Fettsäuren. Die sollten Sie einsparen, wo immer es geht.

Ungesättigte Fettsäuren, die wir aus Pflanzen gewinnen, müssen wir von außen zuführen. Sie befinden sich besonders reichhaltig in:

- Nüssen (Walnüssen, Haselnüssen, Mandeln etc.)
- Samen (Sesam, Leinsamen etc.)
- Oliven
- Avocados

Entscheiden Sie sich IMMER für frische Nüsse oder frische Samen (auf keinen Fall geröstet!!!!) oder für KALTGEPRESSTE Öle. Auch eine selbst gemachte Avocado-Paste (mit Zwiebeln), von der Sie einen Esslöffel auf ein Brot streichen, ist für die Versorgung an essenziellen Fettsäuren geeignet. Dazu essen Sie möglichst noch mindestens zweimal pro Woche Seefisch. Der kann ruhig ein bisschen fetter sein (z. B. Makrele).

Hier eine Übersicht, welche Fettsäuren (einfach und mehrfach ungesättigte Fettsäuren) wo enthalten sind:

Öle mit überwiegend einfach ungesättigten Fettsäuren

- Rapsöl (56 Prozent)
- Olivenöl (74 Prozent)

Öle mit überwiegend mehrfach ungesättigten Fettsäuren

- Kürbiskernöl (51 Prozent)
- Maiskeimöl (53 Prozent)
- Weizenkeimöl (62 Prozent – und der höchste Anteil an Vitamin E bei den Ölen!)
- Sonnenblumenöl (63,5 Prozent)
- Traubenkernöl (66 Prozent)
- Walnussöl (71 Prozent)
- Leinöl (72 Prozent)

Öle mit einer ausgewogenen Verteilung von einfach und mehrfach ungesättigten Fettsäuren:

- Sesamöl (42 bis 44 Prozent)
- Rapsöl (31 bis 56 Prozent)
- Sonnenblumenöl (24 bis 63,5 Prozent)

Fischfett: Prädikat »besonders wertvoll«
Fischfett, das einen Anteil von etwa 30 Prozent langkettiger Omega-3- und Omega-6-Fettsäuren hat, ist besonders gesund. Träger dieser Fischfette sind vor allem Meeresräuber wie Lachs (rohen Lachs vorziehen, also z. B. graved Lachs essen!), Hering, Sardine oder Makrele. Fische aus Flüssen und Seen haben KEINE Omega-3- oder Omega-6-Fettsäuren, sind aber dennoch hervorragende Eiweißlieferanten! Bevorzugen Sie in diesem Fall die Raubfische wie Hecht, Wels oder Forelle, denn sie haben einen sehr geringen Fettanteil.

Genießen Sie Fett wie Rache: KALT!

Je ungesättigter eine molekulare Verbindung, um so instabiler ist sie und um so weicher bzw. flüssiger ist das Fett: Schweinespeck ist gesättigt und knallhart. Olivenöl dagegen ist eben Öl und somit flüssig.

Durch das Erhitzen werden Moleküle in eine höhere Energiestufe gebracht und beginnen mit anderen chemischen Elementen zu reagieren. Dabei entstehen ziemlich ungesunde Verbindungen, die so genannten trans-Fettsäuren.

Da ungesättigte Fettsäuren gerne mit anderen Molekülen Verbindungen eingehen (und dann ranzig werden), sollten Sie sie in kleinen Mengen einkaufen und schnell verbrauchen. Um die »Reaktionsfreude« ein bisschen einzudämmen, empfiehlt es sich, Fette mit einem hohen Anteil an ungesättigten Fettsäuren luftdicht, dunkel und kühl (am besten im Kühlschrank!) zu lagern – dann ist die Reaktionsbereitschaft am geringsten. Und widerstehen Sie der Versuchung, sich aus Ihrem Urlaub einen 20-l-Kanister Olivenöl mitzunehmen.

Cholesterin

Cholesterin ist eine Kombination aus Proteinen mit Fett. Man unterscheidet HDL-Cholesterin (high density lipoprotein), das gut für den Organismus ist, und LDL (low density lipoprotein), das bei zur hoher Dosierung zu Arterienverkalkung führt und damit ein erhebliches Herzinfarktrisiko darstellt. Ein überhöhter LDL-Spiegel im Blut ist also ausgesprochen gefährlich, und die meisten übergewichtigen Männer haben eindeutig zu viel LDL im Blut. Neben der absoluten Höhe des Cholesterinspiegels (heute wird gesagt, alles unter 200 mmol/l ist okay, noch vor zehn Jahren war der Wert höher, da waren es 200 mmol/l + Lebensalter) ist die Verteilung von LDL und HDL wichtig. Eine Anteil des HDLs (des »gesunden« Cholesterins) von mindestens 25 Prozent ist wünschenswert. Wer seine Ernährung dauerhaft auf LOW FETT 30 umstellt (und auch unsere Empfehlungen bezüglich der pflanzlichen Fette berücksichtigt), wird dieses Verhältnis mühelos erreichen.

Das über die Nahrung zugeführte Fett ist allerdings nur bedingt verantwortlich für die Gesamthöhe des Cholesterinspiegels im Blut: Sowohl die genetische Disposition als auch Stress können für weit höhere Werte (mit) verantwortlich sein. Wenn Sie Ihrem Mann ein zusätzliches Motivationsinstrument an die Hand geben wollen, empfehlen Sie ihm, zu Beginn der Ernährungsumstellung ein großes Blutbild machen zu lassen und diese Untersuchung nach sechs und zwölf Monaten zu wiederholen. Das ist toll, wenn der Cholesterinspiegel auf einmal deutlich gesunken und der Anteil des HDLs zudem über 25 Prozent geklettert ist.

Wie viel Fett pro Tag?

Während eine Frau, die abnehmen will, nur maximal 30 Gramm Fett pro Tag zu sich nehmen sollte, darf es bei Männern doppelt so viel sein: Männer dürfen bis zu 60 Gramm Fett verzehren, wenn sie abnehmen wollen, und bis zu 80 Gramm täglich, wenn sie ihr Gewicht halten und gesund leben möchten.

Perfekt ist es, wenn die 60 Gramm bis auf den unvermeidbaren Anteil von gesättigten Fetten in der Milch im Kaffee und dem Rest-Fett im Fleisch ausnahmslos aus Ölen, Nüssen und Samen kommen. Und diese bitte alle so naturbelassen wie möglich, also nicht erhitzt und nicht geröstet.

So könnte die perfekte Fettversorgung eines Mannes aussehen:

20 Gramm rechnen wir auf Milch und Fleisch an, die restlichen 40 Gramm können dann sein:

- 1 Handvoll Sonnenblumenkerne (frisch) oder Haselnüsse plus 2 EL Olivenöl, Weizenkeimöl oder Rapsöl
- oder für die ganz perfekten: Statt Fleisch 200 Gramm Lachs essen.

Aber denken Sie immer dran: Auch »gesunde« Fette haben 9 kcal pro Gramm und belasten die Kalorienbilanz. Sie tragen aber, im Gegensatz zu gesättigten Fetten, nicht zur Bildung von Arteriosklerose bei (häufige Ursache von Herzinfarkten und Schlaganfällen). Dennoch machen sie dick.

Also: Genießen Sie und Ihr Mann diese Fette regelmäßig, aber in homöopatischen Dosen.

Übertreiben Sie das »Fettsparen« nicht

Widerstehen Sie auch der Versuchung, JEDES Fett rigoros weg zu lassen. Denken Sie dran: Manche Fette sind LEBENSNOTWENDIG!

Wenn Sie übertreiben, dann werden Sie und Ihr Mann nach ca. acht Wochen von regelrechten Fressattacken geplagt, die durch nichts zu befriedigen sind. Ihr Körper schickt Sie dann nämlich auf die Suche nach essenziellen Fetten, und weil Sie ja stur kein Fett essen, plagt er Sie weiter.

Mit einer Scheibe Brot mit Margarine und einer Scheibe Lachs ist die Fressgier wie weggeblasen. Also schön auf dem Teppich bleiben und nicht übertreiben!

LOW FETT 30 contra »light«, »Diät« und Co.

Nach dem Lebensmittelkennzeichnungsrecht kann man ein Lebensmittel DANN mit «light" auszeichnen, wenn ein Nahrungsbestandteil zu 30 Prozent weniger in dem Nahrungsmittel enthalten ist als sein »großer Bruder«. Das »light« bezieht sich deswegen entweder auf den Zuckergehalt oder auf den Fettgehalt.

30 Prozent weniger von einem Original sind aber häufig immer noch viel zu viel, um uns beim Abnehmen wirklich zu unterstützen.

Besonders anschaulich wird das, wenn wir einmal »Halbfett-Butter« unter die Lupe nehmen und sie mit normaler Butter vergleichen:

	Normale Butter (100 Gramm)	»Halbfett-Butter« (100 Gramm)
Kalorien	773 kcal	364 kcal
Fett	79 Gramm	39 Gramm
Prozent der kcal aus Fett	79 x 9 kcal x 100 = 71100 71100 : 773 = **91,98 Prozent**	39 x 9 kcal x 100 = 35100 35100 : 364 = **96,43 Prozent**

Wie das geht?

Nun, die Halbfett-Butter wird mit Wasser und Bindemitteln so gestreckt, dass 50 Gramm der Butter ÜBERHAUPT KEINEN Brennwert haben. Der Brennwert des Produktes kommt dennoch nach wie vor überwiegend aus Fett.

Wenn wir mit der Halbfett-Butter auch wirklich genau so sparsam umgingen wie mit der normalen Butter, dann würden wir pro Aufstrich ja noch 50 Prozent der Kalorien sparen, aber weil so dick »light« oder »Diät« auf der Packung steht, womöglich noch mit schlanken Leuten drauf, greifen wir viel ungenierter zu und gleichen die Kalorienersparnis auf diesem Wege wieder aus.

Bei der Bezeichnung »Diät« ist es ähnlich – es sei denn, wir sprechen bei Diät über so genannte Diabetiker-Produkte. Bei diesen bezieht sich das Wort »Diät« auf den Ersatz von Haushaltszucker durch Fructose (Fruchtzucker). Haushaltszucker und Fruchtzucker haben aber exakt die gleichen Kalorien. Der Unterschied besteht nur darin, dass Fruchtzucker im Gegensatz zu normalem Zucker den Blutzuckerspiegel nur gering ansteigen lässt. Damit ist Fruchtzucker für Diabetiker zwar gesünder, aber diese Produkte haben nicht nur genauso viele (manchmal sogar mehr) Kalorien wie ein vergleichbares »Nicht-Diät«-Produkt, sie haben meist sogar mehr Fett, weil Fruchtzucker industriell schwerer zu verarbeiten ist, ein Problem, das man mit einer vermehrten Zugabe von Fett leichter in den Griff bekommt.

Dass ein Wechsel auf Diabetiker-Produkte keinerlei Vorteile fürs Abnehmen bringt, zeigt dieser Vergleich:

	Normale Vollmilchschokolade (100 Gramm)	»Diät«-Schokolade (100 Gramm)
Kalorien	495 kcal	560 kcal
Fett	28 Gramm	37 Gramm
Prozent der kcal aus Fett	28 x 9 kcal x 100 = 25200 25200 : 495 = **50,91 Prozent**	37 x 9 kcal x 100 = 33300 33300 : 560 = **59,46 Prozent**

Besser ist es, sich gleich Produkte zu suchen, von denen wir uns einfach bedienen können, OHNE darüber nachdenken zu müssen, ob wir uns jetzt versehentlich nicht ein paar Gramm zu viel davon nehmen.

Bei allen LOW FETT 30-Produkten ist dieses Nachdenken nicht nötig. Sie können hier zugreifen, sich satt essen und müssen nicht mehr darüber nachdenken.

Unser Essen soll uns ja schmecken, es darf uns schmecken. Genuss ist erlaubt, ist erwünscht. Was wäre das Leben ohne Genuss? Den meisten von uns ist der Genuss doch völlig abhanden gekommen: Egal, was wir bei einem gewissen Problembewusstsein in Sachen Figur in den Mund stecken, ständig tickert da etwas in unserem Hinterkopf, was uns ermahnt, uns zu bremsen – das uns permanent souffliert, was angeblich richtig oder falsch ist, was uns ein schlechtes Gewissen macht.

Wenn wir essen, um unseren Hunger zu stillen, ist das wunderbar. Wenn wir etwas besonders Leckeres essen, um auch noch unsere Geschmacksnerven zu befriedigen – auch kein Problem. Sehen Sie sich ruhig mal unsere Rezepte an. Aufpassen müssen wir an einer anderen Stelle.

Essen hat in unserer Gesellschaft weit mehr Funktionen, als nur genussvoll satt zu werden: Essen ist hip, Essen tröstet, es gibt sozialen Kontakten einen Rahmen, Freunde gut zu bewirten steht für Spaß und soziale Kompetenz, Essen hilft über Langeweile hinweg oder macht einfach nur Spaß. Essen ist Trend.

Auf diese Auslöser müssen wir bei LOW FETT 30 sehr genau achten, sonst essen wir eben immer noch weit über unseren tatsächlichen Bedarf hinaus.

Schnellformel zum Rechnen

Übrigens: Es gibt noch eine schnellere Methode, um zu erkennen, ob der Prozent-Anteil der kcal aus Fett unter 30 liegt oder nicht: Wenn Sie den Wert für die Kalorien durch 30 teilen und dieser Wert größer ist als der ausgewiesene Wert von Gramm Fett, dann ist dieses Produkt LOW FETT 30.

Beispiel SCHIPPS: 438 kcal : 30 (Kopfrechnen schwach, aber das übt sich) = 14,6. Das Produkt hat nur 14 Gramm Fett. Bingo, es darf in den Einkaufskorb!

Nährwertangaben allgemein

Nährwertangaben auf Produktverpackungen müssen stimmen (von kleinen produktabhängigen Schwankungen abgesehen). Sollten Sie also auf einer Packung eine Nährwertangabe finden, die nicht mit den Angaben in einer unserer Listen übereinstimmt, hat die Packungsangabe Recht. Das kommt meist daher, dass seit der Drucklegung des Buches die Rezeptur des jeweiligen Lebensmittels verändert wurde. So geschehen bei diversen Müsliriegeln, die heute eben nicht mehr LOW FETT 30 sind, es vor gar nicht so langer Zeit aber noch waren. Falls Sie in zwei verschiedenen Büchern von uns unterschiedliche Angaben finden, orientieren Sie sich am jeweils neueren Buch. Das Datum des Erscheinens bzw. der überarbeiteten Neuauflage finden Sie im Impressum. Wir machen uns die Mühe und fragen zweimal pro Jahr bei allen uns bekannten Herstellern die aktuellen Nährwertelisten ab und korrigieren unsere Datenbank. Doch selbst bei größter Sorgfalt kommt es eben immer wieder zu derartigen Abweichungen.

Zutatenverzeichnis

Jedes Lebensmittel in Deutschland muss auf dem Etikett ein Verzeichnis der darin enthaltenen Zutaten aufweisen. Die Zutaten sind dann in absteigender Reihenfolge ihrer Menge aufgelistet: Was ganz vorne steht, ist am meisten in dem jeweiligen Lebensmittel enthalten. Wenn Sie also unsicher sind, ob das jeweilige Lebensmittel Fett enthalten könnte oder nicht, schauen Sie sich einfach das Zutatenverzeichnis an, und wenn Sie darin Begriffe wie »Butter«, »Schmalz«, »tierische Fette«, »Pflanzenfett«, »Pflanzenöl« und ähnliche Zutaten finden, meinen die Hersteller damit FETT. Das gilt auch für Ölträger: Stehen Nüsse oder Sonnenblumenkerne auf der Liste, dann sind auch das Fette. Sind diese Begriffe recht weit oben aufgeführt, sollten Sie sich besser für ein anderes Produkt entscheiden.

Die drei goldenen Regeln von LOW FETT 30

Es gibt Hunderte von Empfehlungen zur Ernährung. Wenn wir sie alle befolgen wollten und auch noch die diversen Lebensmittel-Skandale berücksichtigen wollten, müssten wir uns von Luft ernähren – und die ist auch nicht mehr das, was sie mal war.

Konzentrieren wir uns also auf die Regeln, mit denen Sie und Ihr Mann wirklich etwas an Ihrer Figur ändern:

Regel 1: Essen Sie, wenn Sie Hunger haben

Ja, Sie dürfen essen, Sie müssen essen. Kein Auto fährt ohne Benzin, kein Körper funktioniert ohne Nahrung. Aber essen Sie auch wirklich nur, wenn Sie HUNGER haben. Kümmern Sie sich nicht um die einsamen Kekse dieser Welt. Nicht hier und da ein bisschen naschen. Essen Sie, wenn sich Ihr Magen meldet und sagt: Ich habe Hunger!

Aaaber, werden Sie sagen, aaaber … ich weiß gar nicht mehr, wie das ist, wenn man Hunger hat. Ich kann Hunger nicht von Appetit unterscheiden.

Leider wahr. Das wissen die wenigsten noch. Aber Sie müssen es unbedingt wieder lernen. Deswegen sind nämlich auch die Eichkätzchen schlank und die Rehe und die Hasen, die schaffen das OHNE Kalorientabellen, weil sie fressen, wenn sie Hunger haben, dösen und sich ausruhen, wenn sie satt sind, und sich zudem viel bewegen.

Regel 2: Hören Sie auf, wenn Sie satt sind

Sie dürfen sich satt essen. Sie müssen nicht hungern. Es ist nicht nötig, mit knurrendem Magen vom Tisch aufzustehen. Aber: Essen Sie nicht über den »Satt-Punkt« hinaus. Versuchen Sie, so langsam zu essen, dass Sie den Punkt erwischen, an dem Sie keinen Hunger mehr haben. Ob Ihnen die diversen Empfehlungen – von Besteck hinlegen, zwanzigmal kauen und kleines Besteck nehmen – liegen, müssen Sie ausprobieren. Oft machen sie einen nur rappelig. Besser ist es, kleine Portionen auf den Teller zu nehmen, diese zu essen, ein bisschen abzuwarten, um dann zu entscheiden, ob der zweite Teller noch sein muss.

Zweifellos ist das genauso schwierig, wie nur zu essen, wenn man Hunger hat. Aber auch das lässt sich lernen. Seien Sie aber nicht ungeduldig und unzufrieden, wenn es nicht auf Anhieb klappt. Bleiben Sie einfach an diesem Punkt dran.

Regel 3: Alles was Sie in den Mund schieben, soll LOW FETT 30 sein

Jeder Bissen, der in Ihrem Magen landet, soll LOW FETT 30 sein. Egal, ob es sich um ein Rohprodukt (wie Obst oder Gemüse), ein industrielles Produkt (wie Müsliriegel oder Tiefkühlgerichte) oder um etwas Selbstgekochtes handelt.

Oft werden wir gefragt, ob man die Prozentpunkte addieren muss: Ob man also, wenn ein Frühstück zu 21 Prozent der Kalorien aus Fett bestand, für den Rest des Tages nur noch 9 Prozent der Kalorien aus Fett zu sich nehmen kann. Das ist schon rechnerisch falsch. Man kann Prozente nicht addieren. Nein, es ist viel einfacher: Alles, was Sie essen, soll von sich aus LOW FETT 30 sein.

Ein Programm und vier Wege

Es gibt viele Möglichkeiten, mit LOW FETT 30 anzufangen. Alle haben sich bewährt, für welche Sie und Ihr Mann sich entscheiden, hängt von Ihrem Typ ab. Es gibt Menschen, die wollen Dinge alleine bewältigen. Sie wollen sich nicht festlegen lassen und bekommen Pickel, sobald sie an Diätpläne denken.

Dann gibt es Menschen, die möchten gerne eine klare Anleitung haben. Menschen, die sich gerne motivieren lassen und die die Motivation und auch die Kontrolle durch eine Gruppe benötigen. Für beide Grundtypen haben wir passende Lösungen.

Unsere Bücher

Es gibt mittlerweile mehr als 25 Bücher, die wir zum Thema LOW FETT 30 geschrieben haben. Bislang sind es, mit diesem Buch, drei Taschenbücher, ca. 20 Kochbücher und dazu noch Lebensmitteltabellen und eine Agenda zur täglichen Selbstmotivation. Alle verfügbaren Bücher finden Sie in unserem Internetshop unter www.lowfett.de bzw. können Sie in unserer Firma, der LOW FETT 30-GmbH & Co. KG, telefonisch bestellen unter (0049) 02161 47957-0. Außerdem gibt es die Bücher bei unseren Gruppenleiterinnen, bei Kooperationspartnern und in Ihrer Buchhandlung. Wichtig ist, dass Sie auf die »30« bei LOW FETT 30 achten. »LOW FAT«-Bücher gibt es ebenfalls, aber längst nicht in allen sind die darin enthaltenen Rezepte auch wirklich LOW FETT 30. Bei vereinzelten Rezepten aus diesen Büchern haben wir bis zu 96 Prozent der Kalorien aus Fett errechnet. Also rechnen Sie unbedingt nach. Kaufen Sie grundsätzlich keine LOW FAT-Kochbücher, bei denen die Nährwerte nicht detailliert ausgewiesen sind. Sonst können Sie die einzelnen Rezepte nicht einmal überprüfen.

In unseren LOW FETT 30-Kochbüchern (es gibt auch einige mit der Schreibweise »LOW FAT 30«) liegen alle Rezepte im Bereich der 30 Prozent der Kalorien aus Fett. Sie können sich darauf verlassen.

Zusätzlich zu den Kalorienangaben und den Angaben für die Gramm Fett finden Sie den Wert für die im jeweiligen Gericht enthaltenen Kohlenhydrate. Das ist für all diejenigen interessant, die entweder eine Formula-Diät unter ärztlicher Aufsicht durchführen (und ca. 70 Gramm Kohlenhydrate im Rahmen ihres Mittagessens zu sich nehmen sollen) oder für die, die neben LOW FETT 30 auch noch den glykämischen Index berücksichtigen wollen.

Der glykämische Index ist ein künstlicher Wert, der aus der Diabetes-Forschung stammt. Er zeigt an, wie sehr ein Lebensmittel bzw. eine Mahlzeit den Anstieg des Zuckers im Blut auslöst. Der Anstieg des Blutzuckers bewirkt nämlich eine Ausschüttung von Insulin durch die Bauchspeicheldrüse. Zum einen belastet eine hohe Ausschüttung die Bauchspeicheldrüse, zum anderen sorgt das »Abschmettern« des Blutzuckerspiegels durch Insulin sehr schnell für Hunger, weil der Blutzuckerspiegel so drastisch abfällt, dass unser Körper meint, wir bräuchten wieder etwas zu essen. Bei langkettigen Kohlenhydraten mit vielen Ballaststoffen ist die Ausschüttung von Insulin weitaus sanfter, das ist ein Grund für unsere Empfehlung, langkettigen Kohlenhydraten mit vielen Ballaststoffen den Vorzug zu geben. Mehr dazu im Kapitel unter »Der Wirkungskreis Blutzucker – Insulin – Fett« ab Seite 80.

Unsere Internetseiten

Auf unseren Internetseiten (www.lowfett.de / www.lowfat.de) finden Sie eine sehr aktive Community und hoch interessante Features zum Download wie zum Beispiel Rezepte oder unser »Schweinehund«-Programm, ein Online-Programm, das Sie beim Abnehmen durch das Training neuer Verhaltensweisen

Der Body-Mass-Index ist eine Hilfsgröße, die aus Körpergröße und Gewicht ermittelt wird. Die Formel dazu lautet:

$$\frac{\text{Körpergewicht (kg)}}{(\text{Körpergröße in m x Körpergröße in m})} = \text{BMI}$$

Beispiel: 84 kg : (1,8 m x 1,8 m) = 84 : 3,24 = 25,9

Und das bedeuten die Werte:

< 18 = Vorsicht, Untergewicht

18 bis 20 = Untere Grenze, aber nicht noch mehr abnehmen.

20 bis 25 = Bleiben Sie so! Das ist der Idealwert!

25 bis 30 = Leichtes bis mittleres Übergewicht. Wenn Sie keine gesundheitlichen Probleme haben, darf der Wert auch noch so bleiben, aber vielleicht kriegen Sie ihn ja noch ein bisschen runter.

30 bis 40 = Jetzt aber abnehmen. Über 30 wird es langsam brenzlig, abgesehen davon, dass Sie sich wahrscheinlich eh nicht so ganz wohl damit fühlen.

> 40 = Sie müssen dringend etwas unternehmen. Sprechen Sie mit Ihrem Arzt über eine Kur oder andere Maßnahmen zum Start für Ihre Gewichtsreduktion.

unterstützt. Sie können aber auch im Rezeptrechner Rezepte überprüfen, Ihren Grundumsatz ermitteln und Ihren Body-Mass-Index (BMI) online errechnen.

In der Online-Community können Sie alle Fragen loswerden, die Sie rund um die Ernährungsumstellung und um Produkte und Rezepte herum bewegen, und Sie können sicher sein, dass Sie nach dem Posten einer Frage schon innerhalb weniger Stunden mehrere kompetente Antworten vorfinden werden.

Einige User initiieren auch immer wieder regionale Treffen und Stammtische. Es lohnt sich also, bei uns mal reinzuschauen.

Und vergessen Sie nicht, bei »Newsletter« ein »ja« anzukreuzen, dann erhalten Sie auch regelmäßig Rezepte von uns!

Die regionalen Abnehmgruppen

Einige unserer »lebenden Beispiele« in diesem Buch haben im Rahmen unserer regionalen Abnehmgruppen viel Gewicht verloren. Der Vorteil ist einfach, dass Sie hier konkrete Anleitung und Hilfestellung erhalten und auch Ihr persönlicher Grundumsatz ermittelt wird. Der hilft Ihnen, sich vor lauter Begeisterung über die Dinge, die ab sofort wieder »erlaubt« sind, nicht hoffnungslos zu viele Kalorien zuzuführen. In verschiedenen Regionen werden unsere Abnehmkurse sogar von der einen oder anderen Krankenkasse bezuschusst. Fragen Sie einfach Ihre Gruppenleiterin oder Ihre Krankenkasse danach. Es gibt auch schon die ersten Gruppen in Österreich und in der Schweiz. Ob eine Abnehmgruppe in Ihrer Nähe ist, erfahren Sie auf unseren Internetseiten oder unter der Telefonnummer in Deutschland 0931 – 970 1920. Falls Sie aus dem Ausland anrufen, einfach 0049 vorwählen und die erste Null der Ortsnetzkennzahl weglassen.

Der LOW FETT 30-Fernkurs

Falls es in Ihrer Nähe (noch) keine Abnehmgruppe gibt, können Sie das Abnehmprogramm LOW FETT 30 konkret auch als Fernkurs buchen. Die persönliche Unterstützung erfolgt dann eben telefonisch, brieflich und per E-Mail, und wird parallel dazu auf unseren Internetseiten begleitet.

Sie können diesen Kurs ebenfalls über unsere Internetseiten bestellen oder in Deutschland telefonisch unter 0931 – 9701920.

Egal, für welche der vier Möglichkeiten Sie sich entscheiden – sie lassen sich ja auch miteinander kombinieren –, wird es Ihrem Mann helfen, wenn er einen Mitstreiter hat, im Idealfall Sie. Denn gerade Paare haben den unbezahlbaren Vorteil, dass Sie sich gegenseitig motivieren und unterstützen können. Das geht mit gemeinsamem Einkaufen im Supermarkt los, über gemeinsames Experimentieren in der Küche weiter, führt sich fort bei gemeinsamen sportlichen Aktivitäten und hört bei zwei schlanken und fitten Menschen noch lange nicht auf.

Der Wirkungskreis Blutzucker – Insulin – Fett

Weiter vorn hatten wir ja schon dargelegt, dass der Zucker im Blut, die Kohlenhydrate, unser »Normalbenzin« sind. Ein gut eingestellter Blutzucker sorgt für die Versorgung des Gehirns mit »Nahrung« (Denkfutter!), regelt Ihren Kreislauf, hält Ihr Herz am Schlagen, sorgt für die Funktionen der Zellen im Körper, hält uns warm, macht uns zufrieden. Das ist auch der Grund, warum man bei LOW FETT 30 – im Gegensatz zu bekannten Diäten – keine schlechte Laune hat: Die Versorgung ist gewährleistet.

Wenn man nun länger nichts isst, verbraucht man etwas von dem Blutzucker. Wie bei einer Tankuhr geht die Füllanzeige langsam nach unten. Kommen wir nun in den Bereich, wo das Reservelämpchen zu glühen begänne, kriegen wir Hunger. Das ist das Signal zum Futtersuchen. Wir stehen also vom Sofa auf und gehen in die Küche. Ohne große Anstrengung werden wir da fündig (außer in männlichen Singlehaushalten, aber auch Ketchup, saure Gurken und Bier haben Zucker!). Also trinkt »Mann« ein Bier, isst eine saure Gurke (im Sud der sauren Gurken ist relativ viel Zucker!) und sucht sich ein paar Cracker oder Kekse (»Himmel, ich hatte doch auch noch ein paar Kekse«).

Nicht, dass das eine gesunde Ernährung ist. Aber Single-Männer kriegen damit zumindest längst nicht so schnell einen Wohlstandsbauch wie Familienväter.

Beim Familienvater ist das anders. Er hat gefrühstückt, zu Mittag mit Kollegen zu viel gegessen (oder im Außendienst die Pommesbude leer gekauft) und kommt nun nach Hause. Wahrscheinlich noch nicht einmal hungrig. Aber weil wir ja ursprünglich Jäger und Sammler waren, erjagt er im Kühlschrank eine Scheibe Käse und sammelt ein paar Süßigkeiten vom Naschteller der Kinder.

Dann guckt er in die Zeitung, kümmert sich (wenn er ein netter Familienvater ist), um die Kinder, den Rasen und den Müll, und um 19 Uhr gibt es Abendessen. Hunger hat er noch keinen. Noch ist der Blutzuckerspiegel normal. Aber weil es Zeit zum Essen ist und weil alles wieder so nett angerichtet ist, beginnt die ganze Familie mit dem Abendessen.

Der Blutzuckerspiegel steigt. Es gibt Brötchen, Käse, Wurst oder Schnitzel mit Pommes, Nudelauflauf, Kartoffelgratin oder Pizza. Der Körper merkt: Huiiii, da kommt aber jetzt auf einmal 'ne Ladung. Und der Blutzuckerspiegel steigt und steigt und die Bauchspeicheldrüse legt los: Insulin ins Blut. Aber ein bisschen hurtig.

Was unsere Art über strenge Winter und durch Missernten gerettet hat, war der zweite Teil der Kette, der nun einsetzt: Wenn wir, durch Jagdglück und Sammlererfolg, genügend Futter hatten, konnten wir Depots für schlechte Zeiten anlegen. In der Steinzeit waren die Supermärkte dünn gesät, die Kühlschränke selten. Also mussten wir die Depots am Körper anlegen. Clever ist, dass wir DANN Fett einlagern, wenn der Insulinspiegel hoch ist. Dann also, wenn sichergestellt ist, dass wir so viel Nahrung haben, dass wir auch was für Notzeiten bunkern können.

Wenn der Insulinspiegel hoch ist (als Folge des reichlich vorhandenen »Normalbenzins«, dem Zucker), können wir alles Fett, was wir nicht brauchen, direkt und ohne weitere Verarbeitung in die Depots schieben. Fett, das wir in Verbindung mit Zucker essen, landet 1:1 (na ja, fast 1:1) auf den Hüften und am Bauch. Macht ja auch Sinn, erst dann für die Zukunft vorzusorgen, wenn die Gegenwart geregelt ist. Sonst wäre es ja lebensgefährlich.

Drei oder fünf Mahlzeiten am Tag?

Jahrelang wurde propagiert, man sollte fünf kleine Mahlzeiten zu sich nehmen und nicht drei entsprechend größere. Amerikanische Wissenschaftler haben vor kurzem in einer interessanten Studie nachgewiesen, dass das wohl doch nicht so richtig ist.

Sie bildeten aus Leuten, die erfolgreich abgenommen hatten, zwei Gruppen: Eine Gruppe erhielt fünf, die andere drei Mahlzeiten am Tag. Die Gruppe derer, die fünf Mahlzeiten aß (bei gleichem Kalorienwert), nahm wesentlich schneller zu als die Gruppe der Leute mit drei Mahlzeiten.

Das hat wohl folgenden Hintergrund: Bei drei Mahlzeiten am Tag kommt die Bauchspeicheldrüse immer wieder für eine Weile zur Ruhe. (Es wird wohl auch ein Punkt erreicht, ab dem die Probanden HUNGER haben und nicht einfach eine Zwischenmahlzeit ohne Hunger dazwischenschieben).

Dieses »Warum« ist aber letztlich nur Spekulation. Wir wissen nicht, ob das der Grund war. Wir können daraus aber für uns ableiten, dass es zum Abnehmen wohl besser ist, nur dreimal am Tag zu essen und nicht fünfmal.

Ein Mann braucht pro Tag nur 80 Gramm Fett (wenn er abnehmen will, sollten es sogar nur maximal 60 Gramm sein), isst aber im Durchschnitt 170 Gramm. Ein Wunder, dass wir alle nicht sogar viel, viel dicker sind. Es kommt eben auch vor, dass wir doch mal ein bisschen Hunger haben, und dann helfen uns unsere Depots, nicht umgehend von der Stange zu kippen. Dennoch bleibt immer mehr hängen, als wir brauchen. Jedes Jahr ein bisschen.

Außer, wir gehören zu den begnadeten Leuten, die wirklich

nur essen, wenn sie Hunger haben: Das sind die, die nach einem Geschäftsessen in der Firma eben NICHT an den Kühlschrank gehen und die Kinderkekse futtern und die NICHT noch das Schnitzel mit Pommes hinterherschieben, sondern die dann sagen: »Sorry, Schatz, ich war heute Mittag mit Kunden essen und bin davon immer noch völlig satt. Ich glaub', ich ess' heute Abend nur ein Jogurt!«. Das sind die, die schlank sind. Und da wir »satt« und »hungrig« und »Appetit haben« und »vollgefressen sein« häufig nicht mehr auseinander halten können, werden wir dicker und dicker und dicker.

Natürlich gibt es auch Leute, die dieses Überangebot gnadenlos verheizen. Denen so heiß wird, dass sie schon wegen der Schwitzerei nicht mehr weiteressen mögen. Die gar nichts ansetzen KÖNNEN – und die dann aber auch nach jeder Grippe wochenlang herumlaufen wie der Tod auf Schluppen.

Aber alle die, die eher einen langsamen Stoffwechsel haben, die gut einlagern können, die nicht noch zusätzlich Sport machen, bei dem sie Überschüsse verheizen, und die zudem auch noch gerne naschen und gerne mal ein Bier, ein Schnäpschen und zwei Gläser Wein trinken, die werden dick. Und müssen abnehmen.

Und die nehmen am besten ab, wenn sie die Kombination aus Kohlenhydraten mit Fett rigoros meiden. Die langkettige Kohlenhydrate essen mit vielen Ballaststoffen, damit sie nicht so schnell wieder Hunger bekommen. Die nicht zwischendurch naschen, sondern erst was essen, wenn Sie Hunger haben. Die wieder aufhören, wenn sie satt sind, und die mit Fett sehr, sehr sparsam umgehen.

Und wenn Ihrem Mann dieser Mechanismus klar ist, dann hat er die besten Möglichkeiten, ab sofort wesentlich leichter zu leben und dabei dennoch gut und ausreichend und abwechslungsreich zu essen. Und mit welchen Lebensmitteln das besonders einfach geht, zeigen wir Ihnen auf den nächsten Seiten!

Die Welt der Lebensmittel aus LOW FETT 30-Sicht

Generell lässt sich sagen: Fett ist ein schön billiges Nahrungsmittel! Das fängt schon bei Grundprodukten an, bestes Beispiel dafür ist das Hackfleisch. Pro Kilogramm kosten:

- Schweinehack – 3 Euro
- gemischtes Hack – 4 Euro
- Rinderhack – 5 Euro
- Tatar – 7 Euro

Dennoch wird Ihre Haushaltsführung mit LOW FETT 30 nicht teurer werden. Durch das selektive Einkaufen – das berichten alle User – wandern eben nicht so viele unnütze Lebensmittel in den Einkaufswagen, die dann später aus purem Pflichtgefühl gegessen werden (oder doch in der Tonne landen).

Viele industriell gefertigte Lebensmittel sind mit einer ordentlichen Portion Fett wesentlich billiger herzustellen, denn Fett erleichtert häufig die maschinelle Verarbeitung: Kuchenteige wandern leichter durch die Düsen und Portionierer der Produktionsanlagen, Gewürze werden an Öle und Fette gebunden, um Lebensmittel nachträglich zu besprühen (z. B. Chips) oder um einem Tiefkühlprodukt diese Fett-Gewürz-Klötzchen gut portioniert beigeben zu können (das nennt sich dann »Vital-Gemüse«!!).

Fett in einem Produktionsprozess ohne Einbuße von Geschmack zu reduzieren ist mitunter ein echtes Kunststück und erfordert häufig teurere Produktionsstraßen, in jedem Fall aber andere Produktionsverfahren. Das erklärt auch, warum eine Reihe fettarmer Produkte etwas teurer ist als das normale »vollfette« Produkt.

Dabei gibt es ganz normale Produkte, die gar nicht extra fettarm hergestellt wurden, sondern die von sich aus LOW FETT 30 sind. Der Witz ist, dass man sie eben noch längst nicht alle erkennen kann. Häufig wissen nicht einmal die Produktmanager selbst, was sie da für Schätzchen herstellen.

Einige Produkte sind mittlerweile mit dem LOW FETT 30-Gütesiegel gekennzeichnet, so dass Sie sich als Verbraucher im Supermarkt schneller orientieren können, aber bis wir hier so etwas wie richtige Flächendeckung erzielen, wird es sicher noch ein bisschen dauern.

Wichtig: Vergessen Sie ab sofort, wie wir ein industriell gefertigtes Produkt nennen. Ob wir es als »Kuchen« bezeichnen, ob wir es mit »Öko«-Siegel versehen, ob es eine Pizza ist oder ein Eis. Entscheidend für LOW FETT 30 ist, woraus das jeweilige Produkt zusammengesetzt ist: Ist es LOW FETT 30, dann darf es mit. Ist es NICHT LOW FETT 30, bleibt es im Regal. Stehen keine Nährwerte drauf und auch wir wissen sie nicht, hat das Produkt Pech gehabt, egal, wie gesund es aussieht. Verlassen Sie sich auf Ihr Wissen, Ihre Nährwerte, Ihren Verstand und Ihre Augen, und bleiben Sie standhaft. Dann bekommen Sie auch das, was Sie wollen: Produkte, mit denen Sie gesünder und hoffentlich auch bald leichter leben werden!

Kohlenhydratträger

Es gibt Produkte, bei denen müssen Sie keine Sekunde überlegen, ob sie LOW FETT 30 sind oder nicht. Das Einzige, was Sie sich überlegen können, ist, ob Sie das jeweilige Produkt in einer vollwertigen oder naturbelassenen Variante kaufen oder aber in einer industriell verarbeiteten Form (vorausgesetzt, es wurde kein Fett zugegeben), wie zum Beispiel küchenfertiges Tiefkühlgemüse, Reis (bzw. Reisgerichte) oder Nudeln (bzw. Nudelgerichte).

Gemüse

Alles Gemüse ist LOW FETT 30, mit zwei Ausnahmen: Olive als Ölfrucht und Avocado, ebenfalls eine Frucht, die fast ausschließlich aus Fett besteht. Dennoch sollten Sie sowohl Olivenöl als auch frische Avocado immer wieder in Ihren Speiseplan aufnehmen, denn sie enthalten nur essenzielle Fette.

Gemüse ist ein toller Snack fürs Büro und unterwegs: Waschen, schneiden – fertig ist der kleine Imbiss. Besonders geeignet sind dafür Kohlrabi (wenn Sie davon keine Blähungen bekommen), Möhren, Paprika und Gurken. Tomaten sind mit Einschränkungen zu empfehlen, weil man sich damit einfach so leicht bekleckert. Wem das auch ständig passiert, der sollte auf mundgerechte Kirschtomaten umsteigen.

Wenn Sie gerne kochen, können wir Ihnen vor allen Dingen Pilze empfehlen: Sie sind unglaublich kalorienarm, wenn man bedenkt, wie satt sie machen (keine Sorte hat mehr als 20 kcal pro 100 Gramm), und sie enthalten hochwertiges pflanzliches Eiweiß.

Frisch oder tiefgekühlt?

Ob Gemüse nun gesünder ist, wenn es »frisch« aus dem Laden kommt oder besser aus dem Tiefkühler, war eine über einen langen Zeitraum heiß geführte Diskussion, die zugunsten der Tiefkühlprodukte gelöst wurde.

Denn alle namhaften Hersteller von Tiefkühlgemüse verarbeiten unmittelbar ab Feld und das aus kaum besiedelten Gebieten im Ausland. Es gibt sogar Großanlagen, die direkt auf dem Feld tiefkühlen. Wenn die Kühlkette nicht unterbrochen wird (ideal ist da der Heimfrost-Service!), bleiben die Vitamine der einzelnen Gemüsesorten so wesentlich besser erhalten, als wenn Sie schlappes und abgekämpftes Gemüse in irgendeinem kleinen Supermarkt auf dem Lande erwerben. Am besten ist natürlich der eigene Gemüsegarten hinterm Haus oder der Kauf ab Hof. Schon auf den Wochenmärkten finden Sie überwiegend Gemüse und Salate, die mehr als 24 Stunden Anreise hinter sich haben. Manche bringen es auf Wochen und Monate in stickstoffbedampften Großanlagen; dadurch halten sie sich einfach viel, viel länger.

Der Grund für diesen Aufwand der Anbieter ist natürlich unsere Anspruchshaltung bezüglich der Auswahl: Erdbeeren im Winter, Orangen im Hochsommer, Möhren, Lauch und Tomaten das ganze Jahr über. Diesen Bedarf kann man nur durch Importe, Treibhäuser und Mieten oder Spezialkühlanlagen decken.

Und damit das eine oder andere Gemüse nicht zu schimmeln beginnt, wird es auch noch kurz mit UV-Licht oder Infrarot bestrahlt. Die Bestrahlung ist auf jeden Fall besser als die Pilzsporen, die Sie sonst nämlich mitessen würden, aber wirklich »gesund«, also so richtig ganz doll gesund, ist das natürlich alles nicht.

Deswegen unser Tipp:

Verzichten Sie nicht auf Gemüse, nicht auf Obst, essen Sie so viel davon, wie Sie nur mögen. Aber wählen Sie beim Einkaufen erst einmal nach Herzenslust aus dem saisonalen Angebot, und greifen Sie danach zu dem erweiterten Angebot von Obst und Gemüse (dann auch aus Treibhäusern und aus fernen Ländern). Damit heben Sie die Vitaminversorgung auf einen guten Level und sorgen zudem für richtig viel Abwechslung auf dem Speiseplan. Bringt ja auch nichts, wenn Ihnen die

Erdbeeren und der Spargel Mitte Juni aus den Ohren kommen.

> Beim Kauf von Tiefkühlgemüse müssen Sie im Rahmen von LOW FETT 30 unbedingt auf das Zutatenverzeichnis achten: Egal, ob der Spinat blubbt, das Gemüse für die Pfanne gedacht ist oder als »vital« angepriesen wird, hier versteckt sich Fett – und das nicht zu knapp.
>
> Also besser die naturbelassenen Varianten wählen, die schmecken auch richtig nach dem eigentlichen Gemüse und nicht nach der Sahne oder den beigefügten Gewürzen.

Salate

Salat als solcher ist natürlich LOW FETT 30, doch wenn die Soße hinzukommt, wird es zappenduster für LOW FETT 30. Sahne und Mayonnaise, Öl und Schmand – die wenigen Kalorien aus dem Salat bieten keinen Ausgleich für die vielen Kalorien, die bei den Salatsoßen aus Fett kommen.

Alternativen zu herkömmlichen Salatdressings sind Mischungen aus Balsamico, Gemüse- oder Fleischfonds bzw. -brühen (z. B. von VISION oder Lacroix), Teriyaki-Marinade und Zitronensaft. Ein Esslöffel Öl pro Person liefert einen Teil der täglichen Ration an essenziellen Fetten. Ein Stück Brot dazu, dann stimmt die Mischung.

Diejenigen, die den Salat gerne mit etwas toppen, damit er eine volle Mahlzeit ergibt, können aus folgenden Zutaten frei und in beliebiger Menge wählen:

Krebsfleisch, Scampi, Putenbrust und Hähnchenbrust, Rinderfilet und Schweinefilet, Forelle und andere fettarme Fische (bitte alles grillen oder fettfrei braten) sowie Schinkenstreifen aus gekochtem mageren Schinken, Lachsschinken oder geräucherte Putenbrust (ohne Haut), Pilze, Mais und alle Gemüsesorten (außer Oliven und Avocados!). Wer auf Croûtons steht, sollte die selbst machen: Schnell und LOW FETT 30 sind Croûtons aus grob gehacktem Zwieback und aus den kleinen, gerösteten Brotscheiben des Herstellers Neukirchen (Gutena; ebenfalls kurz hacken) – aber NUR aus denen. Alle anderen Brotchips sind viel zu fett! Also Vorsicht!

Im Restaurant, bei Geschäftsessen und in der Kantine das Dressing separat bestellen oder um eine Essig-Öl-Menage zum Selbstmixen bitten. Vertrauen Sie NICHT auf die Auskunft des Kellners, dass es auch Jogurt-Dressing im Angebot gibt. Kommt das Jogurt-Dressing nämlich aus der Flasche, ist es immer zu fett. Nur wenn der Kellner hoch und heilig versichert, dass es definitiv aus Jogurt und in der Küche selbst hergestellt wird, dann können Sie es bestellen.

Machen Sie ihm aber schon bei der Bestellung unmissverständlich klar, dass Sie es zurückgehen lassen, wenn es nach Mayonnaise schmeckt.

LOW FETT 30-Mayonnaise für Salate

Einen tollen Tipp lieferte eine Userin unseres Internetforums, den wir Ihnen nicht vorenthalten wollen: Wenn Sie einen Becher Jogurt mit zwei bis drei Esslöffeln weißem (!) Balsamico-Essig mischen und etwas Süßstoff und Kräuter zugeben und gut abschmecken, schmeckt diese Mischung auf Salat schon soooo sehr wie Mayonnaise, dass nur ausgemachte Gourmets den Unterschied bemerken. Der Trick funktioniert auch prima bei Nudel- und Kartoffelsalat.

Obst

Auch Obst ist LOW FETT 30. Das wirklich ausnahmslos. Obst ist reich an Ballaststoffen, Vitaminen und an sekundären Pflanzenstoffen. Leider auch reich an Zucker. Wählen Sie vor allem ballaststoffreiche Sorten wie Beeren, Äpfel, Birnen, Zitrusfrüchte, Kernobst, Kiwis und Ananas. Bei Trauben, Bananen und bei Honigmelonen und deren Verwandten sollten Sie sich mäßigen. Sie enthalten vor allen Dingen viel Zucker, und damit auch viele Kalorien. Zum Vergleich: 100 Gramm Erdbeeren enthalten 33 kcal, 100 Gramm Äpfel 46 kcal und 100 Gramm Trauben 70 kcal. Alles klar?

Ein weit verbreiteter Irrtum ist, dass Obst nur Fruchtzucker enthält. Neneeee, Obst enthält AUCH Fruchtzucker, aber eben auch ganz normalen Zucker und Traubenzucker. Wenn Sie also darauf spekulieren, dass Obst Ihren Blutzuckerspiegel nicht beeinflusst: weit gefehlt!!!

Obstkonserven

Obstkonserven wären ja superpraktisch, wenn sie nicht mit dermaßen viel Zucker haltbar gemacht würden. Ein Obst-Nachtisch aus der Dose ist nur bedingt eine gute Idee.

Besser ist es, auf Natreen-Obstkonserven (im Glas) auszuweichen, oder aber einen frischen Obstsalat zuzubereiten. Ganz wenige Anbieter (danach müssen Sie in großen Supermärkten ziemlich lange suchen) bieten mittlerweile völlig ungesüßte Konserven an (z. B. bei Apfelmus). DAS ist natürlich wieder prima!

Marathonfutter Bananen

Bei Marathonveranstaltungen werden den Läufern an den Zwischenetappen Bananen angereicht, die sie dann während des Laufens essen. Das tun sie, weil Bananen kaum Ballaststoffe enthalten, aber sofort wieder den Bluzuckerspiegel nach oben schießen lassen, der im Rahmen von lang anhaltendem Ausdauersport so stark sinken kann, dass die Läufer ansonsten in einen so genannten »Hungerast« geraten könnten: Mit einem Mal wäre ihre gesamte Energie weg, die Beine würden nur noch Pudding enthalten, Ende der Veranstaltung! Durch die Zwischenversorgung mit Bananen wird dieser dramatische Leistungsabfall verhindert. Wenn wir nicht laufen oder lange Radtouren machen, sorgt die Banane natürlich auch für einen derartigen Anstieg des Blutzuckers, allerdings ohne dass wir den Zucker in diesem Moment wirklich in dieser Menge benötigen.

Deswegen sollten Sie Bananen vor allen Dingen dann essen, wenn Sie damit rechnen, dass Ihnen nach längerer Belastung »die Luft auszugehen« droht. Das kann durchaus auch bei MarathonSITZUNGEN im Job der Fall sein, bei denen plötzlich die Konzentration nachlässt. Auch hier liefert Ihnen eine Banane einen irren Energieschub – besser, als jeder Besprechungskeks das jemals könnte.

Auch wenn Sie mit Sport anfangen (z. B. Fitnessstudio) und erst anschließend etwas essen, sollten Sie auf dem Weg nach Hause ein Stück Obst essen, damit Sie nicht mit riesigem Heißhunger den Kühlschrank sofort plündern, wenn Sie den heimischen Herd erreicht haben.

Für alle Sportler, Außendienstler und Manager ist eine Banane wohl der am originellsten verpackte Energiesnack, den man sich vorstellen kann.

Fünf am Tag

Seit einigen Jahren gibt es die Initiative »Fünf am Tag«. Das Ziel der Kampagne, der sich viele Unternehmen und Verbände angeschlossen haben, ist es, die breite Bevölkerung dazu zu bewegen, fünfmal pro Tag eine (kleine) Portion Obst oder Gemüse zu essen.

Dabei macht die Kampagne keinen Unterschied zwischen frischem Obst und Gemüse, und Konserven. Da die meisten Vitamine aber beim Erhitzen zerstört werden, schließen wir uns der Empfehlung nur insoweit an, als dass auch wir für fünf Portionen (oder besser noch mehr) plädieren, die aber nach Möglichkeit frisch oder kurz gedünstet. In unserem Abnehmprogramm LOW FETT 30 konkret sind beispielsweise 300 Gramm Gemüse oder Salat »Pflicht«.

Getreide

Alle Getreidesorten sind LOW FETT 30. Alle. Aber oft verwechseln wir (Getreide-) Körner mit (Ölsaat-) Kernen. Körnerlieferanten sind Getreidesorten wie Roggen, Weizen, Hafer, Gerste, aber auch Amaranth, Quinoa und Buchweizen. Die größte Auswahl an Getreidesorten bieten in der Regel Bioläden. Je frischer die Mehle gemahlen sind und je weniger man sie behandelt, um so besser. Ziehen Sie Vollwertbrot auf jeden Fall Brot aus Auszugsmehlen vor. Auch Kuchen kann man gut mit Vollwertmehlen backen. Die Ballaststoffe sind in den Vollwertmehlen in vollem Umfang enthalten, bei Backwaren aus Auszugsmehlen fehlen sie. Der Unterschied für Sie beim Essen liegt darin, dass Vollwertbrote eben wesentlich länger satt machen als Weißbrot oder Brötchen. Aber nicht jedes dunkle Brot ist automatisch »Vollwertbrot«. Am besten lassen Sie sich beim Kauf gut beraten. Vollwertbrote erkennen Sie auch daran, dass sie einfach kompakter sind als Brote aus ballaststoffarmen Mehlen.

Hafer hat zudem die positive Eigenschaft, den Cholesterinspiegel zu senken. Ideal sind da natürlich Müslis. Aber auch diese sollten Sie beim Einkaufen genau unter die Lupe nehmen. Viele Müslisorten werden von den Herstellern »geclustert«, also mit Zucker, aber auch mit Fett »verpappt«. Damit sieht das Müsli dann leckerer und nicht so biomäßig aus. Doch bei genauem Hinsehen können Sie da Ihr blaues Wunder erleben. Es gibt Müslis, die beziehen bis zu 45 Prozent ihrer Kalorien aus Fett.

Erkennen können Sie das schon daran, dass normale Flocken relativ hell sind. Geröstete Flocken aber haben nicht nur eine dunklere Farbe, sie sind auch meistens schon viel schwerer und kompakter als eine vergleichbare Menge unbehandelter Flocken.

Müsli verursacht bei Ihnen Blähungen?

Das kann daran liegen, dass das Müsli gezuckert ist bzw. dass Sie Zucker oder Honig zugeben. Denn der Zucker wird vom Körper schneller aufgenommen, was dazu führt, dass die ballaststoffreichen Getreideflocken im Darm anfangen zu gären. Falls Sie damit Probleme haben, essen Sie wirklich zuckerfreie und unbehandelte Müslis, und essen Sie die ersten Miniportionen zu Ihrem normalen Frühstück dazu. Wenn der Blähbauch ausbleibt, können Sie die Dosis langsam steigern. Da Obst auch Zucker enthält, sollten Sie für den Anfang auch kein Obst zugeben. Eine Banane im Müsli hat den gleichen Effekt wie zwei Löffel Zucker.

Wer sehr empfindlich ist, kann das Müsli auch über Nacht quellen lassen oder aber ein »Päppchen« aus Haferkleie zubereiten: Dazu einfach kochendes Wasser über die Haferkleie geben, kräftig durchrühren und ausquellen lassen. Wundern Sie sich nicht darüber, wie viel Wasser da verschwindet. Wenn Sie mit dem Wasser zu sparsam sind, können Sie mit dem Haferpapp die Wände gipsen. Das führt uns auch zu dem zweiten Punkt im Zusammenhang mit Vollwertgetreide: Vergessen Sie die Flüssigkeitszufuhr nicht. Trinken Sie viel, viel Wasser dazu oder Früchtetee zum Frühstück. Dann stopfen und blähen die Frühstücksmüslis auch nicht so schnell.

Vorsicht bei Fertigmüslis mit Nüssen
Viele Fertigmüslis enthalten reichlich Nüsse und Leinsamen. Rechnen Sie hier unbedingt die Nährwerte mit der Fettformel durch! Sie werden sich wundern, wie oft ein Müsli ÜBER den 30 Prozent der Kalorien aus Fett liegt.

Apropos Nüsse
Sonnenblumenbrot, Nussbrot, Leinsamenbrot, Kürbiskernbrot…: klingt toll, sieht super gesund aus und ist in den meisten Fällen zu fett. Man könnte ja noch argumentieren, dass das schließlich alles Lieferanten essenzieller Fette sind, aber die Kerne wurden erhitzt. Dabei entstehen trans-Fettsäuren. Naturbelassene Ölsaaten enthalten dagegen keine trans-Fettsäuren, und denen sollten Sie den Vorzug geben!

Nudeln

Alle Nudelsorten (sogar viele Tortellini und Ravioli) sind LOW FETT 30. Und da Nudeln glücklich machen, können Sie bedenkenlos »zuschlagen«. Natürlich sollte dann die Soße ebenfalls LOW FETT 30 sein. Oder aber, sie nehmen die Rezepte aus unseren Büchern, da gibt es auch Pesto-Angebote. Allerdings müssen Sie dann das richtige Verhältnis zwischen (öligem) Pesto und (fettfreien) Nudeln herstellen. Falls Sie kein Pesto-Rezept von uns zur Hand haben, können Sie Ihr Rezept auch in unserem Internet-Nährwerterechner überprüfen. Als grobe Linie gilt: Ein leicht gehäufter Esslöffel Pesto entspricht einem Esslöffel reinem Olivenöl. Die restlichen Zutaten im Pesto sind, mit Ausnahme des Basilikums und des Knoblauchs, nämlich auch sehr fett: Pinienkerne und Parmesankäse liegen weit jenseits der 30 Prozent der Kalorien aus Fett.

In nahezu allen unseren Kochbüchern finden Sie auch Nudelrezepte. Und da verwenden wir AUCH Käse und EBENFALLS Schmand, Butter und Sahne, aber eben in ganz anderen Dosierungen, als man das gewohnt ist. Eine Lasagne schmeckt sogar, wenn man NICHT drei Lagen Käse zwischen den Nudelblättern plus eine dicke Schicht on top in die Auflaufform donnert. Probieren Sie's mal aus. Sie werden überrascht sein, wie gut das schmeckt!

Vollkornnudeln

Also, Vollkornnudeln wären natürlich besser als normale weiße Nudeln. Aber die wenigsten Sorten schmecken. Meist hat man das Gefühl, bei der Produktion wäre noch eine Hand voll Sägespäne mit in die Nudelmaschine geraten. Es gibt aber vereinzelt schmackhafte Sorten. Probieren Sie mal aus, ob Ihnen die Vollkornspaghetti von «Füllhorn« oder »Grünes Land« schmecken. Die haben unsere internen Tests – auch was ihr Kochverhalten angeht – gut bestanden!

Zweitverwertung Nudelauflauf

Bei Nudelaufläufen bleibt ja häufig ein Rest übrig. Und viele schmecken auch vorzüglich kalt. Wenn Ihr Mann also keine Kantine zur Verfügung hat oder viel im Auto unterwegs ist, kann er am nächsten Tag ja eine Portion für sein Mittagessen mitnehmen!

Reis

Auch Reis ist ausnahmslos LOW FETT 30, und viele Reisgerichte obendrein. Risotto wird erst dann zur Falle, wenn Sie zu viel Käse, Sahne, Öl und andere fette Zutaten zugeben. Das gilt auch für Reissalat. Auch bei Reis haben Sie die Möglichkeit, auf Vollwertvarianten auszuweichen, die schmecken sogar, werden aber schnell ranzig. Der Geschmack ist auch viel intensiver als bei normalem Reis, was dazu führen kann, dass man sich schnell daran überisst. Besonders köstlich schmeckt Basmatireis oder der sehr ähnliche »Jasminreis«, der auch als »Duftreis« im Handel ist. Diese Sorten bestehen zwar nicht unbedingt den »Gabeltest« (wozu der auch immer gut ist), aber sie kleben nicht.

Sushireis und Milchreis dagegen sind ebenfalls zum Löcherspachteln geeignet. Aber das schmeckt ja auch, und bei Sushi geht es auch gar nicht anders: Sonst könnte man den Reis ja nie im Leben zu einer kleinen Kugel formen.

Reissalat fürs Büro

Reis vom Abendessen können Sie Ihrem Mann am nächsten Tag als Reissalat ins Büro mitgeben. Probieren Sie mal die falsche Mayonnaise von uns aus (Seite 89) und geben Sie dem Reis Putenbruststückchen und klein geschnittenes Gemüse zu. Außerdem lecker: Zwiebelringe, frische Kräuter und ein bisschen Tabasco oder Sambal Oelek, für alle, die es herzhaft und ein bisschen scharf mögen.

Intelligent knabbern: Reisgebäck

Es gibt Reiswaffeln (fast) ohne Geschmack, die sich als Magenfüller hervorragend bewährt haben und zum Frühstück und Abendessen ganz lecker mit Quark schmecken (zum Frühstück geben Sie eben Obst oben drauf, zum Abendessen mischen Sie den Quark mit Kräutern, Knoblauch und Salz). Reis-

So kochen Sie Reis richtig

Viele kochen nicht gerne Reis, weil er ihnen zu pappig wird. Hier unser Rezept mit »Gelinggarantie«: Auf eine Einheit Basmatireis (z. B. eine Tasse, das reicht für zwei Personen) geben Sie zwei Einheiten Wasser und setzen die Mischung in einem guten Topf kalt auf. Wenn das Wasser kocht, fügen Sie noch etwas Salz bei. Dann lassen Sie den Reis nur ca. fünf Minuten auf kleiner Stufe köcheln, setzen einen Deckel auf den Topf und stellen dann die Platte auf Null. Nach weiteren 15 Minuten ist der Reis locker und gar und hat alles Wasser aufgenommen. Dieser Reis passt zu allen deutschen, aber auch zu allen Thaigerichten und vietnamesischen Varianten. Er ist aber nicht so »stäbchenfest« wie bei der chinesischen Küche. Dazu müssten Sie dann Sushireis verwenden.

waffeln haben nur einen einzigen Nachteil: Sie krümeln, sind also nichts fürs Auto, denn der Fußraum, die Sitze und man selbst sehen schon nach ein, zwei Scheiben aus wie ein Ferkel.

Aber sie sind lecker!

Dann gibt es noch gesüßte und herzhafte Varianten; ob Ihnen die schmecken, müssen Sie testen. LOW FETT 30 sind sie (bislang!) alle.

Außerdem gibt es noch japanische Reisknabbereien. Es ist schwierig, die optimal zu beschreiben: Die kleinen Reiscracker sind oft kissenförmig, schmecken sehr intensiv, manche scharf (ausprobieren, ob Sie die mögen), und die Stücke sind etwas größer als Haselnüsse. Die Oberfläche ist glatt. Sie finden sie natürlich in Asia-Shops, aber auch in der Abteilung des Supermarkts, wo die Nüsse, die Ölsaaten und der Popcornmais angeboten werden. Der Hauptanbieter für diese Reiscracker ist die Firma Seeberger. Als Partyknabberei taugen diese kleinen Cracker hervorragend und als herzhafter kleiner Snack für zwischendurch und unterwegs ebenfalls.

Da sie sehr intensiv im Geschmack sind, sind sie nicht unbedingt jedermanns Sache.

Kartoffeln

Kartoffeln gibt es in den unterschiedlichsten Varianten – mal ganz abgesehen von den verschiedenen Sorten, die es von mehlig bis fest kochend in allen Abstufungen gibt. Frühkartoffeln haben kürzere Garzeiten. Die durchschnittliche Kochzeit beträgt 20 Minuten. Schneller geht's in der Mikrowelle: Die Kartoffel rundherum anpieken und bei 750 Watt zweimal ca. sechs Minuten garen lassen (nach sechs Minuten drehen Sie die Kartoffeln herum und lassen Sie weitere sechs Minuten garen). Sie werden dann wie Folienkartoffeln: ein bisschen schrumpelig, aber lecker!

Auch Pellkartoffeln und Salzkartoffeln sind LOW FETT 30. Das ist wichtig, wenn Sie im Restaurant essen gehen. Fragen Sie aber unbedingt nach, ob die Kartoffeln nicht DOCH in Butter oder Öl leicht angebraten werden. Gerade in gutbürgerlichen Küchen werden sie häufig so auf den Tisch gebracht. Damit sind sie in aller Regel schon zu fett.

Bei Folienkartoffeln müssen Sie den Kellner unbedingt fragen, ob der Quark auch wirklich aus Magerquark gemacht wird oder aus Sahnequark oder – noch schlimmer – aus Quark mit Schmand oder sogar Mayonnaise. Und wenn er dafür dreimal in der Küche nachfragen muss: Bleiben Sie hartnäckig. Lassen Sie sich nicht mit »Ich denke schon« oder »Meines Wissens ja« abspeisen. Man muss ja nicht gleich grob werden, aber »Ich denke schon« heißt im Klartext »Ich hab keine Ahnung, und ich hab auch keine Lust, mich um die Klärung der Frage zu kümmern«. Machen Sie ihm klar, dass es seine Aufgabe ist, sich darum zu kümmern. Sonst bieten Sie ihm einfach an, selbst in der Küche nachzufragen. Machen wir ständig so. Hilft auch. In manchen Lokalen ändern sich aufgrund solcher ständigen Nachfragen auch die Speisekarten. Man braucht nur manchmal ein etwas dickeres Fell, um das zu erreichen, was man will: fettarm essen in allen Lebenslagen. Wenn Ihr Mann und Sie kontinuierlich schlanker und fitter werden, kann es Ihnen herzlich egal sein, was der Kellner denkt!

Kartoffeln in der Mikrowelle
Wenn Ihr Mann im Büro an eine Mikrowelle drankommt, könnte er mittags auch einmal Kartoffeln mit Quark essen, ohne dass das eine große Mühe wäre.

Pommes
Selbst den Inbegriff des fettreichen Junkfoods, die Pommes, können Sie auch als LOW FETT 30-Variante genießen: im Backofen nämlich! Es gibt von einigen Anbietern (z. B. Agrarfrost) Pommes, die nur drei Prozent Fett haben, und die dann – wenn man sie nicht frittiert, sondern im Backofen zubereitet – LOW FETT 30 sind. Umstellung der Ernährung heißt wirklich nicht, für alle Zeiten auf alles zu verzichten, was man mag, sondern es bedeutet, sich zu orientieren und, mit diesem Wissen ausgestattet, das Richtige zu wählen. Also wählen wir eben fettarme Pommes, stellen den Heißluftherd an, legen Cross&Frites-Papier aufs Backblech und essen zwanzig Minuten später Steak mit frischen Pommes.

Reibekuchen
Das gleiche gilt für Reibekuchen, des Rheinländers Lieblingsspeise. Auch die werden nicht frittiert, sondern im Herd kross gebacken. Natürlich schmecken Sie nicht wie die Reibekuchen aus der Friteuse: Sie schmecken nämlich NICHT nach altem Frittenfett, sie schmecken nach Kartoffeln, sind bekömmlich

und geben einem nicht für den Rest des Tages Pfötchen. Ob Pommes oder Reibekuchen für den Backofen geeignet sind, steht auf dem Zubereitungshinweis.

Zucker, Honig, Sirup

Auch Zucker, Honig und Sirup sind LOW FETT 30… und sie sind reine Kohlenhydratträger. Aufgrund der schnellen Aufspaltung dieser Zweifachzucker in Glukosemoleküle, die Grundbausteine aller Kohlenhydrate, schnellt der Blutzuckergehalt rasant in die Höhe.

Damit der Körper keinen Schaden nimmt und der Zucker schnell vom Körper aufgenommen wird, spuckt die Bauchspeicheldrüse sehr viel Insulin aus, und der Blutzuckerspiegel wird dadurch ebenso rasant wieder gesenkt. Ein tolles Prinzip. Da es aber zu einer regelrechten Insulininjektion bei solchen Zuckerbombardements kommt, schießt der Blutzuckerspiegel so in den Boden, dass der Körper eine Blutzucker-Unterversorgung signalisiert bekommt. Die Folge eines zu niedrigen Blutzuckergehaltes im Körper? Hunger! Sie bekommen Hunger. Und zwar ordentlich. Abgesehen davon, dass solche Blutzucker-Achterbahnen für Ihren ganzen Körper Stress sind, fordern Sie auch Ihre Bauchspeicheldrüse zu ständigen Akrobatikeinlagen auf und erhöhen außerdem das Risiko, an Diabetes zu erkranken.

Dennoch: Wenn Süßes nicht mit Fett kombiniert wird, ist es zum Abnehmen in aller Regel kein Hindernis.

Süßigkeiten

Es gibt jede Menge Süßigkeiten, die LOW FETT 30 sind. Die wurden nicht extra dafür erfunden, es gibt sie seit Jahren im Supermarkt. Kleiner Auszug gefällig?

Hier die Hitliste: Gummibärchen und alle ihre Verwandten: die Gummischlangen, die Colafläschchen, die Gummimäuse, die Gummifrösche, die Gummiteufel – sogar das Haribo-Konfekt. Lakritz, Marshmallows, Super-Dickmanns, After Eight, Piasten Schokolinsen (die rosa und weißen Pastillen, die mit Schokolade gefüllt sind), alle Schaumwaffeln ohne Schokolade, Nappo (das sind die kleinen Rhomben, die in Silberpapier eingepackt sind – bitte nicht mit den ähnlich klingenden Reiswaffeln verwechseln, die mit Schokolade überzogen sind), Butterkekse, ABC-Kekse, diverses Weihnachtsgebäck, darunter auch die Dominosteine von Lambertz, und noch jede Menge mehr!

Es gibt auch LOW FETT 30-Eis!
Das Soft-Eis von McDonalds ist LOW FETT 30 (aber nicht die Flurrys), die Milchshakes auch, Sorbets (z. B. Zitronensorbet von Mövenpick), Mövenpick Waldfrucht Cranberry und von Langnese die Eissorten Capri (und alle anderen Wassereis-Sorten), die Milki-Sticks und – tatatataaaaa: Solero Exotic, dieses Rieseneis mit Fruchtmantel.

Natürlich sollen Sie sich nicht ab sofort nur noch von Schokolinsen und Super-Dickmanns ernähren. Aber wenn Sie Süßigkeiten gerne essen, und wenn Sie die brauchen, weil Sie sie lieben, dann kaufen Sie nur noch LOW FETT 30-Süßigkeiten ein und essen Sie diese, ohne ein schlechtes Gewissen zu haben. Wenn Sie die drei Regeln von LOW FETT 30 beherzigen (Seite 73 f.), dann kann nichts schief gehen.

LOW FETT 30-Kuchen
Es gibt wenige Fertigkuchen, die unter 30 Prozent Fettkalorien liegen. Doch die Obstkuchenvielfalt von Bofrost ist LOW FETT 30. Biskuitkuchen mit fettarmen Obstbelägen, mit Pudding und Gelatine, Biskuitrollen mit Marmeladefüllung (selbst gemacht) und wunderbare Torten. (Wer Kuchen, Torten und Kekse liebt, dem empfehlen wir unser Buch »LOW FETT 30 für Naschkatzen« und »LOW FETT 30 Backen«.) Auch selbst gemachter Zwetschgendatschi ist LOW FETT 30, wenn Sie den Hefeteig ohne Fett herstellen.

Sie sehen, Ihr Mann wird keine Not zu leiden haben.

Eiweißträger

Eiweiß ist der Grundbaustoff für das, woraus unsere »Hülle« gemacht ist – Eiweiß ist das Baumaterial unseres Körpers. Dazu gehört auch die Füllung der »Versorgungsleitungen« im Körper, also das Blut und die Lymphflüssigkeit. In diesen Kontext gehört auch das Immunsystem.

Jetzt ist die Frage: Wo ist denn in unserer Nahrung Eiweiß drin?

Fleisch und Fisch

Fleisch und Fisch (und was sonst noch so Essbares im Meer lebt, die Scampi und der Hummer, die Krebse und die Muscheln, die Austern und der Kaviar … na ja, Letzteres sind Fischeier, aber es passte gerade so schön!) sind Eiweißlieferanten oder vielmehr Eiweiß- und Fettlieferanten. Während sie alle Eiweiß liefern, gibt es viele darunter, die KEIN Fett liefern. (Damit fliegt der Kaviar wieder raus!)

Die Kunst ist es, tierisches Eiweiß ohne Fett zu wählen.

Zu den besonders fettarmen Fleischsorten zählt alles

reine Muskelfleisch: Filets, Rouladen, Rückenstücke, Steaks. Auf das Angebot im Supermarkt bezogen, heißt das: gekochter und sehr magerer roher Schinken, Lachsschinken, geräucherte Putenbrust ohne Haut, Putenbraten, Putenschnitzel, Putenbrust, Hähnchenbrustfilet ohne Haut, Entenbrustfilet ohne Haut, Rinderfilet, Rinderbraten (ohne Maserung), Rinderrouladen (ohne Fettrand), mageres Gulasch, Hüfte, Roastbeef (ohne Fett), Tatar, Rinderleber, Rinderherz, Schweinefilet, Schweinelummer (ausgelöstes Kotelett), Kasseler (ohne Fettrand), fettfreie Schnitzel, Kalbssteaks, Kalbsschnitzel, Kalbsbraten, Kalbsfilet, Lammlachse, Lammfilet, Rehrücken, Rehkeule, Hasenrücken, Wildschweinrücken, Hasenkeulen.

Stellen Sie sich bitte mal eines dieser Fleischstücke bildlich vor. Wie sieht es aus? Rot! Also zumindest nicht weiß. Weiß ist bei Fleisch gleichbedeutend mit Fett (oder mit Sehnen). Sie haben also an der Fleischtheke – ohne dass Sie die Nährwerte kennen – eine gute Möglichkeit, Fleisch nach seinem Fettgehalt einzuordnen. Das Fleisch, das keine weißen Adern und keine weißen Ränder hat, können Sie essen. Das reine, rote (oder rosafarbene) Fleisch.

Wurst wäre, wenn man sie aus reinem Fleisch machen würde, genau so rot wie das Fleisch. Aber Wurst ist nicht rot. Wurst ist rosa. Hellrosa. Und wie bei einem Malkasten, wenn man rot mit weiß mischt, entsteht die Farbe bei der Wurst (abgesehen von Farbstoffen, die die Wurst nur appetitlicher aussehen lassen sollen) durch die Mischung aus Fleisch (rot) mit Fett (weiß). Je heller die Wurst, um so fetter ist sie.

Jaaa, werden Sie sagen, Putenwurst ist doch AUCH rosa. Stimmt. Weil sie AUCH viel zu fett ist. Der Anteil an Fleisch kommt zwar von der Pute (darf aber übrigens bis zu 50 Prozent vom Schwein stammen, das nur am Rande!) und das Fett auch, aber die Mischung ist zu fett, und der Anteil der

Kalorien, die bei der Putenwurst aus Fett kommt, liegt wie bei der restlichen Wurst eben auch bei 70, 80 Prozent oder noch mehr.

Milch und Milchprodukte

Alle Milchprodukte stammen ja nun mal von Tieren und enthalten somit tierische Fette. Je mehr Fett Sie hier, genau wie bei Fleisch und Wurst, einsparen, um so gesünder ist das.

Milch
3,5-prozentige Milch hat mehr als 50 Prozent der Kalorien aus Fett. 1,5-prozentige Milch liegt dagegen noch unter 30 Prozent der Kalorien aus Fett. Schon bei einem Verbrauch von 300 ml (das ist die Menge, die Sie für zwei bis drei Milchkaffee benötigen) sparen Sie 7,5 Gramm Fett. Das sind bereits fast 10 Prozent der Menge an Fett, die ein Mann zu sich nehmen darf, wenn er normal lebt. Wenn er abnehmen möchte, sollten es nur maximal 60 Gramm Fett pro Tag sein.

Butter, Schmand, Sahne
Diese Produkte beziehen nahezu ihren gesamten Brennwert aus Fett. Bei vielen Kochrezepten lassen sich diese Grundprodukte prima einsparen bzw. durch fettärmere Varianten ersetzen. Man muss ein Schnitzel eben nicht mit einem großen Stück Butter braten, in einer guten beschichteten Pfanne geht es ganz ohne. Man muss auch Soßen nicht mit Sahne machen: Pürieren Sie mal Gemüse, und geben Sie das zum jeweiligen Gericht. Hitverdächtig ist pürierte Paprikaschote zu hellem Fleisch und zu Fisch. Je nach Belieben können Sie die Farbe der Soße dann durch die Farbe der Paprika variieren (grün sieht allerdings ein bisschen schräg aus!). Auch geschmorte Braten müssen nicht in den üblichen Mengen Fett schwimmen. Anbraten ja, aber dann mit Brühe aufgießen, Gemüse mit dem Braten zu-

sammen schmoren und am Schluss die Brühe mit dem weich gekochten Gemüse pürieren und durch ein Sieb streichen. Wenn Sie es gerne »sahnig« wollen, geben Sie vor dem Servieren einfach einen Schuss Milch dazu. Wir verwenden in unseren Rezepten auch Sahne, Schmand und Butter, aber in viel, viel geringeren Mengen, als man das macht, seit die »Nouvelle Cuisine« in bundesdeutschen Haushalten Einzug gehalten hat. (Wobei man zur Ehrenrettung der Nouvelle Cuisine sagen muss, dass sie wesentlich raffinierter ist, als am Schluss nur einen Becher Crème fraîche zuzugeben.)

Käse

Die einzig wirklich traurige Botschaft bei LOW FETT 30 ist: Käse (bis auf Harzer Käse) ist nicht LOW FETT 30. Nie. Bislang jedenfalls.

Jetzt haben Sie zwei Möglichkeiten: Sie kaufen Magerkäse, und Ihr Mann isst ihn auf extra viel Brot, oder (unsere favorisierte Methode) Sie gönnen sich und Ihrem Mann einmal im Monat eine tolle Käseplatte, mit leckerem Brot und gutem Rotwein, genießen den Abend in vollen Zügen, und machen danach einfach wieder mit LOW FETT 30 weiter. Das ist besser, als immer mit langen Zähnen Käse zu essen, der einem nicht schmeckt, oder jede Woche vom Einkauf frustriert zurückzukommen, weil man um die köstliche Käsetheke einen weiten Bogen schlagen musste.

Solange die Orgien die Ausnahme und LOW FETT 30 die Regel sind, verlieren Sie nichts an Lebensqualität und nehmen trotzdem ab.

Jogurts

Ihr Mann liebt Jogurts? Gehört er auch zu denen, die einen 500-Gramm-Becher im Stehen weglöffeln können? Kaufen Sie keine Familienpackungen mehr (weil man eh nicht aufhören kann), sondern besorgen Sie kleine Becher mit fettarmem Jogurt. Ein 500-Gramm-Becher ist schnell in einem Rutsch leer – aber einen zweiten kleinen Becher zu nehmen, das überlegt man sich dann doch.

Achten Sie bei Jogurts auf die Kalorien, es gibt hier enorme Abweichungen pro 100 Gramm. Dass man sich nur für fettarme Varianten entscheiden sollte, versteht sich von selbst!

Als Zwischenmahlzeit sollte man Jogurt immer mit etwas Müsli kombinieren, damit man auch Ballaststoffe zuführt, die zusätzlich sättigen. Sonst bekommt man einfach zu schnell wieder Hunger.

Fertiggerichte

Falls Sie häufig auf Fertiggerichte zurückgreifen (weil Sie vielleicht beide berufstätig sind), sollten Sie eben LOW FETT 30-Fertiggerichte kaufen. Die sensationelle Nachricht: Es gibt sogar LOW FETT 30-Pizza (unser Favorit: Die »La Pizza« von Wagner, deren Sorten »Prosciutto« und »Salmone« LOW FETT 30 sind. Genial. Besser als von den meisten Pizzerien!). Es gibt sogar welche bei Aldi. Der Tiefkühllieferservice Bofrost hält für LOW FETT 30-Teilnehmer eine Liste aller LOW FETT 30-Produkte auf Anfrage bereit. Auch viele der Tiefkühlgerichte wie Bami Goreng oder diverse Kartoffel- und Nudelpfannen sind LOW FETT 30. Sie müssen einfach nur die Nährwerte kontrollieren.

Damit Sie auch ein bisschen frische Sachen essen, sollten Sie Fertiggerichte nach Möglichkeit um einen frischen Salat, gestifteltes Gemüse oder einen Obstsalat ergänzen.

Essen im Job

Essensangebote im Büro

Das Angebot reicht vom gourmetverdächtigen Betriebsrestaurant bis zur totalen Fehlanzeige. Firmen, in denen Sie gerade mal eine Kaffeemaschine und einen Kühlschrank finden – und Kantinen, die fast an einen Gourmettempel heranreichen (zugegebenermaßen sind die sehr selten, aber es gibt sie!). **Doch für jede Konstellation gibt es Möglichkeiten.**

Lieferservices

Die schwierigste Büroversorgung entsteht in den Büros, in denen alle zusammen mittags etwas beim Pizzaservice bestellen oder beim türkischen Stehimbiss holen. Hier auszuscheren ist selten möglich. Da es Männern meist nicht liegt, ihren Wunsch nach Abnehmen anderen mitzuteilen, müssen Sie mit Ihrem Mann nach Alternativen suchen.

Hier ein paar bewährte Tricks
Wenn Ihr Mann Pizza mit extra dickem Teig und wenig Käse bestellt, liegt er schon ziemlich richtig. Er soll sich nach Möglichkeit für fettfreie Beläge entscheiden, also: Gemüse (Brokkoli, Lauch, Zwiebeln, Spinat, Peperoni, Kapern, Paprika, Mais und Champignons), gekochten Schinken, Ananas und Scampi. Meeresfrüchte sind meist in Öl-Marinaden eingelegt und somit nicht LOW FETT 30. Auch auf Tunfisch und Salami, sowie Hackfleisch und Oliven sollte er unbedingt verzichten. Artischocken sind grenzwertig: Es gibt sie sowohl in Öl eingelegt als

auch im eigenen Sud. Besser, er lässt sie weg. Auch Vorsicht beim Extra-Knoblauch: Häufig wird bei dieser Bestellung nur Knoblauch-Öl auf die Pizza geträufelt. Wenn der Knoblauch aber frisch ist (kann man an den Stückchen dann sehen), ist er in Ordnung (vorausgesetzt, die Kollegen motzen nicht!). Und dass Ihr Mann auf die Extra-Portion Käse oder auf Speck verzichten sollte, versteht sich eigentlich von selbst.

Der Vorteil bei Pizzabestellungen ist, dass man nach Tagesform und »gusto« entscheiden kann. Pizza Hawaii, Spinat mit Krabben und Vegetaria (immer mit Extra-Teig und wenig Käse!) sind meistens LOW FETT 30. Falls man sich nicht ganz sicher ist, bestellt man eben noch eine Portion Pizzabrötchen dazu, isst die zuerst und hört mit der Pizza auf, sobald man satt ist.

Vorsicht bei Nudelgerichten vom Lieferservice! Zum einen ist es weit verbreitet, eine dicke Schicht Käse auf die Nudelportion zu quetschen, zum anderen sind die Soßen bis auf Tomatensoße **NIE** LOW FETT 30. Und überbackene Nudelgerichte (Cannelloni, Lasagne, überbackene Tortellini und alle sonstigen »al forno«-Varianten) kann man komplett vergessen. Machen Sie diese besser nach unseren Rezepten zu Hause.

Komplett abhaken kann man: Tacos, Nachos, gebackenes Knoblauchbaguette, Chicken Wings, Spareribs, Formaggo-Variationen, und Salate wie Capricciosa, Niçoise oder Tunfischsalat.

Döner-Bude

Es gibt Döner aus Kalbfleisch in Fladenbrot. Wir haben das durchgerechnet, er liegt selbst mit einem Suppenlöffel Tsatsiki unter 30 Prozent der kcal aus Fett. Ganz sicher kann man sein, wenn man viel Salat in die Döner-Tasche packen lässt. Ihr Mann isst gerne scharf? Dann sollte er unbedingt das scharfe Streugewürz ausprobieren, das viele türkische Imbissbuden anbieten.

Dass ein Kalbfleisch-Döner kein solcher »Hammer« ist, merkt man u. a. daran, dass der Saft, der aus dem Döner läuft, nur ganz leicht fettig ist. Die Hühnerfleisch-Döner dagegen strotzen vor Fett. Hammel oder Lamm sowieso.

Pommesbude
Die Kollegen Ihres Mannes holen Fritten und Currywurst, gebackene Fleischrollen und Frickos aus der Pommesbude? Jetzt ist es Zeit für ihn, auszuscheren und sich ein frisches Brötchen mit Schinken vom Bäcker zu holen (ohne Butter bestellen!).

Büros ohne Lieferservice

Fangen wir mit dem klassischen spartanischen Büro an. Häufig finden wir diese bei freien Berufen, bei kleinen Betrieben – also bei Steuerberatern, Anwälten, kleinen Handwerksbetrieben und Boutiquen. Dazu womöglich nur 30 Minuten Mittagspause, wenn überhaupt.

Schon mit einem Wasserkocher kann man seine Ernährungssituation erheblich verbessern: Es gibt (von Erasco, Maggi etc.) ein Riesenangebot an Portionssuppen und Portionsgerichten, die man einfach nur mit kochendem Wasser aufgießt und nach fünf Minuten essen kann – und die auch teilweise richtig gut schmecken. Die Nährwertangaben stehen in aller Regel auf den Verpackungen. Dazu einen Jogurt, einen Apfel, einen Müsliriegel, und Ihr Mann kommt gut durch den Tag.

Falls er mittags etwas Vernünftiges essen will, gibt es auch eine nicht zu unterschätzende Zahl an einzeln abgepackten Tiefkühlgerichten in Beuteln oder Schalen, die sich in heißem Wasser heiß machen lassen (Vorsicht: Die meisten Schalen passen nicht in den Kocher). Tiefkühlgerichte sollte Ihr Mann aber einen Tag vorher bereits aus dem Tiefkühler nehmen, sonst steht er ewig am Wasserkocher: »klick-aus«, »klick-an«, »klick-aus«, »klick-an«.

Wenn er sein »Futter« nicht so gerne herumtragen will, hilft ansonsten leider nur der Gang zum Bäcker oder zur Baguetterie. Brötchen mit Putenbrust OHNE Remoulade, aber mit viel Salat schmecken zwar gut, machen auch satt, sind aber auf Dauer ziemlich eintönig.

Büros mit Miniküche und Mikrowelle

Schon viel besser – oft sogar besser als Arbeitsplätze mit Kantine, vor allem dann, wenn die Kollegen mitmachen: Hier lassen sich Schalengerichte und kleine Häppchen vom Vortag gut aufwärmen. Auch Salate lassen sich in diesen kleinen Küchen wunderbar zubereiten (sogar mit frischem Lachs oder Hühnchenbrustfilet – geht alles!). Und wenn Sie sowieso abends schon Salat machen, dann schleudern Sie einen Teil davon trocken, packen ihn in eine Frischhaltebox und geben ihn am nächsten Tag Ihrem Mann mit ins Büro. Gegen eine Flasche Essig und Öl, Pfeffer und Salz und eine Tube Senf oder Salatkräuter, die er in einer Gemeinschaftsküche deponieren kann, hat kaum ein Kollege etwas einzuwenden. Er sollte aber unbedingt ein Stück Brot oder Brötchen dazu essen, der Salat alleine hält kaum vor.

Die Kantine

Zwischen »Kantine« und »Kantine« können Welten liegen. Die »One-Man-Show«, wo man nur heiße Würstchen mit Kartoffelsalat bekommen kann, gibt es ebenso wie das »Betriebsrestaurant« mit tollem Salatbuffet, Dessertbuffet, Antipasti-Ecke, Nudel-Ecke und mindestens drei Tellergerichten zur Auswahl. Das macht die Sache aber nicht unbedingt einfacher.

Vielleicht hat Ihr Mann so viel Ruhe, dass er es sich zur Angewohnheit macht, die täglichen Angebote erst einmal zu besichtigen. Damit er sich nicht halbherzig für ein nicht ganz so fettarmes Gericht entscheidet – und um die Ecke herum wäre ein tolles Pastagericht zu haben gewesen, das LOW FETT 30 ist.

Falls mehrere Speisen zur Auswahl stehen, die geeignet sind, sollte er sich aus dem täglichen Angebot genau das aussuchen, worauf er richtig Lust hat.

Gutes Essen ist eine wichtige Angelegenheit. Die Entscheidung dafür sollte bewusst gefällt werden. Man soll exakt die eigenen Bedürfnisse befriedigen. Und wenn er an einem Tag nur Appetit auf die drei LOW FETT 30-Desserts hat (die rote Grütze mit Vanillesoße, den frischen Obstsalat und den Obstkuchen ohne Sahne), dann wird er sich nach dem Genuss seiner »ersten Wahl« zehn Mal besser fühlen, als wenn er aus falsch verstandenem Pflichtbewusstsein heraus zu magerem Braten mit Gemüse greift, auf das er »null Bock« hat.

Machen Sie Ihrem Mann klar, dass es sich bei LOW FETT 30 nicht um eine Diät, sondern um eine dauerhafte Umstellung seiner Ernährung handelt.

Ganz viele, die mit uns erfolgreich abgenommen haben, kriegen fettes Essen schon gar nicht mehr runter. Oder fühlen sich danach irgendwie elend. Es schmeckt ihnen nicht mehr, und sie fragen sich, wie sie sich jahrelang so ernähren konnten.

Essen »on the road«

Von unserer Userin Doris Schittko, deren Mann beruflich ständig unterwegs ist und alles von zu Hause für eine Woche in der Kühltasche mitnimmt, erhielten wir eine lange Liste von Ideen, die sie bei ihrem Mann in die Tat umgesetzt hat. Wir freuen uns, dass wir sie abdrucken dürfen.

»Hallo Gabi,

(…) Und nun hier die ersten Erfahrungen mit LF für Außendienstler. Ich habe es LOW FETT 30 unterwegs genannt. Sollten wir, mein Mann und ich, neue Erfahrungen und Erkenntnisse haben, dann melden wir uns von Zeit zu Zeit.

LF-30 unterwegs: Kühltaschenliste für mindestens eine Woche
- Mehrere LF-Salate (für Blatt oder Gemüsesalate die Zutaten und Salatsoßen in kleine Plastikdöschen mit Schraubdeckel füllen, dann kann man sie vor Ort selbst zubereiten)
- Verschiedene belegte Vollkornbrote
- Brötchen
- Bagels
- Baguettes etc. (Man kann auch die Zutaten für die belegten Brote in kleine Plastikdosen mit Schraubdeckel geben und sich die Brote frisch zubereiten.)
- Putenhackbraten oder Frikadellen (aus selbst durchgedrehtem Putenhackfleisch)
- Obst (am besten sind Bananen, Äpfel, Birnen, Orangen oder Mandarinen, Weintrauben)
- Suppendrinks oder die Kartoffelsuppe von Pfanni oder von Knorr die Snackbar-Becher (man braucht nur einen Tauchsieder für heißes Wasser)
- Fruchtquark oder Jogurt fettarm
- Trockene Laugenstangen oder Brotscheiben oder Brötchen (kann man gut zu einem Salat mal dazu essen)
- Kekse oder Gummibären

Das »Trockenfutter« kommt in eine kleine Tasche ohne Kühlung

ÜBRIGENS: Solche Kühltaschenfüllungen nehmen wir auch mit, wenn wir Ausflüge machen oder auf Freizeiten unterwegs sind. Das ist viel billiger als essen gehen, vor allem, wenn man mit vier oder sechs Personen unterwegs ist.

Wichtige Utensilien, wenn »Mann« unterwegs ist:
- Besteck und ein Teller (am besten ein tiefer)

- Plastikbecher
- kleiner Wasserkocher oder Tauchsieder mit Wassergefäß
- eine große Tasse
- Obstmesser und evtl. ein kleines Salatbesteck
- Servietten

Wenn mein Mann länger als zwei oder drei Tage unterwegs ist, dann hat er zwei Kühltaschen und einen Kasten Getränke (halb Wasser und halb Apfelschorle) im Auto mit dabei. Eine Kühltasche kann man am Zigarettenanzünder vom Auto anschließen. Diese Anschaffung lohnt sich z. B. für Außendienstmitarbeiter oder Familien, die oft Ausflüge machen, auf jeden Fall. Eine zweite Kühltasche ist mit Kühlakkus bestückt. Diese Kühlakkus frostet mein Mann auch mal in den Minibars der Hotels (so diese Dinger ein Gefrierfach haben) über Nacht neu auf, oder er fragt schon mal an der Rezeption, ob er seine Kühlakkus in deren Gefrierschrank tun kann. Bisher hat noch keiner ›Nein‹ gesagt.

Essen im Hotel, in Gaststätten etc.

Nun ja, manchmal geht es halt doch nicht anders. Dann muss man essen gehen. Am besten eignen sich hier gegrillte Steaks oder Fisch oder auch Geflügel (nur möglichst keine halben Hähnchen). Am besten einen Salat dazu bestellen ohne Salatsoße (die kann man ja sich selbstgemacht mitnehmen) und Reis oder Kartoffeln (vielleicht auch mal ’ne Folienkartoffel). Bei Nudeln besteht oft das Problem, dass sie schon in Soße ertränkt worden sind, wenn sie an den Tisch kommen. Oder sie sind in Butter geschwenkt. Am besten bestellt man sie ganz »nackig«. Gemüse, sofern sie nicht in Butter geschwenkt sind, eignen sich auch. Vom Schnellimbiss ist dringend abzuraten. Ist ja wohl klar, warum.

Einige Anmerkungen von Seiten meines Mannes:
Es ist zwar schon machbar, sich unterwegs LOW FETT 30 zu ernähren, wenn man einige Abstriche macht, besonders was die warmen Mahlzeiten angeht. Schwer ist es trotzdem, weil man oft keine große Zeit hat, übers Essen nachzudenken. Das liegt aber auch oft an den Deklarationen der Nahrungsmittelindustrie und der Gastronomie. Was die Kühltaschen angeht, hatte er in Hotels noch nie das Problem, diese mit aufs Zimmer mitzunehmen. Bewegung ist so eine Sache, besonders wenn der Arbeitstag länger als acht Stunden dauert und man noch vielleicht etwas länger bis ins Hotel braucht. Da hat man auf sportliche Aktivitäten keine Lust mehr. Manchmal nur noch auf einen Minispaziergang einmal um den Häuserblock. Und nicht jedes Hotel hat ein Schwimmbad.

Einige Anmerkungen von mir:
Ich habe meinem Mann einige Lebensmittel auf eine Liste geschrieben mit den Nährwertangaben und der Marke des Produktes. Wenn er unterwegs wirklich mal was kaufen muss, dann weiß er ohne langes Nachdenken wenigstens, was er kaufen soll. Passiert auch manchmal schon, dass er keine LOW FETT 30-Sachen kauft. Den Kühltaschen-Inhalt variiere ich wöchentlich. Aber mehr als Stullen und Salate oder mal ein Stückchen kaltes Fleisch ist halt nicht drin. Das auswärtige Essengehen ist immer noch ein kleines Problem, s. o. Ich ärgere mich oft, wenn mein Mann sagt, dass das Essen regelrecht in Fett und Soßen ertränkt ist. (…)

Viele liebe Grüße und 'ne schöne Woche, Doris«

Es freut uns jedes Mal wieder, wenn sich LOW FETT 30-Anwender bei uns melden, über Ihre Erfahrungen berichten und vor allem, wenn sie sich so viel Mühe machen, ihre Tipps und Tricks über uns an andere weiterzugeben… was wir auch immer gerne machen!

Trinken gehört dazu

Wasser

Wasser ist das natürlichste Getränk überhaupt. Wasser hat es immer für Menschen und Tiere gegeben, es ist das Getränk, das unser Organismus wirklich braucht. Unser Körper besteht zu einem großen Teil aus Wasser – die Zellen funktionieren nur mit Wasser –, alle Körperflüssigkeiten enthalten natürlich Wasser. Wasser ist das, was unseren Mechanismus im Fluss hält. Zudem ist Wasser der beste Wärmeregulator, den wir haben. Das merkt man schon, wenn es heiß wird: Wir schwitzen, die Haut kühlt sich ab, und wir müssen dieses Wasser erneuern.

Damit Sie Ihren gesamten Stoffwechsel so richtig auf Trab bringen, sollten Sie Ihren täglichen Wasserkonsum auf zwei Liter bringen. Mindestens.

Gerade Männer trinken viel zu wenig Wasser. Sie trinken zwar Kaffee oder Tee zum Frühstück und im Büro, eine Cola zwischendurch, vielleicht noch eine Apfelschorle zum Essen und Genussgetränke am Abend. Aber Wasserflaschen sieht man noch viel zu selten in den Büros von Männern stehen.

Trinkmenge steigern

Unbestritten hat die Erhöhung des Wasserkonsums einen lästigen Nebeneffekt. Man »muss« einfach öfter. Aber das reinigt den gesamten Organismus, bringt die Zellen auf Trab und entschlackt. Viele Giftstoffe werden über das Wasser aus dem Körper transportiert.

Die beste Methode ist, sich an alle neuralgischen Punkte des

Lebens – also Auto, Büro, Fernseher, Bett, Küche – eine Flasche Wasser hinzustellen und daraus zu trinken, sobald man sie wahrnimmt. Rein prophylaktisch. Auch wenn man gerade keinen Durst hat. Sicher ist sicher. Mit der Zeit kommt so die erforderliche Menge von zwei Litern pro Tag zusammen. Nach einer Weile sogar mehr.

Kopfschmerzen sind häufig nur ein Wassermangel

Wer häufig unter Kopfschmerzen und Migräne leidet, kann die Beschwerden erheblich mindern, wenn er seine Wasserzufuhr drastisch anhebt. Trinken Sie versuchsweise einfach täglich einen halben Liter mehr. Mehr als die Hälfte aller kopfschmerzgeplagten Teilnehmer unseres LOW FETT 30-Programmes berichtet über eine deutliche Verbesserung.

Eine kleine Wasserkunde

Tafelwasser

Hinter diesem eleganten Begriff verbergen sich Mischungen mit Mineralwasser. Im günstigsten Falle ist nur ein Aromastoff zugeführt (z. B. Apollinaris Lemon), im weniger günstigen ist es eine Mischung aus Mineralwasser, Trinkwasser, Salzwasser und Meerwasser – nur ordentlich aufgepeppt mit Kohlensäure, wird schon keiner merken. Diese Wasser-Varianten müssen auch nicht vor Ort abgefüllt werden, wie das bei Mineralwasser oder Heilwasser vorgeschrieben ist. Wenn Sie auf einem Etikett »Tafelwasser« lesen, schauen Sie sich auch hier das Zutatenverzeichnis an. Die »Queen of Tablewaters« ist übrigens KEIN Tafelwasser, sondern reines Mineralwasser!

Mineralwasser
Mineralwässer unterliegen einer strengen gesetzlichen Prüfung und werden laufend überwacht. Beimischungen sind nicht erlaubt. Mineralwasser muss zudem aus unterirdischen Quellen stammen (die vor Verunreinigungen geschützt sind) und die gesetzlichen Ober- und Untergrenzen an Mineralien und Spurenelementen einhalten. Das Einzige, was zugesetzt werden darf, ist Kohlendioxyd, dessen Menge den Sprudelgrad (von *still* über *medium* bis hin zu »blubber«) bestimmt. Als einziges Lebensmittel in Deutschland benötigt Mineralwasser eine amtliche Anerkennung.

Heilwasser
Heilwässer sind mineralhaltige Wasser, die eine heilende oder vorbeugende Wirkung haben. Diese Wassersorten müssen vom Bundesinstitut für Arzneimittel- und Medizinalprodukte (BfArM) als Arzneimittel zugelassen sein. Sie unterliegen sehr strengen Auflagen und ständigen Prüfungen. Aufgrund der besonderen Mineralisation und des geringen Kohlendioxidgehaltes sind Heilwässer je nach Typ bei Magen-, Darm- und Blasenbeschwerden sowie für den Sport geeignet und bekömmlich. Heilwässer können auch im Dauergebrauch verwendet werden. Wenn Sie viel Sport treiben oder generell schon viel schwitzen, empfiehlt es sich, eine Flasche Heilwasser täglich mit einzubauen.

Aromatisiertes Wasser
Mineralwasser gibt es jetzt auch mit Geschmack. Die »Lemon«-Varianten sind vor allem für diejenigen geeignet, die ein Problem mit dem Geschmack von reinem Wasser haben. Auch Apfelschorle bringt ein Plus an Geschmack. Und wer die stete Abwechslung braucht: einfach einen Schuss Saft zugeben – schon schmeckt das Wasser anders. Neulich haben wir mal ein neues Wasser mit Minzearoma ausprobiert (aufgrund eines Pos-

tings auf unseren Internetseiten). Eine interessante Erfahrung! Wir haben eine Weile überlegt, woran uns der Geschmack erinnert, und mussten herzlich lachen, als es uns auffiel. Probieren Sie es spaßeshalber einfach mal aus.

Limonaden, Cola, Eistee

Gegen die »Light«-Varianten ist nichts einzuwenden. Aber verschonen Sie Ihren Haushalt von den gezuckerten Sorten. Abgesehen von den Kalorien, ist die Bauchspeicheldrüse wie verrückt damit beschäftigt, dieses Übermaß an Zucker in Grenzen zu halten ... und dann fällt der Blutzuckerspiegel so rasant ab, dass Sie richtig Hunger bekommen. Das gilt auch für Eistee! Wir kennen nur zwei Sorten, die NICHT mit Zucker zubereitet sind. Wählen Sie die. Die schmecken wirklich gut.

Molke- und Jogurtdrinks

100 ml Molke- oder Jogurtdrink bringen zwischen 30 und 80 kcal mit. Ein Becher mit 500 ml ist mal eben so ausgetrunken, ohne dass man jetzt besonders satt wäre oder davon längere Zeit satt bliebe. Bei LOW FETT 30 zählen wir zwar keine Kalorien, aber wir müssen uns einfach auch darüber klar werden, welche Produkte uns satt und zufrieden machen, unseren Darm pflegen und kein Fett haben. Letztlich geht es immer um eine Verminderung der zugeführten Energie. Wenn wir die Energie, die wir über das Fett einsparen, durch unbedachten Konsum von »Gesundheitsdrinks« wieder zuführen, bringt das ja nichts. Damit sie eine Mahlzeit ersetzen, sollte man sie mit Ballaststoffen anreichern wie Haferflocken oder Müsli, damit man zumindest eine länger anhaltende Sättigung erzielt.

Tee

Schwarzer und grüner Tee

Der bekannteste ist natürlich der schwarze Tee, gefolgt von grünem Tee. Schwarze Teesorten regen an. Grüne auch, aber längst nicht so stark. Tee in Maßen ist sehr gesund, das gilt besonders für grünen Tee, dem eine günstige Wirkung auf die Fettverbrennung nachgesagt wird.

Zubereitung von grünem Tee

Wer empfindlich ist, dem kann es passieren, dass ihm auf grünen Tee schlecht wird. Das liegt zum einen an der Stärke des Aufgusses, denn wir sind an »Farbe« beim Tee gewöhnt. Grüner Tee ist aber nicht sehr farbintensiv. Also nehmen wir häufig einfach viel zu viel. Damit er nicht bitter schmeckt und bekömmlich ist, sollten Sie die Teeblätter erst mit abgekochtem, aber etwas ausgekühltem Wasser aufgießen. Das Wasser nach 30 (!) Minuten abschütten und dann die Teeblätter erneut mit gerade abgekochtem Wasser übergießen. Der Tee, den Sie dadurch erhalten, harmonisiert den ganzen Körper. Aber bitte auch da nicht mehr als zwei, drei Becher davon trinken, denn auch grüner Tee enthält das dem Koffein ganz ähnliche Tein und übersäuert in größeren Mengen den Körper.

Kräutertees

Kräutertees werden in vielen Diätbüchern zum Abnehmen empfohlen. Damit sind Tees aus getrockneten Blüten, Früchten oder Blättern gemeint. Die bekanntesten Vertreter des Kräutertees sind der Kamillen- und der Pfefferminztee. Wer nicht empfindlich reagiert, kann sich auch gut aus dem reichen Angebot an Früchtetees bedienen. Relativ neu ist die breite Palette an Rooibos-Tees (Rotbusch). Diese Teesorte enthält kein Tein (das in schwarzem und grünem Tee vorkommt), und es gibt sie auch in so »abenteuerlichen« Geschmacksrichtungen wie »Apfelstrudel« oder »Eierpunsch«. Auch nicht schlecht: Mit einem Stückchen Süßstoff können Sie damit einer Heißhungerattacke auf Süßes wirkungsvoll begegnen. Nur: Männer finden diese Tees in aller Regel blöd. Kräutertee erinnert sie an ihre Kinderzeit, wenn sie krank waren. Bevor Sie also Ihren Mann mit allen Mitteln dazu bringen wollen, von Ihrem Kräutertee doch jetzt endlich mal ... und so ... na, Sie wissen schon ... die Chancen, dass er Ihre Leidenschaft dafür teilen wird, ist herzlich gering.

Heiltees
Heiltees dagegen sind Teemischungen mit »medizinischer Wirkung« (Frauenleiden, Blasenentzündung, Magenbeschwerden etc.). Konsumieren Sie diese Tees nicht einfach nur, weil sie Ihnen gut schmecken. Die darin enthaltenen Stoffe sind natürliche, aber dennoch wirksame Medikamente – und beeinflussen Ihren Organismus. (Und Ihr Mann wird sie wahrscheinlich genau so wenig mögen wie die Kräutertees!)

Alkohol

Tja, jetzt wird es spannend. Nein, Alkohol hat kein Fett. Alkohol wirft aber 7 kcal pro Gramm in die Kalorienwaagschale. Ein Weißwein mit 12 Prozent Alkohol hat demnach 12 Gramm Alkohol pro 100 ml, 30 Gramm bei einem Schoppen mit 250 ml – und damit rund 100 kcal pro 100 Milliliter. Alkohol hat auch eine Menge negativer Auswirkungen auf Ihren Körper. Zum einen macht er schleichend abhängig. Wer jeden Tag zwei Gläser Wein trinkt, ist laut WHO (World Health Organisation) schon Alkoholiker (so wie einer, der täglich fünf Zigaretten raucht, eben Raucher ist!). Der Alkohol selbst ist ein Zellgift, das die Stoffwechselfunktionen der Leber stört. Die Leber, als Entgiftungsorgan Nummer eins, versucht, den Übeltäter möglichst schnell los zu werden – und solange sie damit beschäftigt ist, müssen die Stoffwechselvorgänge, die die Verdauung des Essens betreffen, eben warten. Zu guter Letzt machen Sie es sich mit dem Genuss von Alkohol unnötig schwer, eine Ernährungsumstellung durchzuhalten: Alkohol macht Appetit auf alles, und wenn Ihr Mann dann nach ein paar Gläsern Bier so richtig locker ist, wird er vergnügt aufstehen und eine Tüte Chips, eine Dose Erdnüsse oder ein dickes Stück Wurst oder Käse suchen. Gut, wenn Ihre Vorräte dann schon komplett auf LOW FETT 30 umgestellt sind!

Interessant: Viele Männer nehmen schon in kurzer Zeit deutlich ab, wenn sie das abendliche Bier und den Wein weglassen. Gegen ein Glas Wein oder Bier auf einer Fete ist ja nichts zu sagen, aber während der Woche lohnt sich der strikte Umstieg auf alkoholfreie Getränke. Ach so: Auch alkoholfreies Bier hat viele, viele, viele Kalorien. Mineralwasser wäre schon wesentlich besser!!!

Bewegung

Bewegung beschleunigt den Stoffwechsel, erhöht den Kalorienbedarf, sorgt für die Fettverbrennung und erleichtert die Gewichtsabnahme. Von einem »definierteren« Körper einmal ganz zu schweigen.

Die Empfehlungen auf den nächsten Seiten sind für DIE Männer geschrieben, die NICHT trainiert sind. Für die, die Sport am ehesten von der Sportschau und der Fußball-WM her kennen. Die jahrelang dem Computer, dem Fernseher und den gemütlichen Grillabenden den Vorzug gegeben haben, nicht denen, die schon regelmäßig trainieren. Für die, die untrainiert und mit Übergewicht belastet, jetzt abnehmen wollen und dazu auch Sport machen wollen.

Bloß nicht übertreiben!

Männer und Sport, das wäre wirklich ein umfassendes Betätigungsfeld für Psychologen. Sobald Männer nämlich abnehmen wollen, gibt es darunter viele, die von diesem Tag an, von jetzt auf gleich, jeden Tag Sport machen. Die mit »Wampe« auf einmal jeden Tag laufen, dazu noch zwei-, dreimal ins Fitnessstudio gehen, um die Muskeln aufzubauen.

Sie geben ihrem Körper keine Zeit, sich an die neuen Gegebenheiten, nämlich dass »Papa jetzt Sport macht«, einzustellen. Von jetzt auf gleich verlangen viele Männer ihrem Körper Höchstleistungen ab. Die Folge: unglaublicher Muskelkater, völlige Übersäuerung der Muskeln, steinharte Muskulatur…

Erst dann hat ein Großteil des männlichen Geschlechts wirklich das Gefühl, etwas für seine Figur zu tun: wenn es brennt. Wenn es gemein weh tut. Wenn man einfach leidet – um sich dann zu sagen: »Ja, ich habe meinen Schweinehund überwunden.«

Die erste Konsequenz, die das hat, ist, dass mit dieser Anfangsphase neben den Problemen mit der Muskulatur auch noch orthopädische Probleme auftreten: Knieschmerzen (Menisken, Kreuzbänder, Kniescheibe), Sehnenzerrungen und Bänderdehnungen und Probleme mit der Wirbelsäule. Die, die »ordentlich« Gewichte gestemmt haben, bekommen dann auch noch diverse Schwierigkeiten mit ihren Schultergelenken.

Als Frau könnte man meinen, dass man(n) dann vielleicht mal zur Vernunft kommen würde, wenn jede Faser im Körper »aua« schreit. Aber nein, da wird nur ordentlich gesalbt und gecremt und in unverminderter Härte weitertrainiert.

In nahezu jedem Fitnessstudios kann man dieses Phänomen beobachten: Männer, die – übergewichtig und untrainiert – mit verzerrten Gesichtern in den Seilen hängen, die schwitzen wie die Tiere, verbissen an den Geräten hängen und sich bis zur völligen Erschöpfung verausgaben.

Und es ist keineswegs so, dass man dieses Schauspiel nur in schlecht geführten Studios bewundern könnte. Keineswegs. Die Trainer reden mit Engelszungen auf die »Neuen« ein, raten zur Mäßigung, erklären, reden, kontrollieren – und sobald der Trainer wegguckt, wird das Gewicht wieder nach oben gestellt, und die Schinderei geht weiter.

Es gibt psychologische Abhandlungen, in denen behauptet wird, dass Männer auf diese Weise zu ihren Gefühlen Kontakt bekommen. Und NUR so. Die ihre Emotionen, Verletzungen, Frustrationen nicht mehr an die Oberfläche lassen, sich aber beim Sport erlauben, sie zu FÜHLEN. Und sei es den Schmerz in den Knochen.

Sport und Fettverbrennung

Wer sich mehr bewegt, benötigt natürlich auch mehr Energie. Wer sich im oberen aeroben Bereich sportlich betätigt (also je nach Trainingszustand in einem Pulsbereich von 130 bis 150 Schlägen pro Minute – wobei dazu individuelle Messungen erforderlich sind!), verbrennt mehr Energie und mehr Fett als jemand in einem eher moderaten Bereich.

Ziel ist es aber nicht, Rom innerhalb von 24 Stunden zu erbauen bzw. in vier Monaten Marathon zu laufen, sondern Spaß zu kriegen und diesen auch zu behalten. Menschen, die sich mit Sport generell schwer tun, sollten bei einer Pulsfrequenz zwischen 120 und 130 Schlägen bleiben, bis sie selbst das Bedürfnis haben, diese Dosis zu steigern – und wenn sich dieses Bedürfnis nie einstellt, ist es auch gut.

Der Vorteil, wenn man im oberen aeroben Bereich, also dem Bereich, in dem man noch genügend Sauerstoff zur Verfügung hat und weder anfängt zu japsen noch Seitenstechen bekommt, liegt darin dass man pro Trainingseinheit einfach mehr Kalorien und damit auch mehr Kalorien aus Fett verbrennt.

Es ist übrigens nicht ganz richtig, dass wir in den ersten 20 Minuten unserer Sporteinheit nur Kohlenhydrate verbrennen. Fett ist in diesem Fall schon dabei – aber der Anteil des Fettes am Verbrennungsvorgang steigt nach 20 Minuten stärker an, weil dem Körper der Blutzucker als Energielieferant ausgeht.

Wer lange trainiert – große Fahrradtouren unternimmt, Rennrad fährt, Marathon läuft oder einfach mit leerem Magen angefangen hat, seine Sporteinheit durchzuziehen –, kann in einen so genannten »Hungerast« geraten: Das ist der Moment, wo dem Körper effektiv der Brennstoff aus Blutzucker ausgeht – und wir mit einem Mal nur noch Pudding in den Beinen haben.

Stoffwechselverbesserung durch Sport

Durch den vermehrten Sauerstoff im Blut – ausgelöst eben durch das Training – kommt eine Kette von Stoffwechselvorgängen in Gang, die sich schon nach wenigen Wochen in einer Erhöhung des Grundumsatzes, in einer Verbesserung des Immunsystems und schlicht und ergreifend in guter Laune äußern.

Der Gang wird elastischer, die Bewegungen werden dynamischer, und der ganze Körper fühlt sich besser an: für den, der in diesem Körper drinsteckt, wie für diejenigen, die so eine beginnende »Sportkanone« in den Arm nehmen.

Folgende Sportarten sind für aeroben Ausdauersport besonders gut geeignet:

- Walking – das stramme Gehen
- Joggen – langsames Traben (aber nur bei mäßigem Übergewicht, sonst werden die Gelenke zu sehr belastet)
- Mountainbike- und Rennradtouren
- Inlineskating
- (zügiges!) Schwimmen
- Aquajogging

Und das nach dem Motto: Je länger, je lieber.

Auch im Fitnessstudio sollte man sich vor allem auf die Ausdauer- oder auch »Cardio«-Geräte konzentrieren.

Das LAUFBAND eignet sich für pulsgenaues Walking und Joggen, der STEPPER ist für Menschen gut geeignet, die keine Knieprobleme haben, das CARDIOFAHRRAD ist vor allem für Einsteiger gedacht, der CROSSTRAINER ist zwar am Anfang anstrengend, damit werden aber gleichzeitig Arme und Beine beackert. Ähnlich effizient, aber noch witziger ist der AIRWALKER oder SKYWALKER. Die RUDERGERÄTE, die neuerdings wieder in Mode geraten, sind nur für Geübte geeignet, da man schnell in eine Fehlhaltung gerät.

In den verschiedenen Kursen der Fitnessstudios findet man mittlerweile auch immer mehr Männer. Hier sollte er sich gemäßigte Ausdauerkurse mit einfacher Choreographie aussuchen, aber erst, wenn er eine gewisse Grundfitness hat. Der Kurs »Bauch, Oberschenkel, Po (BOP)« ist da genau richtig, ebenso die Einsteigerkurse für Aerobic und Steppaerobic und »Cardio-Spinning«. Spinning ist Fahrradtraining in der Gruppe mit einem Trainer, der den Kurs führt. Ihr Mann sollte beim Spinning unbedingt eine Pulsuhr tragen, die zu Piepen beginnt, wenn er mit dem Puls zu hoch kommt. Es hat schon Leute gegeben, die sich nach dem Spinning vor Anstrengung übergeben haben – was man nicht dem Spinning zum Vorwurf machen kann, sondern nur den Teilnehmern an solchen Kursen, die so wenig Körperwahrnehmung haben, dass sie sich hoffnungslos überfordern.

Es ist wichtig, mit Vernunft an das Unternehmen »Bewegung« zu gehen und sich nicht zu überfordern. Der Spaß soll im Vordergrund stehen, nicht eine bestimmte Leistung. Wenn andere schneller, besser, schöner sind, ist das erfreulich für die anderen – aber das sollte uns weder entmutigen noch verzweifeln lassen. Viel besser ist es, stolz auf sich zu sein, wenn man sein Leben so konsequent ummodelt – und man sollte die Fortschritte, die man macht, nicht ins Verhältnis setzen zu den Cracks, die es überall und in jeder »Muckibude« gibt.

Sport als Stress-Killer

Gehen wir mal wieder in die Steinzeit zurück. Stellen Sie sich vor, unser Steinzeitmännchen musste sein Weibchen verteidigen, weil ein gut aussehender Rivale sich an die Dame heranmachte. Nein, man hat es sicher nicht ausdiskutiert, gehen wir eher davon aus, dass die Rhetorik beschränkt, die Muskeln dafür um so flotter waren.

Also, nach ein paar üblen Grunzern und Drohgebärden – der eine wusste, dass er im Unrecht ist, und der andere war stinkesauer – ging's zur Sache: linkspatsch, rechtspatsch .... schreien, raufen, ringen, Fäuste ... und nach ein paar Minuten ein Sieger, ein Verlierer.

In der Startphase, bevor es knallte, hat der Körper richtig Adrenalin ausgeschüttet. Adrenalin ist das Hormon, das das Blut in Wallung bringt und uns kampfbereit macht. Es ist der Stoff, der dafür sorgt, dass die Aufmerksamkeit und Reaktionsbereitschaft auf ihrem Höhepunkt ist – der Blutdruck ist höher: Wir sind ein Pulverfass.

Die nun folgende Explosion sorgt dafür, dass der Körper den Dampf, den er produziert hat, auch wieder los wird. Würde er ihn nicht los, käme es zu einer Schädigung der Blutgefäße, zu Gallenproblemen und Magenbeschwerden.

Alles Zivilisationskrankheiten. Alles Bürokrankheiten. Denn auch wir haben Stress, produzieren Adrenalin wegen ignoranter Kollegen, anstrengender Chefs, läutender Telefone. Aber unsere gesellschaftlichen Spielregeln verbieten uns Handgreiflichkeiten, die unsere Nerven wieder beruhigen würden.

Also gehen wir abends, gestresst und manchmal wirklich bis zur Halskrause geladen, nach Hause – fressen den halben Kühlschrank leer, knallen uns ein, zwei Bier in den Kopf und hoffen, dass uns das Fernsehprogramm so weit betäubt, dass wir nachts schlafen können.

Viel gesünder für unsere Gefäße, unseren Magen und die Galle ... und vor allem für unseren Kopf wäre es, nach dem Job eine Stunde walken zu gehen, sich auf dem Fahrrad, den Skates oder im Fitnessstudio zu betätigen. Das Adrenalin würde durch Bewegung abgebaut – die Glückshormone würden gefördert –, und Ihr Mann würde gut gelaunt und ganz entspannt nach Hause kommen, wäre hungrig, aber nicht verfressen, hätte genügend innere Ruhe, um etwas für sich zu tun. Ausdauersport ist der gesündeste Stresskiller, den es gibt.

Spannung – Entspannung

Auch Sport erfordert die Abwechslung von Spannung und Entspannung. Und Entspannung ist eben mehr, als nach dem Sport in die Sauna zu gehen oder sich völlig fertig in den Whirlpool zu legen. Entspannung bedeutet auch, mental loszulassen. Die Gedanken freizulassen. Seine Emotionen zuzulassen. Frauen sind beim Sport viel mehr im Einklang mit ihren Gefühlen. Auch sie neigen natürlich dazu, sich am Anfang zu überanstrengen (weil die anderen einfach schon viel weiter sind und man irgendwie mithalten will), aber sie legen auch Pausen ein, wenn der Muskelkater zu schlimm ist und jeder Knochen im Leib schmerzt. Und sie spüren in sich rein, was ihnen gut tut.

Entspannung ist wirklich wichtig. Bei zu starker körperlicher Anspannung werden Stresshormone nicht abgebaut, sondern zusätzlich aufgebaut. Unter Stress ist aber der Fettstoffwechsel blockiert.

Training im Sauerstoffüberschuss

Beim Sport wird Sauerstoff benötigt. Mehr als normal. Und wenn wir uns richtig anstrengen, dann wird der Sauerstoff knapp (z. B. untrainiert auf der 400 m-Aschenbahn zu starten und schnell zu laufen). Die Folge (abgesehen vom Seitenstechen und der roten Birne): ein Sauerstoffdefizit. Der Körper wird anaerob trainiert, das heißt mit zu wenig Sauerstoff. Das verändert aber die Glykolyse, den Glukosestoffwechsel im Körper. Im Sauerstoffdefizit kommt es nämlich im Rahmen der Glykolyse zur Bildung von Laktat, also von Milchsäure. Die hat blöderweise dann auch noch den Nachteil, dass sie sich nicht nur auf die Muskeln des Bewegungsapparates auswirkt, sondern in unserem interessantesten Muskel: dem Herz. Diese Übersäuerung des Herzmuskels sorgt immer wieder für »Jogger-Infarkte« bei noch relativ jungen Männern. Das zusätzliche Pech dabei ist, dass diese Infarkte weitaus häufiger sofort tödlich sind als Infarkte bei älteren Menschen.

Das ist der Grund, warum mancher Fitness-Guru rät, mit einem Lächeln und im Sauerstoffüberfluss zu joggen, und Sportmediziner zu Ruhetagen raten oder zu einem sehr abwechslungsreichen, moderaten Training. Angestachelt durch die Vorbilder in den Sportsendungen und in Erinnerung an sportliche Erfolge in der Jugend, versuchen viele Männer, sofort ALLES zu erreichen: Muskeln, Ausdauer, Kondition und Bestzeiten, egal ob sie laufen oder Rad fahren.

Und statt sich nur wohl fühlen zu wollen und den Stoffwechsel anzukurbeln, wird schon nach wenigen Wochen von der Teilnahme an sportlichen Wettbewerben geträumt und dafür trainiert.

Marathon, die große Versuchung

Machen Sie sich mal den Spaß und schauen Sie sich als Zuschauer einen Marathon an. Vor dem Start. Und an der Ziellinie. Das Feld vor dem Start ist wild gemischt: Schlanke, sehnige Männer und Frauen, aber auch weniger gut trainierte Exemplare stehen in fiebriger Erwartung da und warten auf das Startsignal. Dann beobachten Sie den Lauf: Sie werden gewaltige Unterschiede bei den Laufstilen erkennen können. Es gibt Teilnehmer, die gleichen einem Reh, das durch den Wald springt – geschmeidig, weich federnd laufen sie scheinbar mühelos Kilometer für Kilometer. Und dazwischen Teilnehmer, die schwer wirken, die schon am Anfang mit Anstrengung laufen. Und dann schauen Sie noch, wer in guter Zeit und noch einigermaßen wie ein Mensch das Ziel erreicht. In aller Regel die »Rehe«. Um einen Marathon ohne völlige körperliche Verausgabung bis zum Schluss mitzulaufen, muss man einfach super trainiert und fit sein und dazu auch noch über eine zum Laufen geeignete Körper-»Mechanik« verfügen: Top-Knie, möglichst keine Fehlstellungen (oder diese müssen durch entsprechende Schuhe ausgeglichen sein), keine Probleme mit der Wirbelsäule, wenngleich die ersten 20 Kilometer in aller Regel noch für das gesamte Feld machbar sind: Auf den anschließenden Kilometern wird dem Körper dann wirklich ALLES abverlangt, und nur die gut Trainierten kommen wirklich vernünftig durch. Und bei allem Respekt: Wer moppelig ist, ist für einen Marathon eben NICHT entsprechend trainiert. Bevor Ihr Mann also zum Marathon aufbricht, sollte er wirklich gut trainiert sein und mindestens Normalgewicht haben. Alles andere wäre Raubbau an seinem Körper.

Sport: Gemeinsam macht es viel mehr Spaß

Falls Sie – vielleicht wegen Ihrer Kinder – nicht gemeinsam zum Sport gehen können, überlegen Sie doch einmal, welcher der Freunde Ihres Mannes vielleicht noch mitmachen würde. Das motiviert zum Durchhalten, und einmal getroffene Verabredungen zum Sport werden auch dann gehalten, wenn man wirklich und überhaupt KEINEN Bock auf Bewegung hat.

Im Gegenzug sollte Ihr Mann Ihnen dann die Möglichkeit geben, mit Ihrer Freundin zum Sport zu gehen, damit auch Sie sich fit und wohl fühlen.

Egal, für welche Sportart(en) sich Ihr Mann und Sie entscheiden: Übertreiben Sie es nicht, setzen Sie sich nicht zu hohe Ziele, kontrollieren Sie Ihr Training mit einer Pulsuhr. (Empfehlenswert sind die Uhren von Polar, dem Marktführer weltweit – diese Geräte funktionieren stets zuverlässig, sehen gut aus und sind auch mit den meisten Fitnessgeräten im Studio kompatibel. Übrigens ein nettes Geburtstags- oder Weihnachtsgeschenk!!!!)

Programmieren Sie sich und Ihren Mann auf ein verbessertes Körpergefühl, auf Fitness und auf eine dauerhafte Veränderung. Es ist wichtig, sich dem eigenen Körper gegenüber verantwortlich zu zeigen und ihn zu pflegen, nicht ihn zu vergewaltigen.

Es ist wichtig, auch die Grenzen zu respektieren, die uns unser Körper aufzeigt. Und sie, wenn er sie zeigt, langsam und vorsichtig auszudehnen, nicht diese Grenzen wie ein Gipfelstürmer zu bezwingen.

Gehen Sie bei der Ernährung, bei der Bewegung und bei der Entspannung liebevoll mit Ihrem Körper um. Dann bleibt er Ihnen auch lange gesund und fit erhalten!

Teil 2

Zu den Rezepten

Typisch Mann!

Bei der Auswahl der Rezepte haben wir darauf geachtet, dass sie Männern auch wirklich schmecken. Bei aller Experimentierfreude in deutschen Küchen: Die meisten Männer mögen's handfest. Das Essen sollte auch nicht ganz so »gesund« aussehen. Kein Kaninchenfutter, wenn es geht. Außerdem möchten Männer satt werden – bitte keine Diätportionen. Herzhaft ist auch nicht schlecht. Und Fleisch. Bitte, bitte Fleisch. Zumindest scheint vielen Männern Fleisch auf dem Teller wichtiger zu sein, als das bei Frauen der Fall ist.

Wie alle unsere Rezepte sind auch diese frei von exzentrischen Zutaten oder aufwändigen Zubereitungsmethoden. LOW FETT 30 ist für jeden Tag wunderbar geeignet – und selbst wenn Sie keine große Erfahrung beim Kochen haben: Mit uns gehen Sie keine Risiken ein. Die Rezepte funktionieren immer.

Viel Spaß beim Nachkochen !

Was Sie sonst noch wissen müssen

Die Nährwerte aller Rezepte sind von uns berechnet worden. Die Nährwert-Angaben beziehen sich jeweils auf eine Portion. Die Anzahl der Portionen ersehen Sie aus dem Rezept selbst.

Normalerweise sind die Portionen großzügig bemessen. Falls Sie dennoch nicht satt werden sollten: Essen Sie sich satt. Sie sollen nicht hungern. Dann machen Sie aus vier Portionen eben nur drei.

Die Kohlenhydratangaben (KH) sind für diejenigen gedacht, die das Abnehmprogramm von FormMed oder BCM durchführen beziehungsweise für die Anhänger von LowCarb (ein Programm, bei dem die Kohlenhydratzufuhr begrenzt wird, das sich aber mit LOW FETT 30 kombinieren lässt).

Zur Info

Ein Ei ist immer ein M-Ei, es sei denn, es steht eine andere Angabe dabei,
Ein EL Öl entspricht immer 10 Gramm Öl.
Ein TL Öl wird mit 5 Gramm berechnet.
kcal bedeutet Kilokalorien.
Fett i.Tr. heißt »Fett in der Trockenmasse«.
Pck. steht für Packung oder Päckchen.

»Wisky-Truthahn«-Rezept für harte Jungs

Man kaufe einen Truthahn von fünf Kilo (für 6 Personen) und eine Flasche Whisky. Dazu Salz, Pfeffer, Olivenöl und Speckstreifen.

Truthahn mit Speckstreifen belegen, schnüren, salzen, pfeffern und etwas Olivenöl dazugeben. Backofen auf 200 Grad vorheizen.

Dann ein Glas Whisky einschenken und auf gutes Gelingen trinken. Anschließend den Truthahn auf einem Backblech in den Ofen schieben.

Nun schenke man sich zwei schnelle Gläser Whisky ein und trinke noch einmal auf gutes Gelingen. Ist schließlich nicht so einfach, einen Truthahn zuzubereiten!

Thermostat nach 20 Minuten auf 250 Grad stellen, damit es ordentlich brummt. Danach schenke man sich drei weitere Whisky ein.

Nach halm Schdunde öffnen, wenden und den Braten überberwachn. Die Fisskieflasche ergreiff unns sich eins hinner die Binde kippn.

Nach ner weitern albernen Schdunne langsam bis ssumm Ofen hinschlenderen und die Trute rumwenden. Drauf achtn, sisch nitt die Hand zu vabrenn an die Ofndür.

Sisch waidere fünnf odda siehm Wisski innen Glas sisch unn dann un so. Di Drute weehrend draii Schunn'nt oder so… iss auch egal… waiderbradn un all sehn Minud'n begiessn.

Wenn irtnwi möschlisch sum Trathuhn hinkrieschn unn den Ohwn aus'm Viech ziehn. Nommal ein Shlugg geneemign un anschliessnd wida fasuchn das Biest raussukriegn.

Den fadammtn Vogl vom Bodn auflesn unn uff ner Bladde hinrichdn. Auffbasse, das nitt ausrucht auff'm schaissfeddischn Küchnbodn. Wenn sisch drozzdemm nitt fameidn läss, fasuhn wida auf rutschichodersohahahaaaiiiisjaeehhscheeessegaal!!!!!!

Ein wenig schlafen.

Am nächsten Tag den Truthahn mit Majonnaise und Aspirin kalt genießen.

Rezepte

Frühstück und Snacks

Rustikales Baguette

Für 8 Scheiben:
Pro Portion: 95,2 kcal, 3 g Fett, 28,3 % Fettkalorien, 14,3 g KH
Zubereitungszeit: ca. 8 Minuten

2 EL (40 g) Mayonnaise (50 % Fett)
1 EL Senf
1 EL gehackter Dill
8 Scheiben Baguette
125 g gegarte Putenbrust, Hauchschnitt
4 Cocktailtomaten

Die Mayonnaise, den Senf und den Dill verrühren und auf die Baguettescheiben streichen. Die Putenbrust auf die Brotscheiben verteilen. Die Cocktailtomaten in Scheiben schneiden und auf die Baguettescheiben legen.

Baguettebrötchen mit Schinkenquark

Für 20 Scheiben
Pro Portion: 104 kcal, 1,3 g Fett, 11,3 % Fettkalorien, 14,1 g KH
Zubereitungszeit: ca. 30 Minuten ohne Kühlzeit

4 Baguettebrötchen à 125 g
250 g Magerquark
200 g Buttermilch-Frischkäse
1 EL Mineralwasser
2 Beutel Maggi Salat mit Pfiff »Dill-Petersilie«
100 g Salatgurke
200 g gekochter Schinken ohne Fettrand

Die Brötchen der Länge nach halbieren, aber nicht ganz durchschneiden, etwas aushöhlen. Die Brotkrumen des Baguettes mit Magerquark, Frischkäse, Mineralwasser und Salat mit Pfiff »Dill-Petersilie« mit dem Pürierstab pürieren. Die Gurke schälen, in kleine Würfel schneiden, den Schinken in Streifen schneiden und unter den Quark ziehen. Das Brot mit dem Schinkenquark füllen, etwas zusammendrücken, in Aluminiumfolie fest einwickeln und ca. 3 Stunden im Kühlschrank durchziehen lassen. Aluminiumfolie entfernen. Mit einem Brotmesser in ca. 20 Scheiben schneiden, auf einer Platte anrichten und servieren.

Fingerfood mit Schoko-Zwieback und Schweinebraten

Für 4 Stück
Pro Portion: 54,8 kcal, 1,8 g Fett, 29,5 % Fettkalorien, 4,4 g KH
Zubereitungszeit: ca. 5 Minuten

2 Scheiben Schweinebraten à 20 g
2 EL Frischkäse (0,2 % Fett)
1 TL Senf
4 Stück eingelegter Kürbis aus dem Glas
4 Mini-Schoko-Zwiebäcke von Brandt

Die Bratenscheiben halbieren und den Fettrand entfernen. Den Frischkäse mit dem Senf verrühren. Die Schweinebratenscheiben damit bestreichen, jeweils ein Stück Kürbis darauf legen, zusammenrollen und die Zwiebäcke damit belegen.

Wespenstachel-Zwieback

Für 4 Stück
Pro Portion: 225,5 kcal, 7,2 g Fett, 28,7% Fettkalorien, 29,3 g KH
Zubereitungszeit: ca. 10 Minuten

150 g Magerquark
1 EL Mineralwasser
½ TL Zimt
4 Frühstückszwiebäcke von Brandt
40 g Kokosraspeln
50 g gesiebter Puderzucker
1 EL flüssiger Honig oder Ahornsirup
abgeriebene Schale von ½ unbehandelten Zitrone

Den Quark mit dem Mineralwasser und dem Zimt gut verrühren. Gut zwei Drittel der Kokosraspeln auf ein mit Backpapier ausgelegtes Backblech streuen und mit dem Puderzucker bestäuben. Unter den heißen Grill schieben, bis der Zucker schmilzt und braun wird, was ziemlich schnell geht. Dann mit einer Palette wenden und abermals grillen. Die so entstandenen »Wespenstacheln« in eine Schüssel schütten, den Honig oder den Ahornsirup und die abgeriebene Zitronenschale hinzufügen und mit den restlichen Kokosraspeln vermengen. Die Zwiebackscheiben mit dem Zimtquark bestreichen und die knusprigen Wespenstacheln darauf verteilen.

Zwiebackpastete mit Schafskäse und Paprika

Für 4 Personen
Pro Portion: 284 kcal, 9 g Fett, 28,5 % Fettkalorien, 21 g KH
Zubereitungszeit: ca. 45 Minuten
Kühlzeit: mindestens 4 Stunden, besser über Nacht

1 Bund Petersilie
½ Bund Basilikum
½ Bund Dill
1 kleine Knoblauchzehe
325 g Magerquark
1 EL Mineralwasser
Salz, grober Pfeffer
9 Scheiben Zwieback von Brandt
125 g milder Schafskäse
125 g Buttermilch-Frischkäse
2 Blatt weiße Gelatine
je 1 kleine rote, gelbe und grüne Paprikaschote

Die Petersilie, das Basilikum und den Dill waschen, trockentupfen und fein hacken, die Knoblauchzehe abziehen und zusammen mit drei Viertel der Kräuter pürieren. 75 g Magerquark mit dem Mineralwasser unterrühren und mit Salz und Pfeffer abschmecken. Einen Zwieback zerbröseln und zur Seite legen, die anderen 8 Scheiben mit dem Kräuterquark bestreichen.

Den Käse durch ein Sieb streichen, mit dem restlichen Quark und dem Buttermilch-Frischkäse verrühren und mit Pfeffer würzen. Die Gelatine nach Packungsanweisung einweichen, ausdrücken und auflösen. Zwei Drittel der Käse-Quark-Masse löffelweise unter die Gelatine ziehen, den Rest zur Seite stellen.

Die Paprikaschoten entkernen, waschen und fein würfeln, ein Viertel davon zur Seite stellen. Eine Kastenform (20 cm lang) mit Frischhaltefolie auslegen, an den Rändern etwas überstehen lassen. Die Zwiebackscheiben evtl. zuschneiden, den Boden und die Wände der Form mit der Quarkseite nach innen auskleiden. Die Käse-Quark-Masse bis auf 3 EL mit den Zwiebackbröseln und den Paprikawürfeln mischen und in die Form füllen, mit Zwieback abschließen. Die restliche Käse-Quark-Masse obenauf verstreichen, mit den zur Seite gestellten Paprikawürfeln und Kräutern überstreuen. Die Folie über der Pastete zusammenschlagen und für mindestens 4 Stunden kalt stellen.

Fingerfood mit Schoko-Zwieback und Roastbeef

Für 4 Stück
Pro Portion: 52,8 kcal, 1,7 g Fett, 28,9 % Fettkalorien, 4,3 g KH
Zubereitungszeit: ca. 5 Minuten

2 Scheiben Roastbeef à 20 g
2 Stück Cornichons
2 EL Frischkäse (0,2 % Fett)
1 TL Meerrettich
4 Mini-Schoko-Zwiebäcke von Brandt

Die Roastbeefscheiben halbieren und den Fettrand entfernen. Die Cornichons längs halbieren. Den Frischkäse mit dem Meerrettich verrühren. Die Roastbeefscheiben damit bestreichen, jeweils ein Cornichonstück darauf legen, zusammenrollen und die Zwiebäcke damit belegen.

Hähnchen-Zwiebel-Wrap

Von Sandra Lux
Für 2 Personen
Pro Portion: 282 kcal, 7 g Fett, 22,1 % Fettkalorien, 20 g KH
Zubereitungszeit: ca. 15 Minuten

250 g Hähnchenbrustfilet
1 Gemüsezwiebel
1 EL Sonnenblumenöl
Salz, Pfeffer
Gewürze nach Belieben
2 Weizentortillas
2 EL Frischkäse (0,2 % Fett); natur oder mit Kräutern

Das Hähnchenfleisch in feine Streifen schneiden. Die Zwiebel schälen und würfeln. Das Öl in einer beschichteten Pfanne erhitzen, das Fleisch und die Zwiebel zugeben und unter Rühren ca. 4 Minuten braten. Mit Salz, Pfeffer und Gewürzen nach Belieben würzen. In der Zwischenzeit die Tortillas nach Packungsangabe aufwärmen, mit je 1 EL Frischkäse bestreichen. Die Fleisch-Zwiebel-Mischung darauf verteilen und die Wraps zusammenrollen.

TIPP: Gemüse wie Champignonscheiben, Paprikastreifen oder Maiskörner nach Geschmack mitbraten.

Hähnchen-Tortilla »Gyros-Art«

Von Sandra Lux
Für 2 Personen
Pro Portion: 339 kcal, 7 g Fett, 19 % Fettkalorien, 21 g KH
Zubereitungszeit: ca. 15 Minuten
Marinierzeit: 2 Stunden

250 g Hähnchenbrustfilet
2 kleine Zwiebeln
2 EL Gyros-Gewürz-Mischung
1 EL Öl
50 g Salatgurke
1–2 Knoblauchzehen
150 g Cremequark (0,2 % Fett)
Salz, Pfeffer
2 Weizentortillas

Das Fleisch in feine Scheiben und die geschälten Zwiebeln in Halbringe schneiden. Mit dem Gyros-Gewürz und dem Öl vermischen und ca. 2 Stunden abgedeckt kühl stellen. Die Gurke schälen, grob raspeln, die Knoblauchzehen hacken und unter den Quark mischen. Mit Salz und Pfeffer würzen und das Tsatsiki abgedeckt im Kühlschrank durchziehen lassen. Das Fleisch in einer beschichteten Pfanne gut anbraten. Die Tortillas nach Packungsangabe aufwärmen. Das Tsatsiki nochmals abschmecken, auf den Tortillas verteilen. Das Fleisch darauf geben und zusammenrollen.

Hähnchen-Wrap »Indische Art«

Von Sandra Lux
Für 2 Personen
Pro Portion: 303 kcal, 7,5 g Fett, 22 % Fettkalorien, 23 g KH
Zubereitungszeit: ca. 15 Minuten

250 g Hähnchenbrustfilet
1 kleine Zwiebel
2 Scheiben Ananas (aus der Dose)
1 EL Sonnenblumenöl
1 EL Curry
1 EL saure Sahne (10 % Fett)
2 EL Frischkäse Exquisa Fitline (0,2 % Fett)
Salz, Pfeffer
2 Weizentortillas

Das Fleisch in feine Scheiben schneiden und die Zwiebel schälen und fein würfeln. Die Ananasscheiben abtropfen lassen und klein schneiden. Das Öl in einer beschichteten Pfanne erhitzen und die vorbereiteten Zutaten anbraten. Curry, saure Sahne und Frischkäse verrühren und unterrühren. Mit Salz und Pfeffer abschmecken. Die Tortillas nach Packungsangabe aufwärmen, die Fleischmischung darauf verteilen und die Tortillas zusammenrollen.

TIPP: Zu den Wraps eine große Schüssel Salat reichen.

Suppen und Eintöpfe

Gebackene Suppe

Für 4 Portionen
Pro Portion: 369 kcal, 11 g Fett, 27% Fettkalorien, 55 g KH
Zubereitungszeit: ca. 1 Stunde 30 Minuten

1 Zwiebel
1 Knoblauchzehe
350 g Sellerie
350 g Möhren
350 g Lauch
4 EL Olivenöl
2 TL flüssiger Honig
4 Thymianzweige
4 Rosmarinzweige
2 Lorbeerblätter
4 reife Tomaten
1,2 l Gemüsebrühe
Salz, Pfeffer
300 g franz. Stangenweißbrot

Zwiebeln und Knoblauch schälen und grob hacken. Sellerie, Möhren und Lauch putzen, waschen und klein schneiden. Gemüse in einer Schüssel mit Zwiebel und Knoblauch, Öl und Honig vermengen. In einen Bräter geben, Kräuter zugeben und 25 Minuten im vorgeheizten Backofen bei 200°C backen. Tomaten waschen und vierteln. Zufügen und weiter 25 Minuten backen. Auf 190°C zurückschalten. Kräuterzweige und Lorbeerblatt entfernen und Gemüse mit der Hälfte der Brühe im Mixer fein pürieren. Übrige Flüssigkeit unterrühren. In eine Kasserolle umfüllen, mit Salz und Pfeffer abschmecken und 20 Minuten im Backofen bei 190°C backen. Mit getoastetem französischem Weißbrot servieren.

Cacik – kalte türkische Gurkensuppe

Für 4 Personen
Pro Portion: 84 kcal, 1,25 g Fett, 13,5 % Fettkalorien, 11 g KH
Zubereitungszeit: ca. 10 Minuten

1 Gemüsegurke
500 ml Jogurt (1,5 % Fett)
250 ml Milch (1,5 % Fett)
Balsamessig
1 Knoblauchzehe
½ Bund Dill
Salz, Pfeffer

Die Gemüsegurke evtl. schälen, dann entkernen, klein raspeln und mit eisgekühltem Jogurt und Milch mischen. Mit geschältem und zerdrücktem Knoblauch und klein geschnittenem Dill verrühren, mit Balsamessig, Salz und Pfeffer abschmecken und gut gekühlt servieren.

Curry-Suppe

Für 4 Personen
Pro Portion: 234 kcal, 7,5 g Fett, 29 % Fettkalorien, 22,5 g KH
Zubereitungszeit: ca. 40 Minuten

1 Zwiebel
200 g Staudensellerie
1 EL Butter
750 ml Hühnerbrühe
1 EL Curry
2 cl trockener Sherry
100 g Langkornreis
Salz
2 EL Sojasoße
4 EL Crème fraîche

Die Zwiebel schälen und fein würfeln, den Sellerie waschen, putzen und in sehr feine Streifen schneiden. Beides in der Butter etwa 5 Minuten andünsten. Falls erforderlich, ein klein wenig Hühnerbrühe dazugeben. Curry hinzufügen, verrühren und mit Sherry und Hühnerbrühe ablöschen. Aufkochen lassen. Den Reis einstreuen und etwa 15 Minuten köcheln lassen, bis er gar ist. Mit Salz und Sojasoße abschmecken, auf 4 Teller verteilen und je 1 EL Crème fraîche darauf geben.

Elsässer Linsen-Krautsuppe

Für 4 Personen
Pro Portion: 409 kcal, 8 g Fett, 17,5 % Fettkalorien, 46 g KH
Zubereitungszeit: ca. 25 Minuten

350 g Tellerlinsen
1,5 l Fleischbrühe
1 kleine Dose Sauerkraut (300 g)
2 EL Rosinen
200 g gekochter Schinken ohne Fettrand
150 ml Weißwein
200 g saure Sahne (10 % Fett)
Salz, Pfeffer
Majoran
Essig, Zucker

Die Linsen, die Brühe, das Sauerkraut und die Rosinen im Schnellkochtopf 10 Minuten unter Druck garen. Den Schinken würfeln, mit dem Weißwein und der sauren Sahne zu den Linsen geben, erwärmen und mit Salz, Pfeffer und Majoran würzen. Nach Wunsch mit Essig und Zucker abschmecken.

TIPP: Das Rezept lässt sich auch ohne Schnellkochtopf zubereiten, dann beträgt die Garzeit 45 Minuten.

Fisch-Kartoffel-Suppe

Für 4 Personen
Pro Portion: 312 kcal, 7,3 g Fett, 21 % Fettkalorien, 29 g KH
Zubereitungszeit: ca. 1 Stunde

2 rote Zwiebeln
1 Knoblauchzehe
400 g Spitzkohl
1 gelbe Paprikaschote
100 g Shiitake-Pilze
500 g Kartoffeln
2 EL Butter
600 ml Fischfond
Salz, Pfeffer
250 g TK-Riesengarnelen
250 g Kabeljaufilet
400 ml Milch (1,5 % Fett)
1 Bund Dill

Die Zwiebeln schälen und in Halbringe schneiden. Den Knoblauch abziehen und fein hacken. Die Spitzkohlblätter waschen und grob schneiden. Den Paprika waschen und klein schneiden, die Pilze abreiben und in dicke Scheiben schneiden. Die Kartoffeln schälen und in mundgerechte Stücke schneiden. Die Butter in einem großen Topf erhitzen und Zwiebeln, Knoblauch, Kohl, Paprika und Pilze darin unter Rühren etwa 5 Minuten anbraten. Die Kartoffeln dazugeben und kurz mitbraten. Den Fond zugießen und alles salzen und pfeffern. Aufkochen lassen und zugedeckt etwa 15 Minuten kochen. Die aufgetauten Garnelen abspülen und das Fischfilet in grobe Stücke schneiden. Milch und Fisch in den Topf geben, aufkochen lassen, dann die Garnelen zufügen und weitere 10 Minuten bei schwacher Hitze garen. Dill fein hacken, die Hälfte unter die Suppe rühren und den Rest darüberstreuen.

Französische Zwiebelsuppe »Provençale«

Für 4 Personen
Pro Portion: 267 kcal, 6 g Fett, 20 % Fettkalorien, 45 g KH
Zubereitungszeit: ca. 50 Minuten

1 kg Zwiebeln
2 EL Sonnenblumenöl
4 TL Zucker
Salz, Pfeffer
2 Knoblauchzehen
2 l Gemüsebrühe
etwas Zitronensaft
gehackte Petersilie oder Schnittlauchröllchen

Zwiebeln schälen und in dünne Scheiben schneiden. Anschließend mit dem Öl in einem großen Topf 10 Minuten zugedeckt dünsten, bis sie weich sind. Den Zucker zugeben sowie Salz und Pfeffer nach Belieben und weitere 10–15 Minuten dünsten, bis die Zwiebeln goldbraun sind. Trotzdem darauf achten, dass die Zwiebeln nicht anbrennen. Knoblauch schälen und fein zerdrücken. Gemüsebrühe, Knoblauch und etwas Zitronensaft zu den Zwiebeln geben. Die Suppe zum Kochen bringen und etwa 10 Minuten köcheln lassen. Abschmecken und in vorgewärmten Tassen, mit frischer Petersilie oder Schnittlauch bestreut, servieren.

TIPP: Dazu passen sehr gut frische französische Baguettebrötchen, die man auch nach Wunsch toasten kann.

Friesische Erbsensuppe

Für 4 Personen
Pro Portion: 412 kcal, 10 g Fett, 22 % Fettkalorien, 56 g KH
Zubereitungszeit: ca. 1 Stunde

1 Zwiebel
1 Knoblauchzehe
1 EL Öl
250 g grüne Schälerbsen
1 l Fleischbrühe
1 TL gehackter Dill
200 ml Kaffeesahne (4 % Fett)
150 g Krabben
100 g Räucherlachs
Salz, Pfeffer
Zitronensaft

Zwiebel und Knoblauchzehe abziehen, fein hacken und in heißem Öl andünsten. Erbsen zufügen, mit der Brühe ablöschen, aufkochen lassen und 45 Minuten garen. Die Suppe pürieren, Dill, Kaffeesahne, Krabben und in Streifen geschnittenen Lachs zufügen und mit Zitronensaft abschmecken.

TIPP: Die friesische Erbsensuppe lässt sich auch ausgezeichnet im Schnellkochtopf zubereiten, dann verringert sich die Kochzeit um 30 Minuten.

Bunter Gemüseeintopf mit Parmesancroûtons

Für 4 Personen
Pro Portion: 150 kcal, 4 g Fett, 24 % Fettkalorien, 22 g KH
Zubereitungszeit: ca. 35 Minuten

2 Fleischtomaten
3 Stangen Staudensellerie
200 g Möhren
200 g Broccoli
1 Zwiebel
1 TL Sonnenblumenöl
6 EL flüssiger Würzfond Gemüse von Maggi
4 Scheiben Toastbrot
4 TL geriebener Parmesan

Das Gemüse waschen und putzen. Tomaten in kleine Würfel, Staudensellerie und Möhren in Scheiben schneiden. Broccoli in Röschen teilen. Zwiebel schälen und würfeln. Sonnenblumenöl in einem Topf heiß werden lassen. Zwiebel darin andünsten, Gemüse zugeben und kurz mitdünsten. 1 l Wasser zugießen und zum Kochen bringen. Würzfond zufügen und ca. 20 Minuten bei geringer Wärmezufuhr kochen. Toastbrot diagonal in Viertel schneiden. Die Ecken in einer beschichteten Pfanne von einer Seite leicht rösten, dann wenden, mit Parmesan bestreuen und auf der anderen Seite auch bräunen. Die Croûtons zum Eintopf servieren.

TIPP: Dazu empfehlen wir Vollkornbrötchen und als Dessert Quarkspeise.

Gelbe Linsensuppe

Für 4 Portionen
Pro Portion: 202 kcal, 4 g Fett, 18 % Fettkalorien, 26 g KH
Zubereitungszeit: ca. 30 Minuten

1 große Zwiebel
15 g ungehärtete Pflanzenmargarine
250 g getrocknete rote Linsen
1 l Gemüsebrühe
1–2 TL Zitronensaft
Salz, schwarzer Pfeffer

Die Zwiebel schälen und fein hacken. Zusammen mit der Margarine in einem Topf 10 Minuten glasig dünsten. Die Linsen zugeben und 1–2 Minuten umrühren, dann die Brühe hinzufügen. Zum Kochen bringen, den Topf halb zudecken und bei mäßiger Hitze 20 Minuten köcheln lassen, bis die Linsen ganz weich und hell sind. Die Suppe mit einem Löffel schlagen, damit die Linsen aufplatzen und die Suppe weicher wird, oder pürieren. Zitronensaft, Salz und Pfeffer nach Belieben zufügen.

Gemüsesuppe mit Bacon

Für 4 Personen
Pro Portion: 305 kcal, 8 g Fett, 24 % Fettkalorien, 41,5 g KH
Zubereitungszeit: ca. 30 Minuten

150 g Nudeln
600 g Zucchini
100 g Bacon oder Frühstücksspeck
2 Knoblauchzehen
450 g tiefgefrorene grüne Bohnen
1,5 l Gemüsebrühe
1 Dose Tomaten (400 g)
je 1 Bund Schnittlauch und Basilikum
Salz, Pfeffer, Zucker

Nudeln nach Packungsanweisung kochen. Zucchini waschen, längs halbieren und in Scheiben schneiden. Bacon oder Speck würfeln, in einer beschichteten Pfanne knusprig braten. Zucchini, geschälten und zerdrückten Knoblauch und Bohnen zugeben und andünsten. Brühe und Tomaten zugeben und ca. 10 Minuten köcheln lassen. Schnittlauchröllchen, gehacktes Basilikum und Nudeln zufügen und abschmecken.

Graupeneintopf

Für 4 Personen
Pro Portion: 574 kcal, 13 g Fett, 20 % Fettkalorien, 94 g KH
Zubereitungszeit: ca. 1 Stunde 30 Minuten

2 Zwiebeln
50 g Butter oder ungehärtete Pflanzenmargarine
1 kg Lauch
250 g Möhren
300 g Staudensellerie
300 g Perlgraupen
250 ml Gemüsebrühe
Salz, Pfeffer
750 g Kartoffeln
4 EL gehackte Petersilie

Die Zwiebeln schälen, fein hacken und in einem großen, schweren Topf 5 Minuten in der Butter anbraten. Den Lauch putzen, waschen und in etwa 2,5 cm große Stücke schneiden. Die Möhren schälen und würfeln sowie die Selleriestangen waschen und fein hacken. Alles zu der Zwiebel hinzufügen und umrühren, damit das Gemüse mit der Butter überzogen wird. Den Topf mit dem Deckel verschließen und die Gemüsemischung 5 Minuten bei milder Hitze garen. Die Graupen dazugeben, ordentlich unterrühren, dann die Brühe sowie 1 gehäuften TL Salz und reichlich frisch gemahlenen Pfeffer hinzufügen. Kartoffeln schälen und in Stücke schneiden. Die Suppe zugedeckt bei milder Hitze 40 Minuten kochen, dann die Kartoffeln auf der Graupenmischung verteilen. Weitere 20 Minuten im geschlossenen Topf garen, bis Kartoffeln und Graupen weich sind und das Wasser vollständig verschwunden ist. Abschmecken und bei Bedarf noch etwas nachsalzen. Mit Petersilie bestreuen und servieren.

Graupeneintopf mit Corned beef

Für 4 Personen
Pro Portion: 261 kcal, 7 g Fett, 24 % Fettkalorien, 20 g KH
Zubereitungszeit: ca. 40 Minuten

2 Zwiebeln
40 g (3–4 EL) Graupen
1 Packung tiefgefrorenes Suppengemüse (450 g)
2 Würfel Klare Suppe
Pfeffer
1 TL Majoran
400 g Corned beef
Liebstöckelblätter

Zwiebeln schälen und in Ringe schneiden. 3 EL Wasser heiß werden lassen, Zwiebelringe und Graupen kurz darin andünsten. Suppengemüse dazugeben, mit 1,5 l Wasser aufgießen, zum Kochen bringen und die Suppenwürfel darin auflösen. Alles 15–20 Minuten kochen, mit Pfeffer und Majoran würzen. Corned beef in Würfel schneiden und in dem Eintopf erhitzen. Vor dem Servieren mit Liebstöckelblättern bestreuen.

Graupensuppe mit Kohlrabi

Für 4 Personen
Pro Portion: 224,5 kcal, 3 g Fett, 12 % Fettkalorien, 41,5 g KH
Zubereitungszeit: ca. 45 Minuten

1½ Würfel Klare Suppe
1 Lorbeerblatt
200 g Graupen
3 Kohlrabi
1 Möhre
1 Zwiebel
1 EL Butter oder Margarine
Salz
1 Bund Petersilie

In einem Topf 1,5 l Wasser zum Kochen bringen. Die Klare Suppe darin auflösen. Lorbeerblatt zugeben. Graupen waschen, in die Suppe geben und ca. 20 Minuten garen. Kohlrabi und Möhre putzen und in Würfel schneiden. Zur Suppe geben und weitere 20 Minuten garen. Zwiebel schälen und in Würfel schneiden. In einer Pfanne Butter oder Margarine heiß werden lassen. Zwiebelwürfel darin goldgelb dünsten. Suppe mit Salz würzen und abschmecken. Suppe in Tellern anrichten und die Röstzwiebeln darüber streuen. Petersilienblättchen klein schneiden und die Suppe damit garniert servieren.

TIPP: Dazu Bauernbrot reichen.

Grünkerneintopf

Für 4 Teller
Pro Portion: 134 kcal, 3 g Fett, 20 % Fettkalorien, 18 g KH
Zubereitungszeit: ca. 1 Stunde 20 Minuten

1 Zwiebel
1 EL Sonnenblumenöl
100 g Grünkern
2 Würfel Klare Suppe
1 Kohlrabi
5 Möhren
1 Stange Lauch
2 EL gehackte Petersilie

Zwiebel schälen und in kleine Würfel schneiden. In einem Topf Sonnenblumenöl heiß werden lassen und die Zwiebel darin glasig dünsten. Grünkern zugeben und unter Rühren kurz mitdünsten. 1,5 l Wasser zugießen, Klare Suppe mit Suppengrün darin auflösen. Zum Kochen bringen und zugedeckt ca. 1 Stunde kochen. Mit einem Schaumlöffel zum Anrichten etwas Grünkern herausnehmen, restlichen Eintopf mit einem Schneidestab pürieren. Kohlrabi und Möhren putzen und in Streifen bzw. Scheiben schneiden. Lauch putzen und in Ringe schneiden. Das Gemüse in der Suppe ca. 10 Minuten mitkochen. Zum Schluss den restlichen Grünkern zugeben. Den Eintopf auf Tellern anrichten und mit Petersilie garniert servieren.

Kartoffel-Broccoli-Möhren-Topf

Für 2 Personen
Pro Portion: 250 kcal, 4 g Fett, 14 % Fettkalorien, 21 g KH
Zubereitungszeit: ca. 40 Minuten

200 g Hähnchenbrustfilet
Salz, Pfeffer
1 TL Olivenöl
3 Möhren
300 g Broccoli
200 g Kartoffeln
2 TL Klare Hühner-Bouillon
2 EL gehackte Petersilie

Das Hähnchenbrustfilet kalt abspülen, in Streifen schneiden und mit Salz und Pfeffer würzen. Das Öl in einer beschichteten Pfanne erhitzen und die Fleischstreifen darin rundherum anbraten. Das Fleisch herausnehmen und warm stellen. Das Gemüse putzen und waschen. Die Möhren in Scheiben schneiden, den Broccoli in Röschen teilen und die Kartoffeln schälen und in mundgerechte Stücke schneiden. Die Möhren und den Broccoli im Bratfett unter Rühren kurz dünsten. Die Kartoffeln zugeben, 300 ml Wasser zugießen, zum Kochen bringen und die Hühner-Bouillon darin auflösen. Alles ca. 15 Minuten kochen lassen. Die Fleischstreifen zugeben, heiß werden lassen und die Suppe mit Petersilie bestreut servieren.

Kartoffelcreme mit Krabben

Für 4 Personen
Pro Portion: 275 kcal, 6 g Fett, 20 % Fettkalorien, 36 g KH
Zubereitungszeit ca. 40 Minuten

800 g fest kochende Kartoffeln
2 Möhren
½ Sellerie
2 Zwiebeln
1,2 l Gemüsebrühe
2 Lorbeerblätter
1 TL Majoran
1 Prise Muskat
Salz, Pfeffer
300 g Krabben
2 EL Crème fraîche
2 EL gehackter Schnittlauch

Kartoffeln, Möhren, Sellerie und Zwiebeln waschen, schälen und in Würfel schneiden. Alles in einen Topf geben und mit der Brühe auffüllen. Gewürze zugeben und kräftig abschmecken. Aufkochen und abgedeckt bei geringer Hitzezufuhr 25 Minuten garen. Mit einem Pürierstab pürieren und abschmecken. Krabben zugeben und aufkochen. Einige Minuten beiseite stellen und ziehen lassen. Mit Crème fraîche und Schnittlauch garnieren.

TIPP: Dazu empfehlen wir geröstetes Weißbrot.

Kartoffel-Knoblauch-Suppe mit pochiertem Ei

Für 4 Personen
Pro Portion: 202 kcal, 6 g Fett, 27 % Fettkalorien, 25 g KH
Zubereitungszeit: ca. 40 Minuten

600 g mehlig kochende Kartoffeln
4–5 Knoblauchzehen
einige Salbeiblättchen
weißer Pfeffer, Salz
1 Msp. Cayennepfeffer
1 l Gemüsebrühe
150 ml Milch (1,5 % Fett)
2 EL Weinessig
4 kleine Eier (Größe S)

Die Kartoffeln schälen und in grobe Würfel schneiden. Den geschälten Knoblauch dazupressen, 2 Salbeiblättchen klein schneiden und dazugeben. Mit Pfeffer und Cayennepfeffer würzen. Die Gemüsebrühe aufgießen, aufkochen und 20 Minuten zugedeckt köcheln lassen. Die Suppe mit dem Pürierstab pürieren, die Milch unterrühren, aufkochen und abschmecken. Etwa 1 l Salzwasser mit Weißweinessig in einem breiten Topf aufkochen. Nacheinander 4 Eier in eine Tasse aufschlagen, langsam in das kochende Wasser gleiten lassen. Die Eier knapp 5 Minuten gar ziehen lassen und herausnehmen. Auf vier Teller verteilen, mit der Suppe umgießen und mit Salbeiblättchen garnieren.

Kohlrabicremesuppe mit Möhrenjulienne

Für 4 Personen
Pro Portion: 102 kcal, 3 g Fett, 26 % Fettkalorien, 12 g KH
Zubereitungszeit: ca. 40 Minuten

2 Möhren
2 TL Butter
800 g Kohlrabi
1 Würfel Gemüsebrühe
6 EL Kaffeesahne (4 % Fett)
Cayennepfeffer
1 Schale Kresse

Möhren putzen, waschen, schälen, in sehr feine Streifen (Julienne) schneiden und in 1 TL Butter ca. 5 Minuten dünsten. Herausnehmen und warm stellen. Kohlrabi putzen, schälen, klein schneiden und ebenfalls in 1 TL Butter ca. 5 Minuten dünsten. 250 ml Wasser zugießen, zum Kochen bringen und Gemüsebrühe darin auflösen. Ca. 15 Minuten kochen und pürieren. Dann 500 ml Wasser zugießen, aufkochen und 2 EL Kaffeesahne unterrühren. Mit Cayennepfeffer würzen. Von der Kresse die Blättchen abschneiden. Einige Blättchen für die Garnitur zur Seite stellen, die übrigen in die Suppe geben. Suppe mit Möhrenjulienne, Kresseblättchen und mit restlicher Kaffeesahne anrichten.

Linseneintopf mit Blutwurst

Für 4 Personen
Pro Portion: 552,5 kcal, 16,3 g Fett, 26,4 % Fettkalorien, 70 g KH
Zubereitungszeit: ca. 30 Minuten

2 Möhren
500 g Kartoffeln
2 Zwiebeln
1 Stange Lauch
350 g Tellerlinsen
1,5 l Gemüsebrühe
1 Bund Petersilie
200 g Blutwurst
Salz
Pfeffer

Die Möhren und die Kartoffeln putzen, waschen, schälen und in Würfel schneiden. Die Zwiebeln abziehen und würfeln, den Lauch putzen, waschen und in Ringe schneiden. Das gesamte Gemüse mit den Linsen und der Brühe in einen Schnellkochtopf geben und unter Druck etwa 12 Minuten kochen. Die Petersilie waschen, trockenschütteln und grob hacken. Die Blutwurst in Scheiben schneiden oder würfeln und beides in die fertige Suppe geben. Mit Salz und Pfeffer abschmecken.

TIPP: Der Linseneintopf mit Blutwurst lässt sich auch ohne Schnellkochtopf zubereiten, dann verlängert sich die Garzeit um etwa 30 Minuten. Linsen immer erst nach dem Kochen salzen, sonst werden sie nicht weich!

Mediterraner Kartoffeleintopf

Für 4 Personen
Pro Portion: 432 kcal, 14 g Fett, 29 % Fettkalorien, 213,5 g KH
Zubereitungszeit: 1 Stunde 10 Minuten

1 Gemüsezwiebel
1 Knoblauchzehe
700 g Kartoffeln
2 Zucchini
je 1 rote und gelbe Paprika
2 EL Olivenöl
500 g passierte Tomaten
300 ml Gemüsebrühe
1 Kräutersträußchen
2 EL gehacktes frisches Basilikum
Salz, Pfeffer
1 TL Speisestärke
300 g Jogurt (1,5 % Fett)
125 g Mozzarella
50 g Cheddar
3 Scheiben Toastbrot
1 EL Thymian

Zwiebel schälen und in feine Streifen schneiden. Knoblauch schälen und fein hacken. Kartoffeln schälen und in dünne Scheiben schneiden. Zucchini in Scheiben und Paprika in Streifen schneiden. Öl in einem großen Topf erhitzen und die Zwiebeln darin glasig braten. Knoblauch, Kartoffeln und das Gemüse zugeben, unter Rühren etwa 5 Minuten braten. Tomaten, Gemüsebrühe, Kräutersträußchen und gehacktes Basilikum zugeben. Salzen und pfeffern, aufkochen lassen und zugedeckt etwa 15 Minuten köcheln. Stärke und Jogurt verrühren und leicht pfeffern. Mozzarella fein würfeln, Cheddar reiben, jeweils die Hälfte in die Jogurtmasse einrühren. Den Backofengrill vorheizen. Toastbrot toasten und in kleine Würfel schneiden. Den Eintopf in 4 ofenfeste Terrinen füllen, die Jogurtmasse darauf verteilen. Das Ganze mit dem restlichen Käse, den Brotwürfeln und dem Thymian bestreuen und im Ofen etwa 5 Minuten überbacken, bis der Käse goldgelb ist.

TIPP: Für das Kräutersträußchen (Bouquet garni) z. B. Petersilie, Rosmarin, Thymian, Majoran oder evtl. auch Dill zusammen mit Lorbeerblatt und Gewürznelken zu einem Strauß binden.

Hühnertopf mit Reis und Gemüse

Für 4 Personen
Pro Portion: 191,8 kcal, 1,5 g Fett, 7 % Fettkalorien, 19,5 g KH
Zubereitungszeit: ca. 40 Minuten

50 g Reis
3 EL flüssiger Würzfond Hühner-Bouillon
250 g Blumenkohl
½ Wirsing
250 g junge Möhren
250 g grüne Bohnen
1 Bund Petersilie
300 g Hähnchenbrust

Den Reis nach Packungsanleitung kochen. In einem großen Topf 1,25 l Wasser mit dem flüssigen Würzfond zum Kochen bringen. Den Blumenkohl putzen, waschen und in Röschen teilen. Den Wirsing putzen, waschen, den Strunk entfernen und den Wirsing in Streifen schneiden. Die Möhren und die Bohnen putzen, waschen und mit dem anderen Gemüse zu der Bouillon geben. Bei geringer Wärmezufuhr ca. 20 Minuten kochen. Die Hähnchenbrust waschen, trockentupfen, in Würfel schneiden und die letzten 5 Minuten in die Suppe geben und mitgaren. Den abgetropften Reis zufügen und die Suppe mit der Petersilie bestreut servieren.

Linsensuppe 08/15

Für 4 Personen
Pro Portion: 486 kcal, 12 g Fett, 22 % Fettkalorien, 71 g KH
Zubereitungszeit: ca. 50 Minuten

2 kleine Zwiebeln
2 TL Sonnenblumenöl
200 g braune Linsen
1,5 l Gemüsebrühe
600 g Kartoffeln
1 dicke Möhre
1 große Stange Lauch
300 g Kaffeesahne (10 % Fett)
Salz, Pfeffer
1 Bund Schnittlauch
4 Baguettebrötchen

Die Zwiebeln schälen und fein hacken. Das Öl in einem großen Topf erhitzen, die Zwiebeln und die Linsen darin bei mittlerer Hitze unter Rühren einige Sekunden anbraten. Die Gemüsebrühe dazugießen, einmal aufkochen und zugedeckt bei schwacher Hitze in 20–30 Minuten garen, bis die Linsen halb weich sind. Während die Linsen kochen, Kartoffeln schälen, waschen und klein würfeln, Lauch waschen und in Streifen schneiden sowie Möhre ebenfalls waschen und in dünne Scheiben schneiden. Ein Gurkenhobel bewirkt hier wahre Wunder.

Nun alles zu den Linsen geben, erneut aufkochen und die Suppe in weiteren 10–15 Minuten garen, bis das Gemüse weich ist. Die Sahne hinzugießen und bis knapp unter den Siedepunkt erhitzen. Anschließend die Suppe mit Salz und Pfeffer abschmecken und auf Tellern verteilen. Den Schnittlauch waschen, trockentupfen und fein zerkleinern, die Suppe damit dekorieren. Mit Baguettebrötchen servieren.

Mitternachtssuppe

Für 8 Personen
Pro Portion: 265 kcal, 5 g Fett, 17 % Fettkalorien, 32,5 g KH
Zubereitungszeit: ca. 20 Minuten

1 EL Sonnenblumenöl
500 g Tatar
1 große Zwiebel
1 Dose Mais (425 g)
1 Dose Kidney-Bohnen (425 g)
1 Dose geschälte Tomaten (425 g)
2 Knoblauchzehen
2 Peperoni
500 ml Tomatensaft
4 EL Ketchup
2 EL Honig
3 EL Balsamessig
2 Würfel Gemüsebrühe
Salz, Pfeffer
Chilipulver

Öl in einem großen Topf erhitzen und Tatar mit der geschälten und gewürfelten Zwiebel darin anbraten. Knoblauch schälen und zusammen mit der Peperoni fein hacken. Das Dosengemüse mit der Flüssigkeit, Knoblauch, Peperoni, Tomatensaft, Ketchup, Honig und Essig zufügen und unter Rühren erhitzen. Falls die Suppe zu dickflüssig ist, noch etwas Wasser zufügen. Die Gemüsebrühwürfel darin auflösen, mit Salz, Pfeffer und Chilipulver abschmecken.

Möhrencremesuppe mit Pfannkuchenbeutelchen

Für 4 Teller
Pro Portion: 216,8 kcal, 6,5 g Fett, 27 % Fettkalorien, 29,3 g KH
Zubereitungszeit: ca. 35 Minuten

500 g Möhren
1 Gemüsezwiebel
4 EL flüssiger Würzfond Gemüse von Maggi
100 ml Kaffeesahne (4 % Fett)
Pfeffer
100 ml Milch (1,5 % Fett)
50 g Mehl
1 Ei
Salz, Paprikagewürz
1 EL Sonnenblumenöl
1 Dose Mais (150 g)
4 Schnittlauchhalme

Die Möhren putzen, waschen, schälen und in Stücke schneiden. Die Gemüsezwiebel schälen und würfeln. In einem Topf 800 ml Wasser zum Kochen bringen, den Würzfond und das Gemüse zufügen und zugedeckt ca. 20 Minuten kochen. Das Gemüse mit dem Pürierstab pürieren, die Kaffeesahne zugießen, mit Pfeffer würzen und abschmecken. Inzwischen die Milch mit dem Mehl, dem Ei, etwas Salz, Pfeffer und Paprika zu einem glatten Teig verrühren. Eine kleine, beschichtete Pfanne (Durchmesser ca. 18 cm) mit etwas Sonnenblumenöl ausreiben und nacheinander aus dem Teig 4 dünne Pfannkuchen backen. Dazwischen die Pfanne immer wieder etwas einfetten. Den Mais abtropfen lassen, jeweils ein Viertel in die Mitte der Pfannkuchen geben und diese zu Beutelchen zusammenfassen und zudrehen. Mit je einem Schnittlauchhalm zusammenbinden. In die Mitte von jedem Teller ein Pfannkuchenbeutelchen setzen und mit der Suppe umgießen.

Rote Linsensuppe

Für 4 Personen
Pro Portion: 140 kcal, 1 g Fett, 6,5 % Fettkalorien, 25 g KH
Zubereitungszeit: ca. 40 Minuten

1 Stange Lauch
2 große Möhren
1 Stange Staudensellerie
1 Knoblauchzehe
1 Lorbeerblatt
250 g rote Linsen
1,25 l Gemüsebrühe
½ TL Cayennepfeffer
Pfeffer
4 EL Jogurt (1,5 % Fett)
Schnittlauch

Lauch, Möhren und Staudensellerie putzen bzw. schälen und in Scheiben schneiden. Knoblauch schälen und zerdrücken und mit Lorbeerblatt, Linsen und Gemüsebrühe in einen großen Topf geben. Aufkochen lassen und bei mittlerer Hitze im geschlossenen Topf etwa 20 Minuten köcheln lassen, bis die Linsen gar sind. Etwas abkühlen lassen und das Lorbeerblatt entfernen. Die Suppe pürieren, wieder erhitzen und mit Pfeffer abschmecken. In Suppenteller füllen, jeweils 1 EL Jogurt darauf geben und mit Schnittlauchröllchen garniert servieren.

Vichyssoise – kalte Lauch-Kartoffel-Suppe

Für 4 Personen
Pro Portion: 108 kcal, 3 g Fett, 25 % Fettkalorien, 16 g KH
Zubereitungszeit: ca. 40 Minuten
Kühlzeit: mindestens 1 Stunde

2 große Lauchstangen
300 g mehlig kochende Kartoffeln
1 TL Butter
etwas Zitronensaft
Pfeffer, Salz
Muskat
750 ml Hühnerbrühe
150 ml Milch (1,5 % Fett)
gehackte Kräuter (Estragon, Schnittlauch etc.)

Die Lauchstangen putzen, waschen und in Scheiben schneiden. Die Kartoffeln waschen, schälen und würfeln. Beides in Butter leicht dünsten, mit etwas Zitronensaft und Muskat würzen. Hühnerbrühe dazugießen und 30 Minuten köcheln lassen. Alles pürieren, durch ein Sieb passieren und die Milch unterziehen. Die Suppe mindestens 1 Stunde kalt stellen. Vor dem Anrichten mit Salz und Pfeffer würzen, mit den Kräutern garnieren.

Winzersuppe

Für 4 Personen
Pro Portion: 358 kcal, 5 g Fett, 12,5 % Fettkalorien, 36 g KH
Zubereitungszeit: ca. 45 Minuten

700 g Zwiebeln
500 g Kartoffeln
2 Würfel Gemüsebrühe
300 ml Weißwein
250 ml Kaffeesahne (4 % Fett)
frisch geriebene Muskatnuss
250 g gekochter Schinken ohne Fettrand oder Putenwurst
6 Stängel Majoran

Zwiebeln und Kartoffeln schälen. Zwiebeln in feine Ringe, Kartoffeln in kleine Würfel schneiden. In einem großen Topf 900 ml Wasser zum Kochen bringen. Gemüse und Brühwürfel zufügen, 30 Minuten kochen, dabei gelegentlich umrühren. Weißwein und Kaffeesahne zugießen, die Suppe erhitzen, mit Muskatnuss würzen und abschmecken. Schinken oder Putenwurst in Streifen schneiden, in die Suppe geben und mit heiß werden lassen. Majoranblättchen von den Stielen zupfen und die Suppe damit garniert servieren.

TIPP: Die Suppe wird sämiger, wenn sie vor der Zugabe des Schinkens mit dem Schneidestab püriert wird.

Wirsing-Eintopf

Für 4 Personen
Pro Portion: 283 kcal, 4g Fett, 13 % Fettkalorien, 28 g KH
Zubereitungszeit ca. 50 Minuten

600 g Pellkartoffeln
1 kg Wirsing
200 ml Milch (1,5 % Fett)
1 Msp. Muskat
je ½ TL Majoran, Thymian und Kümmel
400 g Tatar
Salz, Pfeffer
500 ml Gemüsebrühe
1 EL gehackte Petersilie

Kartoffeln in Würfel schneiden. Wirsing waschen, Strünke entfernen und den Wirsing in Streifen schneiden. Milch und Gewürze vermengen. Schichtweise abwechselnd Wirsing, Tatar und die Milch-Gewürz-Mischung in einen Topf geben. Jede Lage mit Salz und Pfeffer würzen. Mit der Brühe auffüllen, bis das Gemüse bedeckt ist. Aufkochen und abgedeckt ca. 30 Minuten bei geringer Hitze köcheln. Mit der Petersilie garnieren.

TIPP: Dazu empfehlen wir Semmelknödel.

Salate

Delikater Endiviensalat

Für 2 Personen
Pro Portion: 32 kcal, 0,5 g Fett, 14 % Fettkalorien, 3 g KH
Zubereitungszeit: ca. 10 Minuten

½ Endiviensalat
50 g frische Champignons
Saft von ½ Zitrone
60 ml Buttermilch
1 TL geriebener Meerrettich (aus dem Glas)
Salz, Pfeffer
Cayennepfeffer

Den Salat putzen, waschen und in mundgerechte Stücke pflücken. Die Champignons putzen, in Scheiben schneiden, mit dem Zitronensaft beträufeln und untermischen. Die Buttermilch mit dem Meerrettich verrühren, mit Salz, Pfeffer, Cayennepfeffer und Zitronensaft kräftig abschmecken und unter den Salat mischen.

Bunte Salatplatte

Für 4 Personen
Pro Portion: 124,5 kcal, 4 g Fett, 28,9 % Fettkalorien, 17,3 g KH
Zubereitungszeit: ca. 20 Minuten

200 g Blattsalate (z. B. Eichblatt-, Frisée-, Eisberg-Salat, Lollo rosso)
1 rote Paprikaschote
50 g Champignons
1 Spritzer Zitronensaft
1 Dose Aprikosen (425 ml)
50 ml Gemüsebrühe
1 TL Sonnenblumenöl
1 EL weißer Balsamessig
1 EL gehackte Frühlingskräuter, frisch oder tiefgekühlt
2 EL Getreidesprossen
1 Scheibe Vollkorntoast
1 Knoblauchzehe
20 g Sonnenblumenkerne

Die Blattsalate putzen, waschen, trockenschleudern und in mundgerechte Stücke zerpflücken. Die Paprikaschote waschen, Kerne und weiße Innenhäute entfernen und Paprika in feine Streifen schneiden. Die Champignons putzen, in Scheiben schneiden und mit dem Zitronensaft beträufeln. Die Aprikosen abtropfen lassen, den Saft auffangen. Die Früchte in Spalten schneiden. Die Gemüsebrühe, 3 EL Aprikosensaft, das Sonnenblumenöl und die Kräuter verrühren. Die Salatzutaten damit mischen, anrichten und mit den Sprossen bestreuen. Den Vollkorntoast in Würfel schneiden. Die Knoblauchzehe schälen, durchpressen und mit den Sonnenblumenkernen und den Brotwürfeln in einer beschichteten Pfanne ohne Fett goldbraun rösten. Den Salat damit garniert servieren.

Chicoréesalat mit roten Bohnen

Für 4 Personen
Pro Portion: 71,2 kcal, 1,8 g Fett, 22,8 % Fettkalorien, 11,8 g KH
Zubereitungszeit: ca. 10 Minuten

2 Stauden Chicorée
1 Apfel
1 Birne
1 Dose rote Bohnen (425 ml)
2 EL brauner Balsamessig
1 TL Sonnenblumenöl

Den Chicorée putzen, waschen, den Strunk entfernen und den Chicorée in grobe Stücke schneiden. Apfel und Birne waschen, in Viertel schneiden, Kerngehäuse entfernen und die Früchte in dünne Scheiben schneiden. Die Bohnen abtropfen lassen, die Abtropfflüssigkeit auffangen. Den Essig mit 4 EL Abtropfflüssigkeit und dem Sonnenblumenöl verrühren, über den Salat geben und gut mischen.

Entenbrustscheiben auf Rotkohlsalat

Für 4 Personen
Pro Portion: 218 kcal, 6,2 g Fett, 25,6 % Fettkalorien, 26,8 g KH
Zubereitungszeit: ca. 30 Minuten
Ziehzeit: ca. 1 Stunde

300 g Rotkohl
Salz, Pfeffer
3 EL Balsamessig
1 EL brauner Zucker
½ Stange Zimt
2 Nelken
1 EL Walnussöl
1 säuerlicher grüner Apfel
4 Scheiben Vollkorntoastbrot
1 EL gehackte Walnusskerne
3 EL Ahornsirup
1 Entenbrust ohne Haut und Knochen (ca. 150 g)
1 TL Sonnenblumenöl
4 große Salatblätter

Den Rotkohl putzen, waschen, den Strunk entfernen und den Kohl in sehr feine Streifen hobeln. Mit Salz und Pfeffer würzen. Den Balsamessig mit Zucker, Zimt und Nelken heiß werden lassen, zugedeckt ca. 5 Minuten ziehen lassen. Das Walnussöl zufügen und unter den Rotkohl mischen. Den Kohl stampfen und mindestens 1 Stunde ziehen lassen. Den Apfel waschen, in Viertel schneiden und das Kerngehäuse entfernen. Die Apfelstücke in Stifte schneiden und unter den Kohl mischen.

Das Vollkorntoastbrot in fingerbreite Streifen schneiden, in einer beschichteten Pfanne, mit wenig Sonnenblumenöl eingefettet, goldbraun rösten und zur Seite stellen. In der gleichen Pfanne die Walnusskerne mit 1 EL Ahornsirup karamellisieren und herausnehmen. Den restlichen Sirup über die Toastbrotstreifen träufeln. Die Entenbrust von allem Fett befreien, waschen, trockentupfen, mit Salz und Pfeffer würzen.

In einer Pfanne das restliche Sonnenblumenöl heiß werden lassen und die Entenbrust darin von beiden Seiten jeweils ca. 8 Minuten braten. 5 Minuten ruhen lassen, damit sich der Saft sammelt, dann die Entenbrust in Scheiben schneiden. Die Salatblätter putzen, waschen und auf einen Teller legen. Den Rotkohlsalat darauf anrichten, mit den Walnüssen bestreuen, die Entenbruststreifen darauf legen und die Toaststreifen dazu servieren.

Kohlrabi-Rohkostsalat

Für 4 Personen
Pro Portion: 169 kcal, 5 g Fett, 26 % Fettkalorien, 24 g KH
Zubereitungszeit: ca. 15 Minuten

600 g Kohlrabi
1 Bund Basilikum
1 Knoblauchzehe
4 EL Jogurt-Salat-Creme
2 EL Pinienkerne
4 Scheiben Bauernbrot

Die Kohlrabi putzen, waschen, schälen und in dünne Scheiben schneiden. Das Basilikum waschen, Blättchen von den Stielen zupfen und klein schneiden. Die Knoblauchzehe schälen, in kleine Würfel schneiden und mit der Jogurt-Salat-Creme verrühren. Die Salatzutaten damit mischen. Die Pinienkerne in einer Pfanne ohne Fett rösten und den Salat damit garniert servieren. Servieren Sie dazu das frische Bauernbrot.

Auberginendip »Speciale«

Für 6 Personen
Pro Portion: 180 kcal, 6 g Fett, 30 % Fettkalorien, 39 g KH
Zubereitungszeit: ca. 50 Minuten

2 Auberginen (ca. 450 g)
4 EL gehackte Petersilie
2 Knoblauchzehen
2 EL Zitronensaft
½ Zitrone
2 EL Olivenöl
Salz, Pfeffer
12 Scheiben getoastetes Weißbrot

Die Auberginen waschen. Den Backofen auf 200°C vorheizen. Die Auberginen auf ein Backblech legen und etwa 40 Minuten backen, bis sie weich sind. Aus dem Ofen nehmen und stehen lassen, bis sie völlig erkaltet sind. Die Stiele entfernen (benutzen Sie ein Tuch oder Handschuhe, damit die kleinen Stacheln nicht in Ihre Haut eindringen – es kann außerordentlich schwierig sein, sie wieder herauszuziehen). Knoblauchzehen schälen und zerdrücken. Die Auberginen im Mixer oder in der Küchenmaschine mit Zitronensaft, Öl, Petersilie und Knoblauch pürieren (oder die Auberginen von Hand fein hacken, dann zerdrücken und mit den anderen Zutaten vermischen). Mit Salz und Pfeffer abschmecken. Die halbe Zitrone in Scheiben schneiden. Den Dip auf sechs Tellern, mit Petersilie und Zitronenscheiben garniert servieren und das frisch getoastete Weißbrot dazureichen.

Exotischer Endiviensalat

Für 4 Personen
Pro Portion: 132 kcal, 4 g Fett, 27 % Fettkalorien, 21 g KH
Zubereitungszeit: ca. 15 Minuten

½ Kopf Endiviensalat
1 Dose Aprikosen (425 ml)
6 EL Kaffeesahne (4 % Fett)
2 EL weißer Balsamessig
Salz, weißer Pfeffer
Chilipulver
2 EL Kokosflocken

Den Salat waschen und in feine Streifen schneiden. Die Aprikosen abtropfen lassen, 3 EL Saft und 3 Aprikosenhälften zur Seite stellen. Die restlichen Aprikosen mit den 3 EL Saft, der Kaffeesahne und dem Essig pürieren, mit Salz, Pfeffer und wenig Chili würzen und abschmecken. Die Kokosflocken in einer Pfanne ohne Fett rösten, mit dem Salatdressing zum Endiviensalat geben und mischen. Die übrigen Aprikosenhälften in Spalten schneiden und den Salat damit garnieren.

Fränkischer Kartoffelsalat

Für 4 Personen
Pro Portion: 249 kcal, 8 g Fett, 29 % Fettkalorien, 34 g KH
Zubereitungszeit: ca. 40 Minuten

2 Zwiebeln
1 Stange Lauch
2 rote Paprikaschoten
750 g Salatkartoffeln
2 EL Sonnenblumenöl
1 Würfel Klare Suppe
2 EL Essig
1 Ei
4 Gewürzgurken
1 Bund Schnittlauch

Die Zwiebeln schälen und in Ringe schneiden. Den Lauch putzen, waschen und ebenfalls in Ringe schneiden. Die Paprikaschote waschen, Kerne und weiße Innenhäute entfernen und das Fruchtfleisch in Streifen schneiden. Die Kartoffeln waschen, schälen, in Würfel schneiden. In einem Topf Sonnenblumenöl heiß werden lassen und die Kartoffeln darin unter Rühren andünsten. Das Gemüse zugeben und mitdünsten. 125 ml Wasser zugießen, zum Kochen bringen und den Brühwürfel darin auflösen. Zugedeckt 20 Minuten kochen und das Gemüse anschließend in eine Schüssel geben. Den Essig unterrühren und das Ganze abkühlen lassen. Das Ei hart kochen, pellen, in Würfel schneiden. Die Gewürzgurken in Scheiben schneiden. Den Schnittlauch waschen, in Röllchen schneiden. Alles unter den Salat mischen und lauwarm auf Tellern anrichten.

Kartoffelsalat mit Kümmel

Für 4 Personen
Pro Portion: 237 kcal, 4 g Fett, 15 % Fettkalorien, 39 g KH
Zubereitungszeit: ca. 30 Minuten

1 kg fest kochende Kartoffeln
1 TL Salz
½ TL Kümmel
3 Stangen Staudensellerie
¼ Salatgurke
300 ml Gemüsebrühe
4 EL Weißweinessig
1 Zwiebel
1 EL Butter
1 EL Mayonnaise
Salz, Pfeffer
2 EL gehackte Petersilie

Die Kartoffeln waschen und in einem Topf mit Salzwasser und Kümmel gar kochen. Dann die Kartoffeln pellen, in Scheiben schneiden und abdecken, so dass sie heiß bleiben. Den Staudensellerie und die Salatgurke in dünne Scheiben schneiden. Die Brühe erhitzen, mit dem Essig mischen, über die Kartoffelscheiben gießen und vorsichtig umrühren, bis die Flüssigkeit gebunden ist. Zwiebel schälen, in kleine Würfel schneiden und in der heißen Butter andünsten. Mit Staudensellerie, Gurkenscheiben und Mayonnaise zu den Kartoffeln geben. Mit Salz und Pfeffer würzen, abschmecken und alles gut mischen. Mit Petersilie garniert servieren.

Krautsalat mit Möhren

Für 4 Personen
Pro Portion: 73 kcal, 1 g Fett, 12 % Fettkalorien, 13 g KH
Zubereitungszeit: ca. 10 Minuten ohne Kühlzeit

500 g Weißkohl
150 g Möhren
1 Zwiebel
150 g Jogurt (1,5 % Fett)
1 EL Zitronensaft
2 TL gehackte frische Kräuter
Salz, Pfeffer

Gemüse waschen und putzen. Den Kohl in dünne Streifen schneiden, die Möhren raspeln, die Zwiebel in Ringe schneiden und alles in einer großen Schüssel mischen. Den Jogurt mit Zitronensaft, Kräutern, Salz und Pfeffer verrühren, unter den Salat heben, mit der Petersilie bestreuen und bis zum Servieren kalt stellen.

Nudelsalat mit Putenbrust

Für 4 Personen
Pro Portion: 428 kcal, 2 g Fett, 4 % Fettkalorien, 83 g KH
Zubereitungszeit: ca. 30 Minuten
Ziehzeit: ca. 1 Stunde

250 g Nudeln
1 Salatgurke
1 Dose Mais (150 g)
150 g gegarte Putenbrust
Salz, Pfeffer
1 Glas italienische Nudelsoße (385 ml)
1 Stängel Basilikum

Die Nudeln nach Anweisung auf der Packung zubereiten, abschrecken und abtropfen lassen. Die Salatgurke schälen und in Würfel schneiden. Den Mais abtropfen lassen. Die Putenbrust in Streifen schneiden. Die Nudeln mit dem Mais, den Gurkenwürfeln, den Putenbruststreifen und der Nudelsoße mischen und 1 Stunde durchziehen lassen. Den Salat mit Basilikum garniert servieren.

Reissalat mit Entenbrust und Mangospalten

Für 4 Personen
Pro Portion: 386 kcal, 5 g Fett, 12 % Fettkalorien, 72 g KH
Zubereitungszeit: ca. 50 Minuten

150 g Naturreis
500 g Entenbrust
1 Bund Lauchzwiebeln
1 Stange Staudensellerie
1 TL abgeriebene Orangenschale
Salz, Pfeffer
1 Eiweiß
1 Ei
1 TL Dijon-Senf
1 EL Mango Chutney
½ EL Sojasoße
1 EL Obstessig
250 g Jogurt (1,5 % Fett)
3 Mangos

Den Reis nach Packungsanleitung kochen. Die Entenbrust zuerst mit der Haut nach unten in eine sehr heiße Pfanne legen und von jeder Seite etwa 10 Minuten braten. Abkühlen lassen, die Haut entfernen und das Fleisch in Würfel schneiden. Die Lauchzwiebeln putzen und in 2–3 cm lange Stücke schneiden, den Sellerie waschen und hacken und mit der Orangenschale und dem Reis in einer großen Schüssel mischen. Mit Salz und Pfeffer abschmecken. Für die Soße Eiweiß, Ei, Senf, Mango Chutney, Sojasoße und Essig kräftig verschlagen, nach und nach den Jogurt unterrühren. Die Mangos schälen und in Spalten schneiden. Den Salat mit den Mangospalten garnieren und die Soße dazu servieren.

Ungarischer Nudelsalat

Für 4 Personen
Pro Portion: 496 kcal, 6 g Fett, 11 % Fettkalorien, 85 g KH
Zubereitungszeit: ca. 30 Minuten

400 g Spiralnudeln
3 Paprikaschoten
2 Zwiebeln
3 Knoblauchzehen
1 Chilischote
200 g Schweinefilet
1 EL Pflanzenöl
3 EL Ketchup
4 EL Magerquark
Zitronensaft
Salz, Pfeffer

Die Nudeln in Salzwasser bissfest garen. Die Paprika waschen, entkernen und in Streifen schneiden. Die Zwiebeln schälen und in Streifen schneiden. Den Knoblauch schälen und würfeln. Die Chili waschen, entkernen und in feine Ringe schneiden. Das Fleisch in sehr dünne Scheiben schneiden. Das Öl erhitzen, Zwiebeln, Knoblauch, Chili und Fleisch zugeben und 5 Minuten unter Rühren dünsten. Paprika und Ketchup unterheben und einige Minuten mitbraten. Die Pfanne vom Herd nehmen und etwas abkühlen lassen. Den Quark unterheben. Dann den Zitronensaft zugeben und mit Salz und Pfeffer abschmecken. Die warmen Nudeln unterheben und einige Minuten ruhen lassen.

Zwiebacksalat für heiße Tage

Für 4 Personen
Pro Portion: 202,3 kcal, 5 g Fett, 22,3 % Fettkalorien, 27,5 g KH
Zubereitungszeit: ca. 15 Minuten
Marinierzeit: ca. 1 Stunde

125 g Markenzwieback von Brandt
je 1 rote, grüne und gelbe Paprikaschote
100 g Lauchzwiebeln
600 g Tomaten
1 Bund Petersilie
Salz, Pfeffer
4 EL Rotweinessig
1 EL Olivenöl
5 EL Gemüsebrühe
2 EL Kapern

Den Zwieback grob würfeln. Die Paprikaschoten halbieren, entkernen und abwaschen, die Lauchzwiebeln putzen und in feine Ringe schneiden, die Tomaten waschen, den Stielansatz entfernen und das Fruchtfleisch zusammen mit den Paprikaschoten fein würfeln. Das Gemüse mit der gehackten Petersilie vermengen und mit Salz, Pfeffer, Essig, Öl, Gemüsebrühe und den Kapern würzen und abschmecken. 1 Stunde vor dem Servieren den Zwieback zugeben und alles gut miteinander vermengen. Auf grünen Salatblättern anrichten.

Broccoli-Salat mit Ananas

Für 4 Personen
Pro Portion: 97 kcal, 1 g Fett, 9 % Fettkalorien, 15 g KH
Zubereitungszeit ca. 30 Minuten

600 g Broccoliröschen
5 Scheiben Ananas (aus der Dose)
100 g Magerquark
100 g Jogurt (1,5 % Fett)
2 EL Ketchup
2 EL Senf
Salz, Pfeffer, Zucker
1 EL Zitronensaft
2 EL gehackter Schnittlauch

Broccoliröschen in Salzwasser bissfest garen. Abschütten und den Garfond auffangen. Broccoli mit kaltem Wasser abschrecken. Ananas in Stücke schneiden. Quark, Jogurt, 50 ml des Garfond, Ketchup, Senf und Zitronensaft verrühren. Abschmecken und den Broccoli, die Ananas und den Schnittlauch unterheben. Vor dem Servieren 10 Minuten ziehen lassen.

TIPP: Dazu empfehlen wir Grahambrot.

Fleischgerichte

Bunter Hirtentopf mit Schweinefleisch

Von Frank Will
Für 4 Personen
Pro Portion: 522 kcal, 9,5 g Fett, 16,5 % Fettkalorien, 48 g KH
Zubereitungszeit: ca. 2 Stunden

600 g Schweineschnitzel aus der Oberschale
300 g Zwiebelringe
1 Dose Pilze (280 g)
1 Dose weiße Bohnen (280 g)
1 Dose Erbsen (280 g)
1 Glas Tomatenpaprika (280 g)
½ Flasche Zigeunersoße (200 ml)
150 g saure Sahne (10 % Fett)
100 ml Kaffeesahne (4 % Fett)
Gyrosgewürz

Fleisch in Würfel schneiden und in einen Bräter geben. Zwiebelringe darüber verteilen. Pilze, Bohnen, Erbsen und Tomatenpaprika gut abtropfen lassen und in Schichten darüber verteilen. Zigeunersoße mit saurer Sahne und Kaffeesahne verrühren und über dem Gemüse verteilen. Gyrosgewürz darüber streuen und 1 Stunde und 40 Minuten bei 200°C zugedeckt und 15 Minuten offen im Backofen garen.

Altenburger Braten

Für 4 Personen
Pro Portion: 574 kcal, 17 g Fett, 27 % Fettkalorien, 49 g KH
Zubereitungszeit: ca. 2 Stunden 30 Minuten

1 TL Basilikum
1 TL Thymian
1 TL Bohnenkraut
1 TL Salz
800 g Ochsenfleisch
1 EL Sonnenblumenöl
1 große Zwiebel
½ Zitrone
250 ml Rotwein
1 TL Meerrettich
8 Kartoffelklöße (Fertigpackung)

Die Kräuter mit dem Salz mischen, das Fleisch gründlich damit einreiben und über Nacht abgedeckt kühl stellen. Am nächsten Tag die Zwiebel in Ringe schneiden, in einem Schmortopf im heißen Öl glasig braten. Zitronen in Scheiben schneiden und auf die Zwiebelringe legen, das Fleisch darauf setzen. 3–4 EL Rotwein angießen, den Topf schließen und in den vorgeheizten Backofen schieben. Das Fleisch bei 200°C in etwa 2 Stunden langsam gar schmoren. Dabei öfter wenden und bei Bedarf Rotwein nachgießen. Wenn das Fleisch gar ist, den Braten herausnehmen, die Soße durch ein Sieb in einen Topf gießen. Restlichen Rotwein und Meerrettich zugeben, 10 Minuten kochen lassen und mit Zucker abschmecken. Das Fleisch in Scheiben schneiden und mit den nach Packungsanleitung gekochten Klößen und der Soße servieren.

Backes-Kartoffeln mit Schweineschnitzel und Kasseler

Für 4 Personen
Pro Portion: 570 kcal, 10 g Fett, 16 % Fettkalorien, 34 g KH
Zubereitungszeit: ca. 1 Stunde 50 Minuten
Marinierzeit: ca. 24 Stunden

500 g mageres Schweineschnitzel
500 g mageres Kasseler
500 g Zwiebeln
Salz, Pfeffer
geriebene Muskatnuss
1 Bund Petersilie
2 Knoblauchzehen
250 ml Weißwein
1 TL Sonnenblumenöl
500 g Kartoffeln
250 ml Kaffeesahne (4 % Fett)
100 g gekochter Schinken ohne Fettrand

Fleisch in Würfel, Zwiebeln in Ringe schneiden. Knoblauch durchpressen, Petersilie klein hacken, mit etwas Salz, Pfeffer und Muskat unter das Fleisch mengen. Alles mit Wein übergießen, abdecken und im Kühlschrank etwa 24 Stunden marinieren. Eine Auflaufform mit etwas Öl ausreiben. Kartoffeln schälen und in dünne Scheiben schneiden. Den Boden mit der Hälfte der Kartoffelscheiben bedecken, das Fleisch einfüllen, die restlichen Kartoffeln darüber schichten. Marinade mit Kaffeesahne verrühren und darüber gießen. Schinken würfeln und darauf geben. Mit Salz und Pfeffer würzen und 45 Minuten mit Deckel oder Alufolie abgedeckt und weitere 45 Minuten ohne Abdeckung im Backofen bei 200°C garen.

Boeuf à la niçoise

Für 4 Personen
Pro Portion: 389,7 kcal, 10,5 g Fett, 24,2 % Fettkalorien, 6,8 g KH
Zubereitungszeit: ca. 1 Stunde 20 Minuten

3 Zwiebeln
100 g roher Schinken ohne Fettrand
1 kg mageres Rindfleisch (Muskelfleisch ohne Fett)
Salz, Pfeffer
125 ml Weißwein
½ Würfel Klare Suppe
2 Knoblauchzehen
2 Tomaten
50 g schwarze Oliven
3 EL Soßenbinder für dunkle Soßen

Die Zwiebeln schälen und in Ringe schneiden. Den Schinken in ca. 2 cm lange, dünne Streifen schneiden und in einer beschichteten Pfanne ohne Fett braten. Die Zwiebelringe zugeben, kurz mitdünsten, beides aus der Pfanne nehmen und beiseite stellen. Das Rindfleisch waschen, trockentupfen und in große Würfel schneiden. Mit Salz und Pfeffer würzen und in der heißen Pfanne von allen Seiten anbraten. Den Weißwein und 250 ml Wasser zugießen, zum Kochen bringen und die Fleischsuppe darin auflösen. Die Knoblauchzehen schälen, durchpressen und zugeben. Alles ca. 1 Stunde bei geringer Hitze schmoren. Die Zwiebeln und den Schinken zufügen. Die Tomaten brühen, häuten, den Stielansatz entfernen, Tomaten in Viertel schneiden und die Kerne entfernen. Zusammen mit den Oliven zur Soße geben, heiß werden lassen, mit Salz und Pfeffer abschmecken und mit dem Soßenbinder binden.

TIPP: Servieren Sie dazu Bandnudeln oder Baguette.

Bunte Schaschlikspieße

Für 4 Personen
Pro Portion: 247 kcal, 6 g Fett, 22 % Fettkalorien, 13 g KH
Zubereitungszeit: ca. 15 Minuten

500 g Schweinefilet
3 Zwiebeln
2 Tomaten
2 Gewürzgurken
1 Maiskolben
2 grüne Paprikaschoten
4 Scheiben gekochter Schinken ohne Fettrand
1 EL Sonnenblumenöl

Fleisch in mundgerechte Stücke schneiden. Zwiebeln, Tomaten, Gewürzgurken und Maiskolben in nicht zu dünne Scheiben schneiden. Paprikaschoten in Stücke teilen. Schinken in breite Streifen schneiden. Alle Zutaten im bunten Wechsel auf 4 Spieße verteilen, salzen und pfeffern. Mit Öl bestreichen und auf dem heißen Rost unter ständigem Wenden etwa 3–5 Minuten grillen.

Tafelspitz mit Rotkraut und Salzkartoffeln

Von Susanne und Herbert Priller
Für 4 Personen
Pro Portion: 402,5 kcal, 4,5 g Fett, 10 % Fettkalorien, 38,5 g KH
Zubereitungszeit: ca. 1 Stunde 15 Minuten

1,5 l Klare Suppe
1 Bund Suppengrün
800 g mageres Rindfleisch (z. B. falsches Filet)
800 g Kartoffeln
Salz
1 Glas Rotkraut (720 ml)

Die Klare Suppe aufkochen. Das Suppengrün putzen, waschen, klein schneiden und mit dem Rindfleisch in der Suppe ca. 1 Stunde köcheln lassen. Die Kartoffeln waschen, schälen und in Salzwasser gar kochen. Das Rotkraut erhitzen. Das Fleisch in Scheiben schneiden und mit den Kartoffeln und dem Rotkraut servieren.

TIPP: In die Brühe kann man auch noch Suppennudeln kurz vor Garzeit-Ende zugeben – gibt noch eine tolle Vorspeise!

Fruchtiges Schweinefilet

Für 4 Personen
Pro Portion: 540 kcal, 11,5 g Fett, 19 % Fettkalorien, 30 g KH
Zubereitungszeit: ca. 40 Minuten

500 g Schweinefilet
1 Zwiebel
1 EL Olivenöl
Salz, Pfeffer
1 Dose Pfirsiche (480 g)
2 Bananen
200 ml Kaffeesahne (4 % Fett)
3 EL Ketchup
1 TL Curry
100 g geraspelter Edamer (30 % Fett i. Tr.)

Schweinefilet und Zwiebel in Streifen schneiden und im heißen Öl anbraten, mit Salz und Pfeffer würzen. Pfirsiche in Spalten und Bananen in Scheiben schneiden. Fleisch mit dem Obst mischen und in eine Auflaufform geben. Kaffeesahne, Ketchup und Curry verrühren und über das Fleisch geben. Den Käse darüber streuen und im vorgeheizten Backofen bei 200°C 25 Minuten garen.

TIPP: Als Beilage passt ein frischer Salat mit Baguette, Reis oder Nudeln.

Gefüllter Schweinebraten

Für 4 Personen
Pro Portion: 276 kcal, 5 g Fett, 16,5 % Fettkalorien, 12 g KH
Zubereitungszeit: ca. 1 Stunde 30 Minuten

1 kg magerer Schweinebraten, entbeintes Kotelettstück
10 Backpflaumen
Pfeffer, Salz
1 TL Sonnenblumenöl

Backofen auf 225°C vorheizen. Schweinebraten waschen, trockentupfen und am schmalen Ende, quer zur Faser eine Tasche einschneiden. Backpflaumen in die Tasche stecken, mit einer Rouladennadel verschließen und mit Salz und Pfeffer rundum würzen. Außen mit Sonnenblumenöl bestreichen und in eine feuerfeste Form oder einen Bräter legen. Im Backofen ca. 30 Minuten braten. Backofen auf 200°C zurückschalten und weitere 40 Minuten braten. Während des Bratvorgangs Wasser angießen und den Braten damit öfter begießen. Im ausgeschalteten Backofen 10 Minuten ruhen lassen. In Scheiben schneiden und anrichten.

Geschnetzeltes Schnitzelfleisch mit Spätzle

Für 4 Personen
Pro Portion: 679 kcal, 19 g Fett, 25 % Fettkalorien, 84,5 g KH
Zubereitungszeit: ca. 30 Minuten

400 g Schnitzelfleisch
2 Zwiebeln
400 g Champignons
2 EL Sonnenblumenöl
1 EL Mehl
3 EL Sojasoße
300 ml Kaffeesahne (4 % Fett)
50 ml Weißwein
400 g Spätzle
2 EL gehackte Petersilie

Fleisch in dünne Streifen schneiden und pfeffern. Zwiebeln in feine Würfel schneiden. Pilze vierteln. 1 EL Öl erhitzen, das Fleisch scharf anbraten, dann aus der Pfanne nehmen. In derselben Pfanne das restliche Öl erhitzen, Schalotten und Pilze zugeben und einige Minuten dünsten. Mehl darüber streuen, unter Rühren Sojasoße zufügen und kurz mitdünsten. Sahne und Wein angießen, aufkochen und einige Minuten köcheln. Spätzle nach Packungsanweisung garen. Fleisch in die Soße geben, aufkochen und abschmecken. Das Fleisch in der Soße mit den Spätzle servieren und mit gehackter Petersilie garnieren.

Gulasch

Für 4 Personen
Pro Portion: 327 kcal, 6 g Fett, 16 % Fettkalorien, 15,3 g KH
Zubereitungszeit: ca. 1 Stunde 40 Minuten

250 ml Rotwein
1 Beutel Fix für Gulasch
750 g mageres Rindergulasch
1 TL gehackte Kräuter
1 Dose weiße Bohnen (400 ml)
1 Dose geschälte Tomaten (850 ml)
2 EL Kaffeesahne (4 % Fett)
1 TL Paprikapulver, edelsüß

In einem Topf Rotwein mit 250 ml Wasser erwärmen. Fix für Gulasch einrühren und zum Kochen bringen. Gulasch mit Kräutern zugeben. Aufkochen und zugedeckt bei geringer Wärmezufuhr ca. 1½ Std. schmoren, gelegentlich umrühren. Bei Bedarf Wasser zufügen. Bohnen abtropfen lassen, zusammen mit den Tomaten zum Gulasch geben und heiß werden lassen. Kurz vor dem Servieren Sahne unterrühren und mit Paprikapulver würzen.

TIPP: Dazu empfehlen wir Spiralnudeln und Salat.

Filettopf mit Kartoffeln und Paprika

Für 4 Personen
Pro Portion: 453 kcal, 13 g Fett, 26 % Fettkalorien, 39,3 g KH
Zubereitungszeit: ca. 30 Minuten

600 g Schweinefilet
3 Knoblauchzehen
80 g getrocknete Tomaten
3 EL Sojasoße
2 EL Worcestersoße
3 Zweige Majoran
600 g grüne Paprikaschoten
600 g Kartoffeln
2 TL Olivenöl
100 ml Weißwein
500 ml Gemüsebrühe
2 EL Tomatenmark
150 g saure Sahne (10 % Fett)
1–2 TL Speisestärke
1 EL grüner gefriergetrockneter Pfeffer

Schweinefilet in große Würfel schneiden. Knoblauch abziehen und zerdrücken. Tomaten in kleine Stücke schneiden. Fleischwürfel, Tomaten, Sojasoße, Worcestersoße und Knoblauch vermischen. Majoranblättchen abstreifen. Paprikaschoten putzen und längs halbieren. Kartoffeln schälen und auf dem Gemüsehobel in dünne Scheiben hobeln. Paprika und Kartoffeln in einem großen Schmortopf in 1 TL Öl 5 Minuten andünsten. Restliches Öl und Fleisch in eine Pfanne bei mittlerer Hitze ganz kurz unter Rühren anbraten. Wein zugießen. Fleisch und Wein, Gemüsebrühe und Majoran zum Gemüse geben und alles 10 Minuten zugedeckt garen. Tomatenmark, saure Sahne und Speisestärke verrühren und vorsichtig unter das Gulasch rühren. Pfeffer im Mörser grob zerkleinern und darüber streuen.

Indonesisches Reisfleisch

Für 4 Personen
Pro Portion: 419 kcal, 6 g Fett, 12,5 % Fettkalorien, 58 g KH
Zubereitungszeit: ca. 30 Minuten

250 g Langkornreis
500 g Schweinefilet
Salz, Pfeffer
1 EL Olivenöl
4 Karotten
2 Stangen Lauch
2 EL Tomatenmark
4 EL Sojasoße
300 ml Gemüsebrühe
1 EL Essig
1 EL Zitronensaft
Cayennepfeffer
1 TL Zucker

Reis nach Packungsanweisung zubereiten. Inzwischen das Schweinefilet in Streifen schneiden, mit Salz und Pfeffer würzen und in einer Pfanne im heißen Öl anbraten. Herausnehmen, mit Folie abdecken und beiseite stellen. Karotten und Lauch in feine Streifen schneiden, in die Pfanne geben und unter Rühren leicht anrösten – wenn nötig, etwas Wasser dazugeben. Tomatenmark unterrühren, mit Pfeffer und Sojasoße würzen. Gemüsebrühe angießen und das Gemüse etwa 3 Minuten bissfest garen. Mit Essig, Zitronensaft, Cayennepfeffer, Salz und Zucker abschmecken, das Fleisch dazugeben, nochmal erhitzen und mit dem Reis anrichten.

Hasenkeule in Rotwein mit Apfelrotkohl

Für 4 Personen
Pro Portion: 439,5 kcal, 12 g Fett, 24,6 % Fettkalorien, 13,4 g KH
Zubereitungszeit: ca. 1 Stunde 30 Minuten
Marinierzeit: mindestens 12 Stunden

2 Hasenkeulen (600 g Fleischanteil)
3 EL Balsamessig
100 ml Rotwein
3 EL Honig
3 Wacholderbeeren
3 Pimentkörner
1 Zweig Thymian
Pfeffer
1 EL Öl
1 Rotkohl (ca. 1,2 kg)
4 Äpfel
3 Zwiebeln
3 Nelken
1 Lorbeerblatt
Salz
1 Bund Suppengrün
400 ml Wildfond
2 EL saure Sahne (10 % Fett)

Die Hasenkeulen abspülen und trockentupfen. 1 EL Essig, 50 ml Rotwein, 1 EL Honig, Wacholderbeeren, Piment, Thymian und Pfeffer mischen. Die Keulen darin am Vortag marinieren. Den Rotkohl putzen und hobeln. Die Äpfel halbieren, schälen und das Kerngehäuse entfernen, die Zwiebeln schälen, halbieren und fein würfeln. Die Zwiebelwürfel in 1 EL Öl anbraten. Den Kohl, die Äpfel, die Nelken, das Lorbeerblatt, den übrigen Honig und 1 TL Salz zugeben. Mit 200 ml Wasser etwa 45 Minuten zugedeckt bei geringer Hitze schmoren. Das Suppengemüse putzen, waschen und klein schneiden. Die Keulen von allen Seiten im restlichen Öl anbraten. Die halbierten Zwiebeln, das Suppengrün, die Marinade, den Fond und den restlichen Rotwein zugeben. Zugedeckt etwa 1 Stunde 15 Minuten bei geringer Hitze schmoren. Dann die Keulen herausnehmen und warm stellen. Den Fond durch ein Sieb streichen und etwas einkochen lassen. Die saure Sahne unter den Fond rühren und abschmecken. Den Rotkohl mit Balsamessig abschmecken.

TIPP: Die Hasenkeulen mit dem Apfelrotkohl anrichten und Gnocchi oder Klöße dazu servieren.

Kasseler »Hawaii« vom Blech

Für 8 Personen
Pro Portion: 309,8 kcal, 8,9 g Fett, 25,8 % Fettkalorien, 16 g KH
Zubereitungszeit: ca. 1 Stunde 30 Minuten
Marinierzeit: 4–5 Stunden

1,2 kg mageres Kasseler am Stück
200 g Zwiebeln
250 g Champignons
1 Bund Petersilie
200 g Kaffeesahne (4 % Fett)
weißer Pfeffer
250 g saure Sahne (10 % Fett)
1 Dose Ananas in Scheiben (500 g)
75 g grob geriebener Edamer (30 % Fett i. Tr.)
2 Tomaten
2 Lauchzwiebeln

Das Kasseler waschen, trockentupfen und in 8 Scheiben schneiden. Die Zwiebeln schälen und in Spalten schneiden. Die Pilze putzen und in Scheiben schneiden. Die Hälfte der Petersilie waschen, trockenschleudern und hacken. Fleisch nebeneinander in eine große Auflaufform oder auf ein Blech mit hohem Rand legen. Champignons und Zwiebeln darauf verteilen. Kaffeesahne und saure Sahne glatt rühren, Pfeffer und Petersilie unterrühren. Die Sahnesoße über das Fleisch gießen und mindestens 4–5 Stunden abgedeckt kühl stellen und ziehen lassen.

Den Backofen auf 200°C vorheizen und das Fleisch darin ca. 30 Minuten braten. Ananas abtropfen lassen und mit dem Käse auf dem Kasseler verteilen. Etwa weitere 15 Minuten bei gleicher Temperatur überbacken. Die Tomaten waschen und in Spalten schneiden. Die Lauchzwiebeln putzen, waschen, in Ringe schneiden und über das gegarte Fleisch streuen. Kasseler mit Tomatenspalten und restlicher Petersilie garniert servieren.

Kasseler in Zwiebel-Senf-Soße

Für 4 Personen
Pro Portion: 354 kcal, 7 g Fett, 18 % Fettkalorien, 37 g KH
Zubereitungszeit: ca. 1 Stunde 10 Minuten

500 g mageres Kasseler am Stück
1 EL Sonnenblumenöl
1 kg Kartoffeln
1 Doppelpackung Soße zu Schweinebraten
4 EL Silberzwiebeln
1½ EL süßer Senf

Kasseler in Sonnenblumenöl von allen Seiten anbraten. 500 ml Wasser zugießen und zugedeckt bei geringer Wärmezufuhr ca. 1 Stunde schmoren. Kartoffeln in Salzwasser kochen. Fleisch herausnehmen und warm stellen. Soße zu Schweinebraten einrühren, zum Kochen bringen und ca. 1 Minute kochen. Silberzwiebeln zufügen und heiß werden lassen, Senf unterrühren. Kasseler in Scheiben schneiden, Soße und Kartoffeln dazu servieren.

TIPP: Servieren Sie dazu Blumenkohl.

Kasseler pikant

Für 4 Personen
Pro Portion: 451 kcal, 15 g Fett, 29,9 % Fettkalorien, 9 g KH
Zubereitungszeit: 10 Minuten
Bratzeit: ca. 2 Stunden
Marinierzeit: ca. 4 Stunden

1 kg mageres Kasseler
1 kleine Dose Champignons (230 g)
200 ml Kaffeesahne (4 % Fett)
150 g saure Sahne (10 % Fett)
30 g Tomatenmark
Salz, Pfeffer
1 TL Thymian
100 g geriebener Käse (30 % Fett i. Tr.)

Kasseler in 1,5 cm dicke Scheiben schneiden. Die Scheiben dachziegelartig in eine Auflaufform legen. Champignons abtropfen lassen, auf dem Fleisch verteilen. Kaffeesahne, saure Sahne, Tomatenmark, wenig Salz, Pfeffer und Thymian verrühren und über Fleisch und Pilze gießen. Zugedeckt mindestens 4 Stunden im Kühlschrank marinieren lassen. Mit Käse bestreuen und offen im vorgeheizten Backofen bei 180°C ca. 2 Stunden garen.

TIPP: Dazu schmeckt Baguette oder Kartoffelpüree und Krautsalat.

Kasseler-Pfirsich-Pfanne

Für 4 Personen
Pro Portion: 284 kcal, 5 g Fett, 16 % Fettkalorien, 27 g KH
Zubereitungszeit: ca. 30 Minuten

500 g mageres Kasseler ohne Fettrand
1 Dose Pfirsiche (465 g)
500 g Lauch
2 Knoblauchzehen
1 EL Sonnenblumenöl
80 ml süße Chilisoße
200 ml Gemüsebrühe
1 EL Soßenbinder

Kasseler waschen, abtupfen und würfeln. Pfirsiche abtropfen lassen, die Abtropfflüssigkeit aufheben und die Pfirsiche in Würfel schneiden. Lauch putzen und waschen, in nicht zu schmale Ringe schneiden. Knoblauch abziehen und fein würfeln. Lauch und Knoblauch in einer beschichteten Pfanne im heißen Öl andünsten, Kasselerwürfel unter Rühren mitdünsten, bis das Fleisch etwas Farbe angenommen hat. Pfirsiche zugeben, ebenfalls Chilisoße und Brühe. Wenn man es nicht so scharf, sondern lieber fruchtig mag, auch einen Teil vom Pfirsichsaft angießen. Den Soßenbinder einrühren und noch ein paar Minuten garen lassen.

TIPP: Dazu passt Kartoffelpüree, Reis, aber auch knuspriges Baguette.

Nudeln mit Fleischbällchen

Für 4 Personen
Pro Portion: 674 kcal, 20,8 g Fett, 27,6 % Fettkalorien, 82,3 g KH
Zubereitungszeit: ca. 40 Minuten

2 Zwiebeln
2 EL Öl
1 Dose Tomaten (800 g)
1 EL gehackte Petersilie
Salz, Pfeffer
400 g Rinder-Hackfleisch
1 TL Oregano
400 g Nudeln (Krauselli)
100 g Champignons

Zwiebeln abziehen und fein würfeln. Die Hälfte in 1 EL heißem Öl andünsten, Tomaten mit Flüssigkeit und Petersilie zufügen und mit Salz und Pfeffer würzen. Ca. 10 Minuten ohne Deckel bei geringer Hitze köcheln lassen. Hackfleisch, restliche Zwiebeln und Oregano verkneten und ca. 12 kleine Bällchen daraus formen. Im restlichen Öl ca. 8 Minuten von allen Seiten braun braten. Nudeln in gesalzenem Wasser bissfest garen. Champignons und Fleischbällchen zur Soße geben und abschmecken. Mit den abgetropften Nudeln anrichten.

Lammgulasch

Für 4 Personen
Pro Portion: 442 kcal, 14,2 g Fett, 28,9 % Fettkalorien, 44,5 g KH
Zubereitungszeit: ca. 1 Stunde 30 Minuten

500 g mageres Lammfleisch
100 g Backpflaumen
1 Gemüsezwiebel (150 g)
20 g Ingwer
2 EL Öl
Salz, Pfeffer
1 TL gemahlener Koriander
1,25 l Gemüsebrühe
600 g Möhren
600 g Kartoffeln
1 Bund glatte Petersilie

Das Lammfleisch in mundgerechte Würfel schneiden. Die Backpflaumen klein schneiden, die Zwiebel und den Ingwer schälen und fein würfeln. Das Öl in einer beschichteten Pfanne erhitzen und das Fleisch portionsweise darin anbraten. Die Zwiebelwürfel und den Ingwer zum Schluss kurz mitbraten. Mit Salz, Pfeffer und Koriander würzen, mit der Gemüsebrühe ablöschen und abgedeckt ca. 40 Minuten bei geringer Hitze köcheln lassen. Die Möhren und die Kartoffeln schälen, in Stücke schneiden und zum Fleisch in die Pfanne geben. Noch ca. 20 Minuten weitergaren. Die Petersilie hacken und vor dem Servieren über das Lammgulasch streuen.

Lamm-Bolognese mit Spiralnudeln

Für 4 Personen
Pro Portion: 583 kcal, 11 g Fett, 17,1 % Fettkalorien, 79,8 g KH
Zubereitungszeit: ca. 30 Minuten

2 Zwiebeln
2 EL Olivenöl
500 g Gehacktes vom Lamm
Salz, Pfeffer
1 Päckchen TK-Suppengrün (50 g)
125 ml Gemüsebrühe
1 Dose Tomaten (400 g)
½ TL Oregano
400 g Spiralnudeln
½ Bund Petersilie

Zwiebeln abziehen und würfeln. Im heißen Öl glasig dünsten. Lammhack zufügen, unter Rühren krümelig anbraten. Mit Salz und Pfeffer würzen. Suppengrün, Gemüsebrühe, Tomaten mit Flüssigkeit und Oregano zufügen, aufkochen und ohne Deckel ca. 15 Minuten köcheln lassen. Spiralnudeln nach Packungsanweisung in gesalzenem Wasser bissfest kochen. Petersilie waschen, trockentupfen und fein hacken. Zur Soße geben und abschmecken. Mit den abgetropften Nudeln anrichten.

Schweinefilet mit Bandnudeln

Für 4 Personen
Pro Portion: 607 kcal, 15,5 g Fett, 23,1 % Fettkalorien, 77,8 g KH
Zubereitungszeit: ca. 35 Minuten

1 Bund Suppengemüse (ca. 300 g)
1 Zwiebel
400 g Schweinefilet
Salz, Pfeffer
4 EL Öl
1 Dose geschälte Tomaten (800 g)
2 Gewürznelken
1 TL Thymian
400 g Bandnudeln

Suppengemüse waschen, putzen und fein würfeln. Zwiebel schälen und hacken. Schweinefilet waschen, trockentupfen und würzen. In 2 EL heißem Öl rundherum anbraten, bei geringer Hitze ca. 10 Minuten fertig braten. Herausnehmen und ca. 5 Minuten ruhen lassen. In der Zwischenzeit Soße zubereiten. Dazu Zwiebel- und Gemüsewürfel im restlichen Öl ca. 5 Minuten andünsten. Tomaten mit Flüssigkeit zugeben, dabei etwas zerkleinern. Mit Nelken, Thymian, Salz und Pfeffer würzen. Gemüsesoße ca. 15 Minuten köcheln lassen. Bandnudeln nach Packungsanweisung bissfest kochen. Filet in Scheiben schneiden, zur Soße geben. Alles anrichten.

Schmortopf mit Lammfleisch

Für 4 Personen
Pro Portion: 426 kcal, 13 g Fett, 27 % Fettkalorien, 40 g KH
Zubereitungszeit: ca. 1 Stunde

600 g Muskellammfleisch ohne Fett
1 Bund Suppengrün
2 Zwiebeln
2 EL Pflanzenöl
1 EL Rosmarin
½ TL Kreuzkümmel
je 1 EL Senf und Tomatenmark
Salz, Pfeffer
400 ml Gemüsebrühe
800 g Kartoffeln
3 TL Soßenbinder

Fleisch in Würfel schneiden. Suppengrün und Zwiebeln würfeln. Öl in einem Bräter erhitzen. Fleisch von allen Seiten scharf anbraten und anschließend aus der Pfanne nehmen. Rosmarin, Kreuzkümmel, Senf und Tomatenmark in den Bräter geben und kurz dünsten. Gemüse und Zwiebeln zugeben und einige Minuten mitdünsten. Fleisch zugeben, salzen, pfeffern, mit der Brühe auffüllen und aufkochen. Im vorgeheizten Backofen abgedeckt bei 180°C ca. 45 Minuten schmoren. Gut gewaschene Kartoffeln mit Schale in Salzwasser garen. Dann das Wasser abschütten und die Kartoffeln pellen. Den Bratenfond mit Soßenbinder binden.

Schmortöpfchen vom Schwein

Für 4 Personen
Pro Portion: 378 kcal, 6 g Fett, 14 % Fettkalorien, 40 g KH
Zubereitungszeit: ca. 1 Stunde 20 Minuten

600 g mageres Schweinefleisch ohne Knochen
Salz, Pfeffer
1 EL Sonnenblumenöl
250 ml Fleischbrühe
1 kg Kartoffeln
500 g kleine Tomaten
2 EL Kümmel

Fleisch mit Salz und Pfeffer würzen und im heißen Öl in einem Schmortopf rundum gut anbraten. Etwas Brühe angießen und unter mehrmaligem Wenden ca. 45 Minuten schmoren lassen. Kartoffeln schälen und vierteln, Tomaten halbieren, evtl. vierteln. Beides zum Fleisch geben, mit Kümmel bestreuen und mit der restlichen Brühe aufgießen. Zugedeckt weitere 30 Minuten schmoren lassen.

Rheinischer Sauerbraten

Für 4 Personen
Pro Portion: 250 kcal, 6,5 g Fett, 23,5 % Fettkalorien, 5,5 g KH
Zubereitungszeit: ca. 2 Stunden 30 Minuten

600 g magerer eingelegter Sauerbraten
Salz, Pfeffer
1 EL Mehl
1 TL Öl
3 Zwiebeln
evtl. etwas Rotwein
50 g brauner Lebkuchen
1 EL Rübensirup
2 EL Rosinen

Das Fleisch aus der Marinade nehmen, abtrocknen, mit Salz und Pfeffer einreiben und mit Mehl bestäuben. Marinade durch ein Sieb abgießen und auffangen. Öl in einer beschichteten Pfanne erhitzen und das Fleisch ringsherum gut anbraten. Zwiebeln würfeln und mitbraten. Marinade angießen, wenn nötig mit Wasser oder Wein auffüllen und zugedeckt ca. 2 Stunden bei mittlerer Hitze schmoren. Braten herausnehmen und warm halten. Den Bratenfond mit etwas Wasser loskochen. Lebkuchen fein zerkrümeln und mit dem Sirup verrühren. Soße aufkochen und etwa 10 Minuten bei kleiner Hitze eindicken lassen, anschließend durchsieben. Rosinen in die Soße geben, nochmals 5 Minuten köcheln lassen. Sauerbraten in Scheiben schneiden und mit der Soße servieren.

TIPP: Dazu empfehlen wir Kartoffelklöße und Rotkohl.

Schweinefiletmedaillons mit Spinathaube

Für 4 Personen
Pro Portion: 497 kcal, 10 g Fett, 18 % Fettkalorien, 58 g KH
Zubereitungszeit: ca. 40 Minuten

1 EL ÖL
8 Schweinefiletmedaillons à 60 g
3 Schalotten
450 g TK-Blattspinat in kleinen Portionswürfeln
50 ml Gemüsebrühe
Salz, Pfeffer
1 Prise Muskat
300 g Bandnudeln
40 g Gorgonzola

Öl erhitzen. Fleisch pfeffern und von beiden Seiten 2 Minuten anbraten. Herausnehmen und beiseite stellen. Schalotten schälen und fein würfeln. Schalotten, Spinat und Brühe in die Pfanne geben. Abgedeckt 6 Minuten köcheln lassen und abschmecken. Nudeln in Salzwasser bissfest garen, abschütten und in eine Auflaufform geben. Spinat auf den Medaillons verteilen, dann darüber den Gorgonzola geben. Medaillons auf die Nudeln geben. Im vorgeheizten Backofen bei 180°C ca. 10 Minuten überbacken.

Schweineschnitzel Bacchus

Für 4 Personen
Pro Portion: 302 kcal, 8,5 g Fett, 25 % Fettkalorien, <1 g KH
Zubereitungszeit: ca. 25 Minuten

2 Scheiben gekochter Schinken ohne Fettrand
4 dünne, magere Schweineschnitzel à 150 g
1 EL Senf
12 Salbeiblätter
6 Liebstöckelblätter
1 TL Butter
1 EL Sonnenblumenöl
125 ml Weißwein
etwas Balsamessig
Salz, Pfeffer

Schinken in Streifen schneiden. Schnitzel von einer Seite mit Senf bestreichen. Zwei Schnitzel mit Schinkenstreifen belegen und die Salbei- und halbierten Liebstöckelblätter darauf verteilen. Die anderen beiden Schnitzel mit der Senfseite darauf legen und mit Zahnstochern zusammenstecken. Butter in einer Pfanne erhitzen und das Öl hinzufügen. Schnitzel hineingeben und von beiden Seiten braun braten. Herausnehmen, mit Alufolie abdecken und warm stellen. Bratensatz mit dem Wein ablöschen und etwas einkochen lassen. Mit Essig, Salz und Pfeffer würzen. Schnitzel von den Zahnstochern befreien, halbieren und noch einmal kurz in der Soße erhitzen.

TIPP: Dazu empfehlen wir Salzkartoffeln oder kleine Pellkartoffeln und Salat.

Schweineschnitzel mit Gemüsewildreis

Für 4 Personen
Pro Portion: 449 kcal, 9 g Fett, 18 % Fettkalorien, 34 g KH
Zubereitungszeit: ca. 25 Minuten

300 g Wildreismischung
1 Möhre
100 g Broccoliröschen
Salz
4 magere Schweineschnitzel à 150 g
2 EL Sonnenblumenöl
Pfeffer aus der Mühle
1 Zwiebel
1 EL Tomatenmark
250 ml Rotwein
1 TL Speisestärke
12 küchenfertige Garnelenschwänze

Die Wildreismischung nach Packungsanleitung kochen. Die Möhre schälen, in kleine Würfel schneiden und mit den Broccoliröschen in kochendem Salzwasser 5 Minuten blanchieren. Abgießen, sofort eiskalt abschrecken und unter den Reis mischen. Die Schnitzel in einer beschichteten Pfanne in 1 EL heißem Öl von beiden Seiten 3–4 Minuten kräftig anbraten. Salzen und pfeffern, dann herausnehmen und warm stellen. Die Zwiebel abziehen, fein würfeln und im restlichen Bratfett bräunen lassen. Das Tomatenmark unterrühren und mit Wein aufgießen. Die Speisestärke mit etwas Wasser anrühren, die Soße leicht binden und abschmecken. Die Garnelen im restlichen Öl rundherum 3 Minuten braten, auf die Schnitzel legen, mit dem Reis und der Soße servieren.

Überbackene Schweineschnitzel

Für 4 Personen
Pro Portion: 648 kcal, 15 g Fett, 21 % Fettkalorien, 71 g KH
Zubereitungszeit: ca. 25 Minuten

4 Schweineschnitzel aus der Oberschale à 150 g
1 Knoblauchzehe
Salz, Pfeffer
1 TL Oregano
½ TL getrockneter Salbei
1 EL Olivenöl
120 g Mozzarella
4 Tomaten
4 Scheiben Parmaschinken ohne Fettrand
½ Topf Basilikum
500 g Ciabatta

Die Schnitzel kalt abspülen, trockentupfen und mit dem Handballen leicht flach klopfen. Die Knoblauchzehe schälen und halbieren, das Fleisch damit kräftig einreiben. Die Schnitzel mit Salz, Pfeffer, Oregano und Salbei bestreuen und kräftig einmassieren. Die Schnitzel in einer beschichteten Pfanne im heißen Öl von einer Seite 4 Minuten, von der anderen 2 Minuten braten. Das Fleisch mit der kürzer gebratenen Seite nach oben in eine feuerfeste Form legen. Den Mozzarella und die Tomaten in dünne Scheiben schneiden. Auf jedes Schnitzel je 1 Scheibe Schinken und 2 Scheiben Mozzarella legen und die Tomatenscheiben darauf verteilen. Salz, Pfeffer und Basilikumblättchen darüberstreuen und im 200°C heißen Ofen überbacken, bis der Käse zerläuft. Das Ciabatta mit in den Ofen schieben, knusprig aufbacken, in Scheiben schneiden und zum überbackenen Schweineschnitzel servieren.

Geflügelgerichte

Süß-saure Pfanne

Von Susanne und Herbert Priller
Für 4 Personen
Pro Portion: 387,5 kcal, 3,5 g Fett, 8 % Fettkalorien, 40,3 g KH
Zubereitungszeit: ca. 15 Minuten

4 Putenschnitzel à 200 g
1 TL Öl
2 Gläser China Fixgericht süß-sauer, z. B. von Uncle Ben's

Die Putenschnitzel in feine Streifen schneiden. Das Öl in einer beschichteten Pfanne erhitzen und die Fleischstreifen darin von allen Seiten anbraten. China Fixgericht dazugeben und erhitzen.

TIPP: Dazu empfehlen wir Basmati-Reis.

Babypute à l'orange

Für 6 Personen
Pro Portion: 667 kcal, 20 g Fett, 27 % Fettkalorien, 64,8 g KH
Zubereitungszeit: ca. 3 Stunden

300 g Reis	*150 g saure Sahne (10 % Fett)*
1 EL Curry	*20 g Mandelblättchen*
Salz	*1 Babypute (ca. 1,8 kg)*
2 Orangen	*3 EL Salz*
2 Eier	*1 Doppelpackung Soße zu Geflügel*

Reis mit Curry in reichlich Salzwasser nach Packungsanleitung garen. Orangen mit einem Messer schälen, dabei die weiße Haut entfernen und die Fruchtfilets aus den Trennhäuten schneiden, Saft dabei auffangen. Eier mit der sauren Sahne schaumig rühren und mit den Mandelblättchen unter den Reis mischen. Die Hälfte der Orangenfilets unterheben. Babypute innen und außen mit Salz einreiben. Mit der Reisfüllung füllen, zunähen, Keulen und Flügel festbinden. In einen Bräter geben und zugedeckt im vorgeheizten Backofen bei 180°C ca. 30 Minuten braten. Eine Tasse Wasser zugießen und 30 Minuten zugedeckt weitergaren.

Dann den Deckel abnehmen und weitere 45 Minuten offen braten, dabei öfter mit Bratflüssigkeit begießen. Pute herausnehmen, ca. 10 Minuten warm gestellt ruhen lassen. Bratenflüssigkeit gegebenenfalls mit etwas Wasser ablösen, durch ein Sieb gießen und mit Wasser auf knapp 400 ml ergänzen. Zum Kochen bringen, Soßenpulver einrühren, unter Rühren aufkochen. Übrige Orangenfilets und aufgefangenen Saft zugeben und in der Soße heiß werden lassen. Pute tranchieren und mit Füllung und Soße auf Tellern anrichten und servieren.

Putengyros

Von Susanne und Herbert Priller
Für 4 Personen
Pro Portion: 287 kcal, 6,5 g Fett, 20,4 % Fettkalorien, 5,5 g KH
Zubereitungszeit: ca. 20 Minuten
Marinierzeit: ca. 1 Stunde

5 Putenschnitzel à 150 g
5 EL Kikkoman Teriyaki-Marinade
1 Beutel »Fix für Gyros«

Die Putenschnitzel in feine Streifen schneiden und mit der Teriyaki-Marinade und dem »Fix für Gyros« mindestens 1 Stunde marinieren. In einer beschichteten Pfanne im heißen Öl ca. 15 Minuten braten.

TIPP: Dazu gibt's Fladenbrot und Gurkensalat.

Sehr lecker dazu schmeckt auch nochTsatsiki (siehe Seite 222).

Tsatsiki

Für 4 Personen
Pro Portion: 37,8 kcal, 0,3 g Fett, 7,1 % Fettkalorien, 1,8 g KH
Zubereitungszeit: ca. 10 Minuten
Kühlzeit: ca. 30 Minuten

¼ Salatgurke
150 g Magerquark
100 g Jogurt (1,5 % Fett)
1 EL weißer Essig
1–2 Zehen Knoblauch
Salz, Pfeffer
gehackter Dill (frisch oder getrocknet)

Die Gurke waschen, evtl. schälen und raspeln. Quark, Jogurt, Essig und Gurke verrühren, den Knoblauch dazupressen und mit Salz, Pfeffer und Dill abschmecken. Tsatsiki etwa 30 Minuten abgedeckt im Kühlschrank durchziehen lassen.

Curry-Geschnetzeltes mit Kürbis

Für 4 Personen
Pro Portion: 214 kcal, 6,5 g Fett, 27 % Fettkalorien, 10 g KH
Zubereitungszeit: ca. 30 Minuten

1 Stange Lauch
500 g gelber Kürbis
400 g Putenbrust
1 EL Öl
2 EL Curry
300 ml Gemüsebrühe
Salz
Zitronensaft
100 g saure Sahne (10 % Fett)
2 TL Speisestärke
etwas gehackte Petersilie

Lauch putzen, waschen und in 1 cm dicke Ringe schneiden. Geschälten Kürbis in Würfel, Fleisch quer zur Faser in Streifen schneiden. Fleisch in Öl rasch anbraten und aus der Pfanne nehmen. Im Bratrückstand Lauch und Kürbis anschwitzen, Curry unterrühren, mit Brühe aufgießen und mit Salz und Zitronensaft würzen. Zudecken und bissfest dünsten (ca. 10 Minuten). Saure Sahne mit Stärke verquirlen, zum Gemüse gießen und aufkochen, bis die Soße bindet. Fleisch wieder dazugeben und erwärmen. Mit Salz und Pfeffer abschmecken und mit gehackter Petersilie bestreuen.

Curry-Pute mit Mango

Von Frank Will
Für 4 Personen
Pro Portion: 415 kcal, 7,8 g Fett, 16,9 % Fettkalorien, 17,5 g KH
Zubereitungszeit: ca. 30 Minuten

4–5 Lauchzwiebeln
1 reife Mango
750 g Putenbrust
2 rote Chilischoten
1 Glas Mango-Chutney (250 g)
Salz
2 TL Sesamöl
2 EL Schmand
150 g Jogurt (1,5 % Fett)
1–2 TL mildes Curry
weißer Pfeffer
2 große Möhren
2 EL Orangensaft

Lauchzwiebeln putzen. Zwei Lauchzwiebeln fein hacken, die restlichen in etwa 12 cm lange Stücke schneiden. Mango schälen. Fünf schöne große Scheiben abschneiden, den Rest vom Stein schneiden und fein hacken. Abgedeckt beiseite stellen. Putenbrust in 5 Scheiben teilen und der Länge nach je eine 4 cm tiefe Tasche schneiden. Chilischoten entkernen und fein hacken. 2–3 EL Chutney und die gehackten Chilischoten glatt rühren. Putenschnitzel außen und innen salzen. Die Tasche mit Chutney bestreichen und mit den Lauchzwiebelstücken und den Mangoscheiben füllen. Putenschnitzel zusammenklappen und mit Holzspießchen feststecken. Die Schnitzel dünn mit 1 TL Öl bestreichen und in einen Bratbeutel geben. 2 EL Wasser oder Brühe zugeben und Bratbeutel nach Anweisung verschließen und einstechen. Auf den kalten Rost des Backofens legen. In den auf 200°C vorgeheizten Backofen schieben und 10–12 Minuten garen. Gehackte Lauchzwiebeln, Schmand, Jogurt, restliches Chutney und Curry verrühren und mit Salz und Pfeffer abschmecken. Möhren schälen und fein hobeln. Möhren, restliche Mango, Orangensaft und restliches Öl vermischen und mit Salz abschmecken. Schnitzel aus dem Bratbeutel nehmen, mit Bratsaft beträufeln und zusammen mit Curry-Jogurt und Möhrensalat anrichten.

TIPP: Dazu empfehlen wir Reis.

Exotisches Putengulasch

Für 4 Personen
Pro Portion: 324,5 kcal, 9 g Fett, 24,8 % Fettkalorien, 17,5 KH
Zubereitungszeit: ca. 1 Stunde

½ Dose Pfirsiche (230 g)
600 g mageres Putengulasch
1 EL Sonnenblumenöl
250 ml Weißwein
100 ml Kaffeesahne (4 % Fett)
1 TL Curry
Salz, Pfeffer
evtl. 1 EL Speisestärke

Pfirsiche abtropfen lassen, den Saft auffangen. Pfirsiche in Würfel schneiden. Fleisch in einer beschichteten Pfanne im Öl rundum anbraten, mit 125 ml Pfirsichsaft und dem Wein ablöschen und etwa 45 Minuten köcheln lassen. Pfirsiche und Kaffeesahne zufügen, mit Curry, Salz und Pfeffer abschmecken und ggf. mit Speisestärke andicken.

Entenkeule im eigenen Saft gegart

Für 4 Personen
Pro Portion: 707,5 kcal, 23,5 g Fett, 29,9 % Fettkalorien, 77,5 g KH
Zubereitungszeit: ca. 2 Stunden 10 Minuten

4 Entenkeulen
Salz, Pfeffer
2 Zwiebeln
2 Knoblauchzehen
200 g Möhren
200 g Lauch
1 Lorbeerblatt
Entenfond oder Soßenbinder nach Bedarf
500 g Baguette

Entenkeulen vom überflüssigen Fett befreien. Mit Salz und Pfeffer einreiben. Gemüse putzen. Zwiebel und Knoblauch in Spalten, Möhren und Lauch in Stücke schneiden. Keulen mit dem vorbereiteten Gemüse und dem Lorbeerblatt in einen Bräter legen, 250 ml heißes Wasser zufügen. Den Bräter dicht mit fester Alufolie abdecken und ca. 1 Stunde und 30 Minuten im vorgeheizten Backofen bei 180°C garen. Entenkeulen herausnehmen, etwas abkühlen lassen. Die Soße entfetten (das Fett mit einer Schöpfkelle vorsichtig abnehmen), das Lorbeerblatt herausnehmen und das Gemüse pürieren. Bei Bedarf noch etwas Wasser zugießen und mit Entenfond oder Soßenbinder binden und abschmecken. Die Keulen auf dem mit Backpapier ausgelegten Rost nochmal 10–15 Minuten in den 220°C heißen Ofen stellen, damit sie schön knusprig werden. Das Baguette zum Aufbacken dazulegen. Die Entenkeulen mit der Soße und dem aufgeschnittenen Baguette servieren.

TIPP: Zu den Entenkeulen passt auch Kartoffelpüree.

Geflügel-Gratin mit Staudensellerie und Champignons

Für 4 Personen
Pro Portion: 270 kcal, 5 g Fett, 17 % Fettkalorien, 3 g KH
Zubereitungszeit: ca. 40 Minuten

4 Hähnchenbrustfilets ohne Haut à 150 g
300 g Staudensellerie
2 Zwiebeln
200 g kleine Champignons
2 EL Rapsöl
1 Knoblauchzehe
3 EL Zitronensaft
250 ml Hühnerbrühe
50 ml Kaffeesahne (4 % Fett)
Salz, Pfeffer
1 Bund Petersilie
50 g Brie

Hähnchenbrustfilets in mundgerechte Würfel schneiden. Die Stangen des Staudenselleries einzeln ablösen, putzen, waschen und in ca. 4 cm lange Stücke schneiden. Zwiebeln schälen und fein hacken. Champignons putzen, halbieren, evtl. vierteln. Zwiebeln im heißen Öl glasig dünsten, Hähnchenfleisch dazugeben und rundum anbraten. Sellerie und Pilze zufügen und unter Rühren mitbraten. Knoblauch dazupressen und Zitronensaft, Brühe und Kaffeesahne zugeben. 5 Minuten köcheln lassen und mit Salz und Pfeffer abschmecken. Petersilie waschen, trockenschleudern, die Blätter hacken und unterrühren. Alles in eine leicht gefettete Auflaufform geben. Den Brie in sehr dünne Scheiben schneiden und auf dem Auflauf verteilen. Im vorgeheizten Backofen bei 180°C etwa 15 Minuten gratinieren, bis der Käse leicht gebräunt ist.

Gänsebrust mit Aprikosen

Für 4 Personen
Pro Portion: 396 kcal, 12 g Fett, 27,2 % Fettkalorien, 17 g KH
Zubereitungszeit: ca. 1 Stunde 30 Minuten

100 g getrocknete Aprikosen
1 Gänsebrust (ca. 700 g)
2 Zweige Thymian
Pfeffer, Salz
1 TL Sonnenblumenöl
300 ml Fleischbrühe
250 ml Weißwein
1 EL Soßenbinder
1 EL Kaffeesahne (4 % Fett)

Aprikosen etwa 1 Stunde einweichen. Haut, Fett und den Knochen der Gänsebrust ablösen. Gänsebrust mit Pfeffer und Salz einreiben. Öl in einer beschichteten Pfanne heiß werden lassen und das Fleisch von beiden Seiten anbraten. Brühe und Wein zugeben, die Thymianzweige auf die Gänsebrust legen und abgedeckt bei kleiner Hitze etwa 1 Stunde schmoren lassen. Die Aprikosen klein schneiden, zum Fleisch geben und etwa 10 Minuten weiterschmoren. Das Fleisch herausnehmen, in Alufolie wickeln und warm halten. Die Soße evtl. noch entfetten (das Fett mit einer Schöpfkelle vorsichtig abnehmen). Mit Soßenbinder binden, mit Salz und Pfeffer abschmecken und die Kaffeesahne unterrühren. Das Fleisch in Scheiben schneiden und die Soße dazu servieren.

TIPP: Dazu empfehlen wir Kartoffelklöße oder Gnocchi.

Glasierte Hähnchenbrust

Für 12 Stück
Pro Portion: 102,8 kcal, 1,6 g Fett, 14 % Fettkalorien, 4 g KH
Zubereitungszeit: ca. 40 Minuten

6 Hähnchenbrustfilets à 150 g
1 EL Sonnenblumenöl
Salz, Pfeffer
4 EL Aprikosenkonfitüre
1–2 TL Paprika edelsüß
einige Salatblätter zum Garnieren

Die Hähnchenbrustfilets waschen und trockentupfen. Die Sehnen und das Fett entfernen und die Filets quer halbieren. Mit dem Öl bestreichen und mit Salz und Pfeffer würzen. Das Backblech mit Backpapier auslegen, das Fleisch nebeneinander darauf legen. Im vorgeheizten Backofen bei 200°C ca. 30 Minuten braten. Die Konfitüre erwärmen, durch ein Sieb streichen und mit dem Paprikagewürz verrühren. Die Hähnchenteile 5 Minuten vor Ende der Bratzeit damit bestreichen. Die Salatblätter waschen und die Hähnchenteile darauf anrichten.

TIPP: Die glasierte Hähnchenbrust schmeckt warm oder kalt.

Gänsebrust mit Ananaskraut

Für 4 Personen
Pro Portion: 267 kcal, 8 g Fett, 27 % Fettkalorien, 12 g KH
Zubereitungszeit: ca. 1 Stunde 30 Minuten

1 Gänsebrust (ca. 700 g)
Salz und Pfeffer
300 ml Hühnerbrühe
Soßenbinder
1 EL Kaffeesahne (4 % Fett)
1 kleine Dose Ananasstücke
1 Dose Sauerkraut (770 g)
Thymian
5 Wacholderbeeren
1 Lorbeerblatt

Haut, Fett und Knochen der Gänsebrust ablösen. Gänsebrust abspülen, trockentupfen, mit Salz und Pfeffer einreiben und in einer beschichteten Pfanne ohne Fett von beiden Seiten anbraten. (Eventuell auch den Knochen mit anbraten.) Die Hälfte der Brühe zugeben und die Brust abgedeckt bei kleiner Hitze etwa 1 Stunde schmoren lassen. Das Fleisch herausnehmen, in Alufolie wickeln und warm halten. Die Soße entfetten (das Fett mit einer Schöpfkelle vorsichtig abnehmen). Mit Soßenbinder binden, mit Salz und Pfeffer abschmecken und die Kaffeesahne unterrühren. Inzwischen Ananasstücke abtropfen lassen und den Saft auffangen. Sauerkraut zerpflücken, mit den Gewürzzutaten, der restlichen Geflügelbrühe und der Hälfte vom Ananassaft in einen Topf geben und etwa 20 Minuten schmoren. Ananasstücke unter das Kraut heben und abschmecken. Das Fleisch in Scheiben schneiden, mit der Soße und dem Ananaskraut servieren.

TIPP: Dazu schmecken Salzkartoffeln oder Schupfnudeln.

Gratinierte Putenschnitzel mit Tomaten und Mozzarella

Für 4 Personen
Pro Portion: 584 kcal, 11 g Fett, 17 % Fettkalorien, 70,5 g KH
Zubereitungszeit: ca. 30 Minuten

4 Putenschnitzel à 150 g
Salz, Pfeffer
1 EL Olivenöl
1 Mozzarella (125 g)
1 Pck. stückige Tomaten mit Kräutern (400 g)
1 EL gehackte Basilikumblättchen
500 g Ciabatta

Den Backofen auf 250°C vorheizen. Die Putenschnitzel mit Salz und Pfeffer würzen und im heißen Öl in einer beschichteten Pfanne von jeder Seite 3–4 Minuten braten. Nebeneinander in eine feuerfeste Form legen. Den Mozzarella in 8 Scheiben schneiden. Je zwei Mozzarellascheiben auf jedes Schnitzel geben, die Tomatenwürfel darauf verteilen, salzen, pfeffern und 3–5 Minuten überbacken. Die Basilikumblättchen über das Fleisch streuen und mit dem Ciabatta servieren.

Hähnchen-Curryfleisch

Für 4 Personen
Pro Portion: 237,2 kcal, 4,7 g Fett, 17,8 % Fettkalorien, 11,5 g KH
Zubereitungszeit: ca. 20 Minuten

600 g Hähnchenbrustfilet
Salz, Pfeffer
3 Scheiben Ananas (aus der Dose)
1 Apfel
1 Zwiebel
1 EL Sonnenblumenöl
1 EL Curry
2 EL flüssiger Würzfond Huhn
1–2 EL Soßenbinder, dunkel
2 EL Kaffeesahne (4 % Fett)

Das Hähnchenbrustfilet waschen, trockentupfen, in Würfel schneiden, salzen und pfeffern. Die Ananasscheiben in Stücke schneiden. Den Apfel waschen, halbieren, das Kerngehäuse entfernen und das Fruchtfleisch in Würfel schneiden. Die Zwiebel schälen und fein würfeln. In einer Pfanne das Öl heiß werden lassen. Das Fleisch, die Zwiebel, die Ananas- und Apfelwürfel darin anbraten. Den Curry zufügen und kurz mitbraten. 250 ml Wasser und den Würzfond zugießen, den Soßenbinder einrühren, unter Rühren aufkochen und bei geringer Wärmezufuhr 3 Minuten kochen. Dabei gelegentlich umrühren. Mit Salz und Pfeffer würzen und mit der Kaffeesahne abschmecken.

Hähnchenpfanne mit Pilzen

Für 2 Personen
Pro Portion: 350 kcal, 8,6 g Fett, 22,1 % Fettkalorien, 11,6 g KH
Zubereitungszeit: ca. 20 Minuten

1 Zwiebel
200 g Champignons
1 EL Sonnenblumenöl
250 g Hähnchenbrustfilet
200 ml Weißwein
100 ml Kaffeesahne (4 % Fett)
1 TL Soßenbinder
2 EL flüssiger Würzfond Huhn
Salz, Pfeffer
2 EL gehackte Petersilie

Zwiebel schälen und fein würfeln, Champignons putzen und in dünne Scheiben schneiden. Das Öl in einer beschichteten Pfanne erhitzen und die Zwiebelwürfel bei milder Hitze andünsten. Hähnchenbrust in Streifen schneiden, dazugeben, unter Wenden kurz anbraten, herausnehmen und beiseite stellen. Pilze in die Pfanne geben und braten, bis das Wasser verdunstet ist. Mit Weißwein ablöschen und Kaffeesahne unterrühren. Hähnchenstreifen wieder zufügen, erhitzen und mit Soßenbinder andicken. Mit Würzfond, Salz und Pfeffer würzen, abschmecken und mit Petersilie bestreuen.

Hähnchenbrust mit Pilzen und Nudeln

Für 4 Personen
Pro Portion: ca. 515 kcal, 4,1 g Fett, 7,2 % Fett, 89 g KH
Zubereitungszeit: 40 Minuten
Marinierzeit: ca. 2 Stunden

Für die Marinade:
80 ml Weißwein
1 TL Zitronensaft
1 TL Basilikum
½ TL Oregano
½ TL Knoblauchpulver
¼ TL Salz
weißer Pfeffer

Für das Filet:
4 Hähnchenbrustfilet (je 120 g)
1 kleine Zwiebel
5 Knoblauchzehen
1 EL Olivenöl
75 g frische Champignons
75 g frische Pfifferlinge
Mehl zum Bestäuben
½ TL Thymian
Salz, Pfeffer
200 g Aprikosen (aus der Dose)
340 ml Kaffeesahne (4 % Fett)
120 ml Hühnerbrühe
350 g Nudeln, eifrei
2 EL gehackte Petersilie

Die Zutaten für die Marinade in eine feuerfeste Form geben und vermengen. Die Hähnchenbrustfilets hineingeben und ca. 2 Stunden marinieren. Backofen auf 180°C vorheizen. Die Hähnchenbrustfilets zusammen mit der Marinade im Ofen 15–20 Minuten garen, bis beim Einstechen mit dem Messer klarer Saft aus den Filets kommt. Das Fleisch aus der Garflüssigkeit nehmen, erkalten lassen und in feine Streifen schneiden. Die Garflüssigkeit aufbewahren. Zwiebel und Knoblauch schälen und fein würfeln. Öl in einer Pfanne erhitzen, Zwiebel und Knoblauch darin andünsten. Pilze säubern, klein schneiden und in die Pfanne geben. Mit Mehl bestäuben und kurz anschwitzen. Zurückbehaltene Garflüssigkeit in die Pfanne geben. Mit Thymian, Salz und Pfeffer würzen. Die Aprikosen abtropfen lassen, in Streifen schneiden und mit in die Pfanne geben. Kaffeesahne hinzufügen, umrühren und heiß werden lassen. Hühnerbrühe und Hähnchenbrustfiletstreifen dazugeben und abschmecken. Nudeln nach Packungsanleitung »al dente« garen. Fleisch und Soße über die Nudeln geben und mit Petersilie bestreut servieren.

Nudelpfanne

Von Andrea Groskopf
Für 3 Personen
Pro Portion: 595,7 kcal, 12,7 g Fett, 19,2 % Fettkalorien, 68 g KH
Zubereitungszeit: ca. 30 Minuten

250 g Nudeln, eifrei
400 g geräucherte Putenbrust
4–5 Zwiebeln
4–5 Tomaten
150 g Champignons
1 TL Olivenöl
Salz, Pfeffer
80 g Emmentaler Reibekäse (45 % Fett i. Tr.)

Die Nudeln nach Packungsanleitung kochen. Die Putenbrust in kleine Würfel schneiden. Die Zwiebeln schälen und fein hacken. Die Tomaten kreuzweise einschneiden, überbrühen, häuten, entkernen und würfeln. Die Champignons putzen und klein schneiden. In einer großen, beschichteten Pfanne (mit Deckel) das Öl erhitzen und die klein geschnittenen Zwiebeln darin anbraten. Die Champignons und die Putenbrustwürfel hinzufügen und mitbraten. Die Tomatenwürfel untermischen, mit Salz und Pfeffer würzen. Die abgegossenen, nur wenig abgetropften Nudeln zugeben und unter häufigem Wenden noch einmal erhitzen. Den Käse darüber streuen, den Topf mit dem Deckel schließen, bis der Käse zerlaufen ist und sofort servieren.

Marinierte Hähnchenbrust mit Minze

Für 2 Personen
Pro Portion: 207,5 kcal, 4,5 g Fett, 19,5 % Fettkalorien, 4,5 g KH
Zubereitungszeit: ca. 30 Minuten
Marinierzeit: mindestens 4 Stunden

2 Hähnchenbrustfilets à 150 g
1–2 Zweige frische Minze
Saft einer Limette
½ TL gemahlener Kreuzkümmel
¼ TL gemahlener Koriander
1 Msp. Kurkumapulver
125 ml Hühnerbrühe
1 TL Sonnenblumenöl
½ TL Speisestärke

Die Hähnchenbrustfilets mit kaltem Wasser abspülen, trockentupfen und in ca. 2 cm große Würfel schneiden. Die Minze waschen, trockenschütteln und fein hacken. Den Limettensaft mit der Minze, den Gewürzen und der Hühnerbrühe verrühren. Die Hähnchenwürfel untermischen und im Kühlschrank mindestens 4 Stunden oder über Nacht marinieren. Die Hähnchenfleischwürfel aus der Marinade nehmen und gut abtropfen lassen. Das Öl in einer beschichteten Pfanne erhitzen, das Fleisch darin unter gelegentlichem Rühren bei mittlerer Hitze etwa 12 Minuten leicht braten. Die Marinade angießen und aufkochen. Die Speisestärke mit etwas kaltem Wasser anrühren, zum Binden unter die kochende Soße rühren. Mit Salz und Pfeffer würzen und abschmecken.

TIPP: Dazu schmeckt Basmati-Reis oder Fladenbrot.

Putenpfanne

Für 4 Personen
Pro Portion: 327 kcal, 7,5 g Fett, 20,4 % Fettkalorien, 25 g KH
Zubereitungszeit: ca. 20 Minuten

400 g kleine neue Kartoffeln
Salz
4 Putenbrustschnitzel à 125 g
400 g Schalotten
4 Knoblauchzehen
2 EL Olivenöl
400 ml Gemüsebrühe
4 EL Sherryessig
6 EL trockener Sherry
4 EL fein gehackter Estragon
Cayennepfeffer
Zucker
3 EL saure Sahne (10 % Fett)
Estragon für die Dekoration

Kartoffeln waschen, längs halbieren und mit Schale in Salzwasser ca. 15 Minuten kochen. Inzwischen Putenbrust waschen, trockentupfen und in mundgerechte Stücke schneiden. Schalotten schälen und längs halbieren. Knoblauch schälen und in Scheiben schneiden. Öl in einer Pfanne erhitzen. Fleisch, Schalotten und Knoblauch darin unter Rühren 5–6 Minuten braten. Brühe, Essig und Sherry angießen und den Estragon unterrühren. Alles bei mittlerer Hitze 8–10 Minuten garen. Mit Salz, Cayennepfeffer und Zucker abschmecken. Kartoffeln abgießen. Putenpfanne vom Herd nehmen, saure Sahne unterrühren. Mit den Kartoffeln anrichten, mit Estragonblättchen bestreuen.

Putenrouladen asiatisch

Für 2 Personen
Pro Portion: 296,5 kcal, 9,5 g Fett, 28,8 % Fettkalorien, 13,5 g KH
Zubereitungszeit: ca. 50 Minuten

1 TL Honig
3 EL Sojasoße
2 dünne Scheiben Putenbrust à 125 g
1 Knoblauchzehe
2 Stangen Lauch
2 TL Öl
1 EL grob gehackte Erdnüsse
Pfeffer
1 TL Speisestärke
150 ml Hühnerbrühe

Den Honig mit 2 EL Sojasoße verrühren und eine Seite der Putenbrust damit einstreichen. Die Knoblauchzehe pellen und zerdrücken. Den Lauch putzen, waschen und in feine Ringe schneiden. Beides in 1 TL Öl kurz andünsten, die Erdnüsse zugeben und mit der restlichen Sojasoße und dem Pfeffer abschmecken. Jeweils gut 1 EL Lauchgemüse auf dem Fleisch verteilen, aufrollen und mit Rouladennadeln fixieren. Die Rouladen mit der Speisestärke bestäuben, in einer beschichteten Pfanne das restliche Öl erhitzen und die Rouladen von allen Seiten anbraten. Mit der Brühe ablöschen und zugedeckt bei geringer Hitze etwa 30 Minuten schmoren lassen. Das übrige Gemüse kurz erhitzen und mit den Rouladen servieren.

Putenfiletspieße mit Paprika und Zucchini

Für 2 Personen
Pro Portion: 198,5 kcal, 4,5 g Fett, 20,4 % Fettkalorien, 10,5 g KH
Zubereitungszeit: ca. 25 Minuten

2 rote Paprikaschoten
2 Zucchini à 150 g
2 Zwiebeln
200 g Putenfilet
1 TL Öl
100 ml Hühnerbrühe

Die Paprikaschoten waschen, vierteln und Kerne und weiße Innenhäute entfernen. Zucchini putzen und waschen. Die Hälfte des Gemüses in Stücke schneiden, den Rest fein würfeln. Die Zwiebeln schälen und in Spalten schneiden. Das Putenfilet waschen, trockentupfen und in ca. 3 x 4 cm große Stücke schneiden. Das Fleisch, die Zwiebeln und die Gemüsestücke abwechselnd auf 4 Holzspieße stecken. Das Öl in einer beschichteten Pfanne erhitzen, die Spieße darin rundherum goldbraun braten. Das restliche Gemüse zufügen und mitdünsten. Alles mit Salz und Pfeffer würzen. Die Brühe angießen und zugedeckt 2–3 Minuten bei geringer Hitze köcheln lassen.

TIPP: Servieren Sie dazu Reis oder Baguette.

Putenkeule mit Honigkruste

Für 4 Personen
Pro Portion: 250 kcal, 7 g Fett, 25 % Fettkalorien, 5 g KH
Zubereitungszeit: ca. 1 Stunde 30 Minuten

1 Putenoberkeule ohne Haut (ca. 800 g)
4 EL Sojasoße
1 Zwiebel
2 Knoblauchzehen
Salz, Pfeffer
2 TL Honig
2 EL Tomatenmark

Fleisch mit 2 EL Sojasoße einreiben. Zwiebel schälen und in Ringe schneiden. Eine Knoblauchzehe schälen und in feine Scheiben schneiden, die andere Zehe durchpressen. Fleisch pfeffern, auf Bratfolie in einem Bräter rundherum anbraten. Zwiebelringe und Knoblauchscheiben zugeben, kurz mitrösten. Die Bratfolie entfernen und das Fleisch mit 125 ml Wasser ablöschen. Den Bräter im vorgeheizten Backofen bei 200°C etwa 1 Stunde und 10 Minuten braten. Inzwischen aus Honig, Tomatenmark, übriger Sojasoße und gepresstem Knoblauch eine Paste rühren. Nach 30 Minuten Bratzeit ein Drittel der Paste auf die Keule streichen. Nach weiteren 10 Minuten das nächste Drittel und wiederum nach 10 Minuten das letzte Drittel aufstreichen. Zwischendurch immer etwas Wasser angießen, insgesamt etwa 500 ml. Braten herausnehmen und 5 Minuten ruhen lassen. Bratenfond durch ein Sieb geben, abschmecken und evtl. mit etwas Soßenbinder andicken.

Putenkeule mit Preiselbeersoße

Für 4 Personen
Pro Portion: 619 kcal, 16 g Fett, 23 % Fettkalorien, 54 g KH
Zubereitungszeit: ca. 2 Stunden 30 Minuten
Marinierzeit: mindestens 3 Stunden

2 EL schwarzes Johannisbeergelee
1 EL scharfer Senf
1 EL Sojasoße
Salz, Pfeffer
1,2 kg Putenoberkeule
2 EL Öl
250 ml Weißwein oder Brühe
2 EL Soßenbinder
1–2 EL Preiselbeeren aus dem Glas
8 Kartoffelklöße aus dem Kochbeutel

Johannisbeergelee, Senf, Sojasoße, Salz und Pfeffer verrühren. Putenkeule von der Haut und überflüssigem Fett befreien, mit der Marinade von allen Seiten bestreichen und im Kühlschrank über Nacht, mindestens jedoch 3 Stunden marinieren. Marinade abtupfen und das Fleisch im heißen Öl von allen Seiten anbraten. Wein oder Brühe und restliche Marinade dazugießen und im vorgeheizten Backofen bei 200°C etwa 2 Stunden braten, dabei regelmäßig mit Bratfond begießen. Fleisch aus dem Bräter nehmen und warm stellen. Bratfond durchsieben, aufkochen und mit Soßenbinder andicken. Preiselbeeren unter die Soße rühren. Kartoffelklöße nach Packungsanweisung zubereiten und mit dem aufgeschnittenen Fleisch und der Preiselbeersoße servieren.

Putenkeule mit würziger Soße

Für 4 Personen
Pro Portion: 416 kcal, 7,3 g Fett, 15,6 % Fettkalorien, 42,7g KH
Zubereitungszeit: ca. 1 Stunde 30 Minuten

6 EL Honig
1 Flasche Ketchup (400 ml)
1 EL Paprika
2 TL Curry
Salz, Pfeffer
Majoran, Thymian, Rosmarin
Saft von 1 Zitrone
2 Knoblauchzehen
½ TL Tabasco
2 EL Weinessig
2 EL Cognac
1 Putenoberkeule (ca. 800 g)

Alle Soßenzutaten miteinander verrühren. Putenkeule entfetten, die Haut mehrmals mit einer Gabel einstechen, damit überschüssiges Fett austreten kann. Das Fleisch großzügig mit der Soße bestreichen, in einen Bräter legen und im vorgeheizten Backofen bei 200°C etwa 1 Stunde und 10 Minuten braten. Zwischendurch immer wieder etwas Wasser angießen. Putenkeule 5 Minuten ruhen lassen. Bratensatz entfetten (das Fett mit einer Schöpfkelle vorsichtig abnehmen), mit etwas Wasser und restlicher Soße aufkochen, würzen und abschmecken. Fleisch aufschneiden und mit der Soße servieren.

TIPP: Die Soße kann man noch mit etwas Kaffeesahne (4 % Fett) verfeinern. Dazu empfehlen wir Reis oder Nudeln.

Puten-Meerrettich-Geschnetzeltes

Für 4 Personen
Pro Portion: 457 kcal, 14 g Fett, 27,7 % Fettkalorien, 148 g KH
Zubereitungszeit: ca. 35 Minuten

600 g fest kochende Kartoffeln
Salz
1 Zwiebel (50 g)
100 g Frühlingszwiebeln
1 Bund Möhren (500 g)
2 EL Margarine
Pfeffer, Zucker
400 ml Gemüsebrühe
600 g Putengeschnetzeltes
100 ml Kaffeesahne (10% Fett)
2 EL heller Soßenbinder
3 EL Meerrettich (aus dem Glas)
½ Bund Schnittlauch
LOW FETT 30 Dauer Brat- und Backfolie

Kartoffeln schälen, längs vierteln und in kochendem Salzwasser garen, dann abgießen. Inzwischen die Zwiebel pellen und fein würfeln. Frühlingszwiebeln putzen und in schräge Ringe schneiden. Möhren schälen, längs halbieren und in 3 cm lange Stücke schneiden. Im Fett andünsten, mit Salz, Pfeffer und 1 Prise Zucker würzen, 100 ml Gemüsebrühe zugießen, aufkochen und zugedeckt bei milder Hitze 10–12 Minuten garen. Das Fleisch portionsweise in einer Pfanne auf der Bratfolie rundherum 2–3 Minuten scharf anbraten. Mit Salz und Pfeffer würzen und herausnehmen. Zwiebel im Bratsatz andünsten. Mit 300 ml Gemüsebrühe ablöschen, Folie herausnehmen, die Kaffeesahne zufügen und offen 5 Minuten kochen lassen. Fleisch, Frühlingszwiebeln, Soßenbinder und Meerrettich zugeben, einmal aufkochen, mit Salz, Pfeffer und 1 Prise Zucker würzen. Kartoffeln und in Röllchen geschnittenen Schnittlauch darunter mischen. Mit dem Geschnetzelten servieren.

Pute in Biersoße

Für 4 Personen
Pro Portion: 373 kcal, 9 g Fett, 22 % Fettkalorien, 19 g KH
Zubereitungszeit: ca. 1 Stunde 30 Minuten

750 g mageres Putenfleisch aus der Keule
2 Zwiebeln
2 Knoblauchzehen
150 g Möhren
1 Lauch
150 g Sellerieknolle
2 EL Sonnenblumenöl
Salz, Pfeffer
500 ml Bier
4 mittelgroße Kartoffeln
3 Zweige Thymian
1–2 EL Rotwein- oder Balsamessig

Von der Putenkeule die Haut entfernen und das Fleisch in Würfel schneiden. Zwiebeln und Knoblauch schälen und hacken. Möhren und Lauch putzen und in Scheiben schneiden, Sellerie putzen und würfeln. Öl erhitzen, das Fleisch darin rundum anbraten, Zwiebeln und Knoblauch zufügen und glasig dünsten. Gemüse zugeben, mit Salz und Pfeffer würzen. Das Bier zugießen und zugedeckt 1 Stunde köcheln lassen. Kartoffeln schälen, in kleine Würfel schneiden, mit dem Thymian zum Fleisch geben und etwa 30 Minuten weitergaren. Dann die Thymianzweige entfernen, das Fleisch mit Essig, Salz und Pfeffer würzen und abschmecken.

Putenrollbraten mit Backpflaumen auf mecklenburgische Art

Für 4 Personen
Pro Portion: 353 kcal, 7,2 g Fett, 18,4 % Fettkalorien, 20,8 g KH
Zubereitungszeit: ca. 1 Stunde 30 Minuten
Marinierzeit: ca. 1 Stunde

250 ml schwarzer Tee
1 TL Lebkuchengewürz
abgeriebene Schale von ¼ unbehandelter Zitrone
150 g Backpflaumen, entsteint
800 g magerer Putenrollbraten, ungewürzt
2 EL gehackte Petersilie
Salz, Pfeffer
1 EL Sonnenblumenöl
2 Pck. Bratensoße
3 EL Kaffeesahne (4 % Fett)
1 EL Butter
1 EL Apfelgelee

Den Tee mit dem Lebkuchengewürz verrühren. Die Zitronenschale und die Backpflaumen zugeben und ca. 1 Stunde ziehen lassen. Den Rollbraten entrollen, waschen und trockentupfen, die Petersilie auf dem Fleisch verteilen. 12 Backpflaumen abtropfen lassen und darauf legen, mit Salz und Pfeffer würzen. Den Braten aufrollen, mit Küchengarn festbinden und rundherum mit Salz und Pfeffer würzen. In einem Bräter das Sonnenblumenöl heiß werden lassen und den Braten darin rundherum anbraten. 500 ml Wasser zugießen, Bratensoße einrühren und zum Kochen bringen. Den Rollbraten zugedeckt im vorgeheizten Backofen bei 180°C ca. 1 Stunde garen. Den Braten herausnehmen und die Soße mit der Kaffeesahne verfeinern.

Die Butter zerlassen, mit dem Apfelgelee glatt rühren und den Braten damit bestreichen und unter dem Grill oder bei 250°C im Backofen glasieren. Die restlichen Pflaumen in kleine Würfel schneiden und in der Soße heiß werden lassen. Den Braten aufschneiden und mit der Soße servieren.

TIPP: Reichen Sie dazu Kartoffelpüree und Salat.

Putenragout mit Spätzle

Für 4 Personen
Pro Portion: 537 kcal, 9,7 g Fett, 16,2 % Fettkalorien, 79 g KH
Zubereitungszeit: ca. 25 Minuten

300 g Putenbrust
1 EL Öl
2 Knoblauchzehen
2 kleine Zwiebeln
400 g Zucchini
Zitronensaft
Salz
weißer Pfeffer
50 g Crème fraîche
400 g Spätzle

Putenbrust waschen, trockentupfen und in einer Pfanne in heißem Öl anbraten. Anschließend aus der Pfanne nehmen. Knoblauchzehen, Zwiebeln und Zucchini kleinschneiden und in der Pfanne kräftig anbraten. Fleisch wieder hinzugeben. Alles mit Zitronensaft, Salz und Pfeffer abschmecken. Crème fraîche unterrühren. Spätzle nach Anweisung kochen und abtropfen lassen. Ragout mit den Spätzle mischen und servieren.

Putenschnitzel à la provençale

Für 4 Personen
Pro Portion: 233 kcal, 5 g Fett, 20 % Fettkalorien, 20 g KH
Zubereitungszeit: ca. 30 Minuten

200 g Champignons
4 Tomaten
4 Putenschnitzel
Pfeffer, Salz
Kräuter der Provence
1 EL Sonnenblumenöl
125 ml trockener Weißwein
1 EL Crème fraîche
2 TL gehackte Petersilie
500 g Kartoffeln

Champignons putzen und in Scheiben schneiden. Tomaten brühen, häuten, den Stielansatz entfernen und Tomaten in Achtel schneiden. Putenschnitzel mit Pfeffer, Salz und Kräutern der Provence würzen. In einer Pfanne Sonnenblumenöl heiß werden lassen, Schnitzel darin von beiden Seiten braun braten und auf einer vorgewärmten Platte anrichten. Champignons und Tomaten in das Bratfett geben, evtl. etwas Wasser zufügen, kurz andünsten und mit Pfeffer, Salz und Kräutern der Provence würzen und abschmecken. Weißwein und Crème fraîche unterrühren und heiß werden lassen. In der Zwischenzeit die Kartoffeln pellen und in Salzwasser gar kochen. Petersilie über die Schnitzel streuen, das Gemüse auf den Putenschnitzeln anrichten und mit den Salzkartoffeln servieren.

Putenschnitzel mit Spargelsalat

Für 4 Personen
Pro Portion: 243 kcal, 7,5 g Fett, 28 % Fettkalorien, 4 g KH
Zubereitungszeit: ca. 30 Minuten

Salz
1 TL Zucker
1 TL Butter
600 g frischer Spargel
(oder 2 Gläser Stangenspargel à 580 ml)
½ Kopfsalat
2 Tomaten
1 Beutel Maggi Salat mit Pfiff »Gartenkräuter«
2 EL Sonnenblumenöl
4 EL Spargelwasser
4 Putenschnitzel à 150 g
Pfeffer, Paprikagewürz

Wasser mit Salz und Zucker zum Kochen bringen. Butter und Spargel zugeben und ca. 20 Minuten garen. Kopfsalat in mundgerechte Stücke zerpflücken. Tomaten in kleine Würfel schneiden. Salat mit Pfiff »Gartenkräuter«, Öl und Spargelwasser verrühren, Tomatenwürfel zufügen und unterrühren. Eine Platte mit Kopfsalatblättern auslegen, abgekühlten Spargel abtropfen lassen, in mundgerechte Stücke schneiden, darauf verteilen und die Soße darüber geben. Putenschnitzel mit Salz, Pfeffer und Paprika würzen und auf Bratfolie von beiden Seiten ohne Fett knusprig braun braten. Mit dem Spargelsalat servieren.

Putensteaks mit Ziegenkäse

Für 4 Personen
Pro Portion: 690 kcal, 18,5 g Fett, 24 % Fettkalorien, 73 g KH
Zubereitungszeit: ca. 30 Minuten

2 Zwiebeln
2 EL Olivenöl
1 Dose gewürfelte Tomaten (ca. 400 g)
1 EL Tomatenmark
1 Bund Petersilie
Salz, Pfeffer
Paprika, etwas Cayennepfeffer
½ Glas Rotwein, z. B. Chianti classico
4 Putensteaks à 150 g
2 kleine frische Ziegenkäse à 100 g
1 EL gehackte Rosmarinnadeln
500 g Ciabatta

Die Zwiebeln schälen, hacken und in 1 EL heißem Olivenöl glasig dünsten. Petersilie waschen und hacken. Die Tomaten und das Tomatenmark zugeben, mit Petersilie, Salz, Pfeffer, Paprika und Cayennepfeffer würzen. Etwa 8 Minuten köcheln lassen, dann den Rotwein angießen. Die Putensteaks mit Salz, Pfeffer und Paprika würzen und in einer beschichteten Pfanne in 1 EL heißem Öl auf jeder Seite 3 Minuten braten. Die Tomatensoße in eine Auflaufform geben, die Putensteaks nebeneinander hineinlegen. Jedes Käsestück einmal quer durchschneiden, auf die Steaks legen und mit den Rosmarinnadeln bestreuen. Im vorgeheizten Backofen bei 250°C leicht bräunen. Das Ciabatta in Scheiben schneiden und zu den Putensteaks servieren.

Schmorhühnchen mit Gemüse

Für 4 Personen
Pro Portion: 264 kcal, 6 g Fett, 20 % Fettkalorien, 10 g KH
Zubereitungszeit: ca. 30 Minuten

4 Hähnchenbrustfilets à 140 g
2 Zwiebeln
2 Zucchini
2 Paprikaschoten
250 g frische Champignons
1 EL Olivenöl
1 EL Senf
1 EL Tomatenmark
1 TL Estragon
1 TL Kerbel
50 ml Rotwein
200 ml Gemüsebrühe
Salz, Pfeffer
1 Prise Zucker

Fleisch in Streifen schneiden. Zwiebeln schälen, vierteln und in Streifen schneiden. Zucchini waschen, halbieren und in Scheiben schneiden. Paprika waschen, halbieren, entkernen und in Würfel schneiden. Pilze putzen, entstielen und halbieren. Das Öl erhitzen und die Zwiebeln darin glasig dünsten. Senf, Tomatenmark und Kräuter zugeben und kurz mitdünsten. Gemüse, Fleisch, Wein und Brühe zugeben. Aufkochen und abgedeckt 12 Minuten köcheln lassen. Abschmecken und servieren.

TIPP: Dazu empfehlen wir Reis.

Schnitzel-Pizza

Für 6 Personen
Pro Portion: 606,7 kcal, 15,1 g Fett, 22,3 % Fettkalorien, 28,5 g KH
Zubereitungszeit: ca. 30 Minuten
Backzeit: ca. 30 Minuten

3 Gemüsezwiebeln (1,2 kg)
1 TL Sonnenblumenöl
1 Stange Lauch
4 Fleischtomaten
1 Dose Champignons in Scheiben (850 ml)
½ Bund Petersilie
1 Bund Schnittlauch
6 Putenschnitzel à 150 g
Salz, Pfeffer
500 g Tatar
2 EL Magerquark
1 EL Tomatenmark
2 EL Semmelbrösel
2 EL flüssiger Würzfond Gemüse von Maggi
12 Scheiben Toast-Schmelzkäse (20 % Fett i. Tr.)
400 g Kaffeesahne (4 % Fett)
2 Pck. Pfeffersoße (für 250 ml Wasser)

Die Zwiebeln schälen und in Ringe schneiden. Ein Backblech mit hohem Rand leicht mit Öl einfetten und die Zwiebeln darauf verteilen. Den Lauch und die Tomaten putzen, waschen und in Scheiben schneiden. Die Pilze abtropfen lassen, die Kräuter waschen und trockenschütteln. Die Petersilie hacken, den Schnittlauch in Röllchen schneiden. Die Schnitzel waschen und trockentupfen, mit Salz und Pfeffer würzen, nebeneinander auf die Zwiebeln legen. Den Tatar mit dem Quark, dem Tomatenmark, den Semmelbröseln, dem Würzfond und dem Pfeffer vermengen, abschmecken und auf den Schnitzeln verteilen. Mit dem Lauch, den Tomaten, der Hälfte der Kräuter und den Pilzen bedecken. Den Käse darauf legen und im auf 250°C vorgeheizten Backofen auf der unteren Schiene ca. 30 Minuten backen. Die Kaffeesahne mit dem Pfeffersoßenpulver verrühren und 10 Minuten vor Ende der Garzeit über die Schnitzel gießen. Mit den restlichen Kräutern bestreut servieren.

Hähnchengeschnetzeltes mit Pfirsich und Käse

Für 2 Personen
Pro Portion: 300 kcal, 9 g Fett, 14,3 % Fettkalorien, 9,5 g KH
Zubereitungszeit: ca. 20 Minuten

250 g Hähnchenbrust
2 Pfirsiche
1 TL Sonnenblumenöl
Salz, Pfeffer
½ TL Curry
125 g Zottarella leicht

Die Hähnchenbrust in mundgerechte Stücke schneiden. Die Pfirsiche waschen, schälen und in Spalten vom Kern lösen. Das Öl in einer beschichteten Pfanne erhitzen, das Hähnchengeschnetzelte von allen Seiten anbraten, die Pfirsichstücke zufügen und erhitzen. Mit Salz, Pfeffer und Curry würzen und abschmecken. Den Zottarella in Scheiben schneiden, darüber verteilen und den Deckel auf die Pfanne legen. Noch ca. 5 Minuten erwärmen, bis der Käse geschmolzen ist.

Gerichte mit Fisch und Meeresfrüchten

Überbackene Garnelen auf Spinat

Für 4 Personen
Pro Portion: 213 kcal, 6 g Fett, 25 % Fettkalorien, 2 g KH
Zubereitungszeit: ca. 40 Minuten
Marinierzeit: ca. 30 Minuten

500 g geputzte und aus der Schale gelöste Garnelen
2 Schalotten
1 Knoblauchzehe
Saft von 1 Zitrone
50 ml Weißwein
1 TL Ketchup
1 TL Senf
Salz, Pfeffer
450 g TK-Blattspinat
1 Tomate
60 g Parmesan

Die Garnelen waschen und trockentupfen. Die Schalotten und den Knoblauch abziehen und in feine Würfel schneiden. Schalotten, Knoblauch, Zitronensaft, Wein, Ketchup und Senf verrühren und abschmecken. Die Garnelen 30 Minuten in diese Marinade einlegen. Den Spinat auftauen und in eine Auflaufform geben. Die Garnelen zusammen mit der Marinade darüber geben. Die Tomate waschen, vierteln, entkernen und in feine Würfel schneiden. Den Parmesan und die Tomatenwürfel über die Garnelen geben. Im vorgeheizten Backofen bei 180°C ca. 25 Minuten überbacken.

TIPP: Dazu empfehlen wir Reis.

Fisch-Kebab-Spieße vom Grill

Für 4 Personen
Pro Portion: 266 kcal, 5 g Fett, 17 % Fettkalorien, 6 g KH
Zubereitungszeit: ca. 20 Minuten

1 kg Seelachsfilet
Saft von 2 Zitronen
Salz, Pfeffer
8 kleine Zwiebeln
8 kleine Tomaten
1 EL Öl
2 EL Sherry
1 EL Sojasoße

Den Fisch mit dem Saft von 1½ Zitronen beträufeln und 10 Minuten ziehen lassen. Das Fischfilet quer zur Faser in ca. 1 cm breite Streifen schneiden, salzen, zusammenrollen und abwechselnd mit den Zwiebeln und Tomaten auf 4 Spieße stecken. Das Öl mit dem Sherry, der Sojasoße, dem restlichem Zitronensaft, Salz und Pfeffer verrühren. Zwischen Glut und Grillrost ein Stück Alufolie legen. Die Fischspieße auf den heißen Rost legen, unter häufigem Wenden etwa 10 Minuten grillen, dabei immer wieder mit der Ölmischung bestreichen. Kurz vor Ende der Grillzeit Alufolie entfernen, damit die Spieße bräunen.

Seelachs mit Broccoli-Nudeln

Für 4 Personen
Pro Portion: 641 kcal, 7 g Fett, 10 % Fettkalorien, 88 g KH
Zubereitungszeit: ca. 30 Minuten

400 g Bandnudeln
300 g Broccoli
Salz, Pfeffer
600 g TK-Seelachsfilet
1 EL Mehl
1 EL Sonnenblumenöl
2 Pck. Kräutersoße von Knorr
100 ml Kaffeesahne (4 % Fett)
100 g Nordseekrabben
2 TL Zitronensaft

Die Nudeln in Salzwasser bissfest garen. Den Broccoli in kleine Röschen teilen, die geschälten Stiele in Scheiben schneiden. Etwa 5 Minuten vor Ende der Garzeit zu den Nudeln geben. Die angetauten Fischfilets salzen, pfeffern und in Mehl wenden. Das Öl in eine beschichtete Pfanne geben und den Fisch bei mittlerer Hitze von beiden Seiten goldbraun braten. Die Kräutersoße in knapp 500 ml kochendes Wasser einrühren und 1 Minute kochen. Die Kaffeesahne und die Krabben unterrühren, erhitzen und mit dem Zitronensaft abschmecken. Die abgetropften Broccoli-Nudeln untermischen und zum Fisch servieren.

Fisch-Nudel-Pfanne

Für 2 Personen
Pro Portion: 630 kcal, 9,5 g Fett, 13,6 % Fettkalorien, 83 g KH
Zubereitungszeit: ca. 30 Minuten

300 g Seelachsfilet
2 EL Zitronensaft
200 g Farfalle-Nudeln
1 Knoblauchzehe
1 Zwiebel
1 Pck. stückige Tomaten (400 g)
1 Würfel Gemüsebrühe
½ TL Thymian
1 EL gehackte Petersilie
Salz, Pfeffer
1 EL gehacktes Basilikum
50 g Parmesan

Das Seelachsfilet waschen, trockentupfen, in grobe Würfel schneiden und mit 1 EL Zitronensaft beträufeln. Die Nudeln nach Packungsanweisung al dente kochen. Den Knoblauch und die Zwiebel schälen und fein würfeln. Eine Suppenkelle Nudelwasser in einer Pfanne zum Kochen bringen, die Zwiebel- und Knoblauchwürfel zufügen und glasig dünsten. Die Tomatenstücke und den Brühwürfel zugeben und unter Rühren aufkochen. Mit dem restlichen Zitronensaft, dem Thymian, der Petersilie, Salz und Pfeffer würzen. Die Fischwürfel zugeben und etwa 4 Minuten bei geschlossenem Deckel und geringer Hitze gar ziehen lassen. Die abgetropften Nudeln und das Basilikum zur Fisch-Pfanne geben und unterheben. Bei geschlossenem Deckel noch ca. 3 Minuten ziehen lassen. Mit Salz und Pfeffer abschmecken und den Parmesan darüber reiben.

TIPP: Die Fisch-Pfanne schmeckt auch mit Reis.

Fischragout in Senfsoße

Für 4 Personen
Pro Portion: 198 kcal, 5 g Fett, 22 % Fettkalorien, 8 g KH
Zubereitungszeit: ca. 35 Minuten

600 g Seelachsfilet
1 Zwiebel
1 EL Butter
2 EL Mehl
1 TL Gemüsefond
200 ml Milch (1,5 % Fett)
2 EL Senf
1 Fleischtomate
2 Gewürzgurken

Den Seelachs waschen, trockentupfen und in Würfel schneiden. Die Zwiebel schälen und in kleine Würfel schneiden. In einer beschichteten Pfanne die Butter heiß werden lassen und die Zwiebel darin andünsten. Das Mehl zugeben und anschwitzen. 250 ml Wasser zugießen, zum Kochen bringen und die Gemüsebrühe darin auflösen. Die Milch und den Senf zufügen und verrühren. Die Fleischtomate waschen, den Stielansatz entfernen und das Fruchtfleisch in Würfel schneiden. Die Gewürzgurken sehr fein würfeln. Beides mit den Fischwürfeln in der Soße 15 Minuten gar ziehen lassen.

TIPP: Dazu Kopfsalat und Kartoffelpüree reichen.

Fischragout Königsberger Art

Für 4 Personen
Pro Portion: 336 kcal, 10 g Fett, 27 % Fettkalorien, 33 g KH
Zubereitungszeit: ca. 25 Minuten

300 g Seelachsfilet
1 EL Zitronensaft
1 Päckchen Helle Soße
150 g Geflügel-Bratwurst
1 Dose Champignons (210 ml)
1 EL Kapern
½ Bund Dill
800 g Salzkartoffeln

Das Seelachsfilet waschen, trockentupfen und in grobe Würfel schneiden. Mit dem Zitronensaft beträufeln. 250 ml Wasser erwärmen, das Soßenpulver einrühren, zum Kochen bringen und den Fisch zufügen. Aus dem Inneren der Bratwurst Klößchen formen, dazugeben und alles ca. 15 Minuten bei geringer Hitze ziehen lassen. Die Champignons abtropfen lassen, evtl. halbieren und zusammen mit den Kapern in dem Ragout heiß werden lassen. Den Dill waschen, trockentupfen, fein hacken, darüber streuen und das Ragout mit den Salzkartoffeln servieren.

Gegrillte Fischspieße

Für 4 Personen
Pro Portion: 198 kcal, 4 g Fett, 18 % Fettkalorien, 3 g KH
Zubereitungszeit: ca. 20 Minuten

4 Scheiben Kabeljau à 200 g
Saft von 1 Zitrone
1½ EL Sonnenblumenöl
Salz, Pfeffer
1 Bund Dill
1 Bund Petersilie
8 kleine Zwiebeln
4 Tomaten
12 große Champignonköpfe

Den Kabeljau mit gut der Hälfte des Zitronensafts beträufeln. Das Öl mit Salz, Pfeffer, dem restlichem Zitronensaft, dem gehackten Dill und der gehackten Petersilie verrühren. Die Zwiebeln schälen und vierteln. Die Tomaten waschen, vierteln und den Stielansatz entfernen. Das Fischfilet in mundgerechte Stücke schneiden. Die vorbereiteten Zutaten mit den geputzten Champignons abwechselnd auf 8 Spieße stecken und auf den heißen Holzkohlenrost legen. Alufolie unter den Grillrost schieben und 3 Minuten vor Ende der Garzeit entfernen. Spieße unter ständigem Wenden etwa 8 Minuten grillen, dabei mit dem Kräuteröl bestreichen.

Forelle auf Thüringer Art

Für 4 Personen
Pro Portion: 354 kcal, 7 g Fett, 18 % Fettkalorien, 22 g KH
Zubereitungszeit: ca. 50 Minuten

4 kleine Forellen
Essig zum Begießen
Salz
1 Bund Suppengrün
2 Lorbeerblätter
5 Pfefferkörner
1 Zwiebel
250 g Weintrauben
2 Äpfel
4 EL Meerrettich
Zucker

Die Forellen säubern, vorsichtig waschen und mit heißem Essig übergießen. Einen großen Topf mit Salzwasser erhitzen, mit dem grob zerkleinerten Suppengrün, den Lorbeerblättern, den Pfefferkörnern und der geschälten Zwiebel zum Kochen bringen. Die Fische hineingeben und etwa 20 Minuten ziehen lassen. Für die Soße die Weintrauben durch ein Sieb streichen, die geschälten Äpfel raspeln. Beides mit dem Meerrettich verrühren und mit Salz und Zucker abschmecken. Die Forellen aus dem Sud heben, mit der Soße servieren.

Blumenkohlauflauf mit Lachs

Für 4 Personen
Pro Portion: 430 kcal, 14 g Fett, 29,3 % Fettkalorien, 41 g KH
Zubereitungszeit: ca. 1 Stunde

500 g Kartoffeln
1 Kopf Blumenkohl
300 g Broccoli
2 Würfel Klare Suppe
250 g Lachsfilet
250 ml Milch (1,5 % Fett)
Pfeffer
1 EL Butter
5 EL Paniermehl

Die Kartoffeln waschen, schälen und in Würfel schneiden. Den Blumenkohl und den Broccoli putzen, waschen und in Röschen teilen. In einem Topf 1 l Wasser zum Kochen bringen und 1 Würfel Klare Suppe darin auflösen. Den Blumenkohl und die Kartoffeln zugeben, 10 Minuten kochen. Den Broccoli zufügen und weitere 5 Minuten garen. Abgießen und die Kochflüssigkeit auffangen. Den Backofen auf 200°C vorheizen. Das Lachsfilet waschen, trockentupfen, in Würfel schneiden, mit dem Gemüse mischen und in eine Auflaufform geben. 250 ml der Kochflüssigkeit zum Kochen bringen und den zweiten Würfel Klare Suppe darin auflösen. Die Milch und den Pfeffer zufügen und über den Auflauf gießen. In einer Pfanne die Butter heiß werden lassen, das Paniermehl unterrühren und etwas bräunen lassen. Über den Auflauf geben und ca. 25 Minuten im Backofen backen.

Kabeljau mit Zucchinigemüse und Grapefruitsoße

Für 2 Personen
Pro Portion: 448 kcal, 7,5 g Fett, 15 % Fettkalorien, 58,5 g KH
Zubereitungszeit: ca. 25 Minuten

100 g Wildreismischung
1 rosa Grapefruit
1 Zucchini (200 g)
Salz, Pfeffer
1 kleine Zwiebel
2 TL Öl
2 Kabeljaufilets à 150 g
1 EL Mehl
100 ml Gemüsebrühe
2 EL Kaffeesahne (4 % Fett)

Den Reis nach Packungsanleitung kochen. Die Grapefruit halbieren, eine Hälfte auspressen, die andere schälen und filetieren. Die Zucchini waschen, putzen, in Scheiben schneiden, salzen und pfeffern. Die Zwiebel schälen, fein würfeln und in einer beschichteten Pfanne in 1 TL Öl glasig dünsten. Die Zucchinischeiben zufügen und unter Wenden goldbraun braten. Die Kabeljaufilets kalt abwaschen, trockentupfen, salzen, pfeffern und mit Mehl bestäuben. Das restliche Öl in einer beschichteten Pfanne erhitzen und den Fisch von beiden Seiten 3–4 Minuten braten. Herausnehmen und warm stellen. Den Bratenfond mit der Brühe und dem Grapefruitsaft ablöschen und etwas einköcheln lassen. Die Kaffeesahne unterziehen und die Grapefruitfilets darin kurz erhitzen. Die Soße mit Salz und Pfeffer abschmecken, mit dem gebratenen Kabeljau, dem Zucchinigemüse und dem Reis servieren.

Russischer Borschtsch mit Fisch

Für 4 Personen
Pro Portion: 376 kcal, 9,5 g Fett, 23 % Fettkalorien, 38 g KH
Zubereitungszeit: ca. 50 Minuten

400 g Kartoffeln
500 g Weißkohl
1 Bund Suppengrün
450 g Rote Bete
1,25 l Gemüsebrühe
5 Pimentkörner
3 Lorbeerblätter
600 g Kabeljaufilet
3 EL Zitronensaft
Salz, Pfeffer
2 EL Sonnenblumenöl
2 Knoblauchzehen
400 g Tomaten
150 g saure Sahne (10 % Fett)

Das Gemüse putzen, waschen, ggf. schälen. Die Kartoffeln, den Weißkohl und das Suppengrün in Stücke schneiden. Die Rote Bete in Spalten schneiden und zur Seite stellen. Die Brühe mit Piment und Lorbeerblättern aufkochen. Die Kartoffeln, den Weißkohl und das Suppengrün zufügen und 15–20 Minuten kochen. Den Kabeljau in mundgerechte Stücke schneiden, mit dem Zitronensaft, Salz und Pfeffer würzen, kurz ziehen lassen, auf das Gemüse legen und im geschlossenen Topf bei kleiner Hitze 10 Minuten garen. Das Öl erhitzen, die Rote-Bete-Spalten und den zerdrückten Knoblauch darin 10 Minuten dünsten. Die Tomaten grob würfeln, zufügen und alles mit Salz und Pfeffer abschmecken. Die saure Sahne über den Borschtsch gießen, das Rote-Bete-Gemüse dazureichen oder kurz unterheben.

Schollenfilet auf Tagliatelle mit Kräuter-Zitronensoße

Für 2 Personen
Pro Portion: 720 kcal, 12,5 g Fett, 15,6 % Fettkalorien, 98,5 g KH
Zubereitungszeit: ca. 30 Minuten

200 g Tagliatelle
1 unbehandelte Zitrone
2 Schollenfilets à 150 g
1 TL Sonnenblumenöl
Salz, Pfeffer
2 EL Mehl
125 ml Milch (1,5 % Fett)
1 Pck. Kräutersoße für 250 ml
100 g TK-Krabben

Die Nudeln nach Packungsanleitung kochen. Die Zitrone heiß abspülen, abtrocknen, halbieren, von einer Hälfte die Schale abreiben und eine halbe Zitrone auspressen. Die andere Hälfte in 4 Schnitze teilen. Die Schollenfilets kalt abspülen, trockentupfen, mit etwas Zitronensaft beträufeln und 10 Minuten ziehen lassen. Erneut trockentupfen, salzen, pfeffern und im Mehl wenden. Das Öl in einer beschichteten Pfanne erhitzen und den Fisch von beiden Seiten in ca. 10 Minuten goldbraun braten. Die Milch und 125 ml Wasser zum Kochen bringen, die Kräutersoße einrühren und 1 Minute kochen lassen. 1 EL Zitronensaft und die abgeriebene Zitronenschale unterrühren. Die Krabben abspülen, zufügen und in der Soße heiß werden lassen. Die Schollenfilets mit den Zitronenschnitzen, den Nudeln und der Soße anrichten.

Schollenfilet im Schinkenmantel

Für 4 Personen
Pro Portion: 223,5 kcal, 5 g Fett, 20 % Fettkalorien, 11 g KH
Zubereitungszeit: ca. 20 Minuten

4 Schollenfilets à 150 g
Salz, Pfeffer
2 Bananen
1 TL Zitronensaft
4 Scheiben Schinken ohne Fettrand (100 g)
1 TL Sonnenblumenöl

Die Schollenfilets waschen, trockentupfen, mit Salz und Pfeffer würzen und durchziehen lassen. Die Bananen schälen, halbieren und mit dem Zitronensaft beträufeln. Den Schinken mit den Schollenfilets und den Bananen belegen und zusammenklappen. In der Pfanne im heißen Öl oder auf dem heißen Stein von allen Seiten ca. 5 Minuten braten.

TIPP: Servieren Sie dazu französisches Weißbrot und Tomatensalat.

Seelachsfilet mit Dillkartoffeln

Für 4 Personen
Pro Portion: 407 kcal, 6,5 g Fett, 14,5 % Fettkalorien, 48,5 g KH
Zubereitungszeit: ca. 40 Minuten

1 kg Kartoffeln
2 Zwiebeln
1 EL Halbfettmargarine
Salz, Pfeffer
400 ml Milch (1,5 % Fett)
1½ Würfel Gemüsebrühe
4 Portionen Seelachsfilet
2 EL Mehl
1 EL Sonnenblumenöl
1 Bund oder 1 Pck. Dill

Die Kartoffeln waschen, schälen, in Scheiben schneiden. Die Zwiebeln abziehen, in Spalten schneiden. Alles in heißem Fett andünsten und mit Salz und Pfeffer würzen. Die Milch angießen, den Brühwürfel darin auflösen und ca. 20 Minuten zugedeckt köcheln lassen. Inzwischen das Seelachsfilet waschen, trockentupfen, salzen, pfeffern und in Mehl wenden. In einer beschichteten Pfanne Öl erhitzen und den Fisch von beiden Seiten ca. 8 Minuten braten. Den Dill waschen, trockentupfen, fein schneiden. Zu den gegarten Kartoffeln geben, abschmecken und mit dem Seelachsfilet servieren.

Spanisches Fischgulasch

Für 2 Personen
Pro Portion: 203 kcal, 5,5 g Fett, 24,3 % Fettkalorien, 13 g KH
Zubereitungszeit: ca. 25 Minuten

250 g Fischfilet, z. B. Kabeljau
1 EL Zitronensaft
Salz
1 EL Mehl
2 Schalotten
1 Knoblauchzehe
8 Cocktailtomaten
1 gelbe Paprikaschote
1 TL Olivenöl
1 EL Tomatenmark
Pfeffer
400 ml Gemüsebrühe
30 g Kapern
2 Lorbeerblätter
20 g grüne Oliven

Das Fischfilet mit kaltem Wasser abspülen, trockentupfen und in Würfel schneiden. Mit Zitronensaft beträufeln, etwas stehen lassen. Dann salzen und leicht in Mehl wenden. Die Schalotten schälen und vierteln, den Knoblauch abziehen und fein hacken. Die Tomaten waschen und in Achtel schneiden, die Paprikaschote ebenfalls waschen, vierteln, entkernen und in Stücke schneiden. Eine beschichtete Pfanne mit dem Öl ausreiben, erhitzen und die Fischwürfel darin unter Wenden ca. 5 Minuten goldbraun braten. Herausnehmen und warm halten. Den Knoblauch, die Schalotten und die Paprika ebenfalls in der heißen Pfanne 5 Minuten unter Wenden braten. Das Tomatenmark zufügen und anschwitzen. Mit Salz und Pfeffer würzen. Die Tomatenachtel, die Kapern und die Lorbeerblätter zugeben, mit der Gemüsebrühe ablöschen. Den Fisch wieder zufügen und alles noch ca. 5 Minuten bei geringer Hitze garen. Abschmecken und mit den Oliven, evtl. in Scheiben geschnitten, anrichten.

TIPP: Reis oder Brot dazu reichen.

Tagliatelle mit Schalotten-Lachs-Soße

Für 4 Personen
Pro Portion: 723,8 kcal, 13,2 g Fett, 16,4% Fettkalorien, 111,8 g KH
Zubereitungszeit: ca. 25 Minuten

500 g grüne Tagliatelle
Salz
300 g Schalotten
100 ml Weißwein
200 ml Milch (1,5% Fett)
2 TL Gemüsebrühepulver
1 EL Speisestärke
100 ml Kaffeesahne (4% Fett)
Pfeffer
1 Spritzer Zitronensaft
200 g Räucherlachs

Die Nudeln in reichlich kochendem Salzwasser bissfest garen. Die Schalotten schälen und in dünne Spalten schneiden. In einem Topf den Weißwein erhitzen, die Schalotten zugeben und 5 Minuten weich dünsten. Die Milch und 100 ml Nudelkochwasser zugießen, die Gemüsebrühe darin auflösen und zum Kochen bringen. Die Speisestärke mit der Kaffeesahne glattrühren, unter Rühren zugießen, aufkochen und bei schwacher Hitze 1 Minute kochen. Mit Salz und Pfeffer würzen und mit dem Zitronensaft abschmecken. Den Lachs in feine Streifen schneiden und in der Soße erhitzen. Die abgetropften Bandnudeln mit der Soße servieren.

Überbackenes Fischfilet auf Kräutertomaten

Für 2 Personen
Pro Portion: 298 kcal, 8,5 g Fett, 25,6 % Fettkalorien, 7 g KH
Zubereitungszeit: ca. 20 Minuten
Backzeit: ca. 25 Minuten

2 Scheiben Fischfilet à 180 g
2 EL Zitronensaft
Salz
500 g stückige Tomaten mit Kräutern (Tetrapack)
Pfeffer
2 TL Senf
2 Scheiben roher Schinken ohne Fettrand
75 g Schafskäse

Die Fischfilets mit kaltem Wasser abspülen, trockentupfen, von beiden Seiten mit Zitronensaft beträufeln und salzen. Die Tomatenstücke auf dem Boden einer kleinen Auflaufform verteilen, salzen und pfeffern. Die Fischfilets nochmals trockentupfen, von einer Seite mit Senf bestreichen, aufrollen und mit je einer Scheibe Schinken umwickeln. Die Fischrollen auf die Tomaten legen, mit Salz und Pfeffer würzen. Den Schafskäse grob zerbröckeln und darüber streuen. Im vorgeheizten Backofen bei 175°C ca. 25 Minuten überbacken.

Gemüsegerichte

Gemüse-Linsen-Topf

Für 4 Personen
Pro Portion: 524 kcal, 11 g Fett, 19 % Fettkalorien, 72 g KH
Zubereitungszeit: ca. 1 Stunde 10 Minuten

8 mittelgroße Kartoffeln
5 mittelgroße Möhren
½ Bund Sellerie
1–2 Stangen Lauch
1 Bund Petersilie
2 mittelgroße Zwiebeln
5 Knoblauchzehen
1 Dose Linsen ohne Speck (500 g)
40 g Margarine
1 Prise Salz
Pfeffer, Paprikagewürz

Kartoffeln, Möhren und Sellerie waschen, schälen und würfeln. Lauch waschen und in dünne Ringe schneiden, Petersilie waschen und fein hacken. Zwiebeln und Knoblauch schälen und fein würfeln. Linsen in einen großen Topf geben, 250 ml Wasser zugießen und zum Kochen bringen. Dann wieder auf kleine Flamme stellen. Kartoffeln, Möhren, Lauch, Sellerie und Petersilie dazugeben und alles 30 Minuten weiterköcheln lassen. In der Zwischenzeit Zwiebeln und Knoblauch mit der Margarine anschwitzen und zu dem anderen Gemüse geben. Alles noch 30 Minuten köcheln lassen und anschließend mit Salz, Pfeffer und Paprika würzen.

Pfannengerührtes süß-saures Gemüse mit Mandeln und Naturreis

Für 4 Personen
Pro Portion: 416 kcal, 13 g Fett, 28 % Fettkalorien, 60 g KH
Zubereitungszeit: ca. 50 Minuten

250 g Naturreis
250 g rote Paprikaschoten
250 g grüne Paprikaschoten
250 g Zucchini
250 g Stangensellerie
250 g Frühlingszwiebeln
250 g Champignons
2 EL Olivenöl
40 g blanchierte Mandeln

Für das Dressing:
2 Knoblauchzehen
15 g frischer Ingwer
4 EL Sojasoße
4 EL Zitronensaft
1 EL Essig
2 EL klarer Honig

Den Reis nach Packungsanleitung ca. 45 Minuten kochen. Paprikaschoten entkernen. Paprika, Zucchini und Sellerie waschen und in etwa 5 cm lange Stifte schneiden. Die Frühlingszwiebeln so putzen, dass etwa 2 cm des grünen Teils stehen bleiben. Die Pilze putzen und in Scheiben schneiden. Als Nächstes das süß-saure Dressing zubereiten: Die Knoblauchzehen schälen und zerdrücken. Zusammen mit den restlichen zerkleinerten Zutaten im Mixer, in der Küchenmaschine oder von Hand in einer Schüssel vermischen. Das Pfannengericht erst kurz vor dem Servieren zubereiten: Das Öl in einem Wok oder einer großen Pfanne erhitzen, das Gemüse hineingeben, 2 Minuten unter Rühren garen, bis es weich zu werden beginnt. Mandeln blanchieren und zusammen mit dem süß-sauren Dressing zugeben und weitere 1–2 Minuten garen. Mit dem Naturreis servieren.

TIPP: Das Gericht schmeckt auch kalt als Salat oder als Vorspeise gut.

Backgemüse mit Kräutersoße

Für 4 Personen
Pro Portion: 366 kcal, 7 g Fett, 17,1 % Fettkalorien, 61,7g KH
Zubereitungszeit: ca. 1 Stunde

1,5 kg fest kochende Kartoffeln
Salz, Pfeffer
2 EL Olivenöl
2 Zweige Rosmarin
2 Zucchini (300 g)
300 g große Champignons
125 ml Gemüsebrühe
200 g Kirschtomaten
1 Bund Schnittlauch
150 g saure Sahne (10% Fett)
300 g Jogurt (1,5% Fett)

Kartoffeln waschen, schälen und halbieren. Auf die Fettfangschale legen. Salzen, pfeffern und mit dem Olivenöl beträufeln. Im vorgeheizten Backofen bei 200°C ca. 30 Minuten garen. Rosmarin waschen, trockentupfen und die Nadeln abzupfen. Zucchini und Pilze waschen, putzen und klein schneiden. Zu den Kartoffeln geben, mit Rosmarin bestreuen, salzen und pfeffern und ca. 15 Minuten backen. Brühe und gewaschene Tomaten zugeben, ca. 5 Minuten fertig garen. Schnittlauch waschen, trockentupfen, fein schneiden. Saure Sahne, Jogurt und in Röllchen geschnittenen Schnittlauch, Salz und Pfeffer verrühren. Zum Gemüse reichen.

Überbackener Blumenkohl mit Kasseler

Für 4 Personen
Pro Portion: 211,3 kcal, 6,5 g Fett, 27,7% Fettkalorien, 12,8 g KH
Zubereitungszeit: ca. 40 Minuten

1 Blumenkohl
Salz
300 g Kasseler
1 TL Margarine
200 ml Milch (1,5% Fett)
1 TL Gemüsebrühe-Pulver
1 EL Speisestärke
Pfeffer
1 Ei
40 g geriebener Käse (30% Fett i.Tr.)

Den Blumenkohl putzen, waschen und in Röschen teilen. Die Blumenkohlröschen in 500 ml Salzwasser zum Kochen bringen, etwa 10 Minuten bissfest garen und abtropfen lassen. Das Blumenkohlwasser auffangen. Das Kasseler in Würfel schneiden. In einer beschichteten Pfanne die Margarine heiß werden lassen, das Kasseler zugeben und anbraten. Die Milch und 200 ml Blumenkohlwasser zugießen, das Gemüsebrühe-Pulver darin auflösen und zum Kochen bringen. Die Speisestärke mit 3 EL kaltem Wasser anrühren, in die kochende Flüssigkeit einrühren, aufkochen und von der Kochstelle nehmen. Mit Salz und Pfeffer abschmecken. Das Ei mit dem Käse verrühren und unter die Soße ziehen. Die Hälfte der Blumenkohlröschen in eine Auflaufform geben, die Hälfte der Soße darüber verteilen, dann das restliche Gemüse und die Soße darüber geben. Im vorgeheizten Backofen bei 200°C ca. 15 Minuten überbacken.

TIPP: Dazu Kartoffelpüree oder Salzkartoffeln reichen.

Broccoli mit Käse-Sahne-Soße

Für 4 Personen
Pro Portion: 188 kcal, 6 g Fett, 29 % Fettkalorien, 16,5 g KH
Zubereitungszeit: ca. 15 Minuten

800 g Broccoli
Salz
2 Zwiebeln
1 TL Butter
1 EL Mehl
1 gehäufter TL Hühnerbrühe-Pulver
150 ml Kaffeesahne (4 % Fett)
50 g geriebener Edamer (30 % Fett i. Tr.)

Broccoliröschen in kochendem Salzwasser etwa 5 Minuten garen. Zwiebeln schälen und würfeln, in Butter andünsten und mit Mehl bestäuben. Unter Rühren kurz weiterdünsten. Mit 250 ml Wasser ablöschen, das Hühnerbrühe-Pulver zufügen und auflösen. Kaffeesahne und Käse zugeben, umrühren und kurz aufkochen. Broccoli anrichten und mit der Käse-Sahne-Soße übergießen.

Burgunder Bohnen

Für 4 Personen
Pro Portion: 161 kcal, 2 g Fett, 11 % Fettkalorien, 15 g KH
Zubereitungszeit: ca. 35 Minuten

750 g grüne Bohnen
250 g Möhren
200 ml Rotwein
Salz, Pfeffer
100 g Lachsschinken
2 Zwiebeln
1 TL Sonnenblumenöl
1 EL gehackte Petersilie

Bohnen putzen, Möhren in Scheiben schneiden. Bohnen in wenig Salzwasser etwa 20 Minuten dünsten. Nach 10 Minuten die Möhren zufügen und weiter mitdünsten. Kurz vor Ende der Garzeit mit Rotwein aufgießen. Mit Salz und Pfeffer würzen und abschmecken. Schinken würfeln, Zwiebeln schälen und ebenfalls würfeln. Zusammen in einer beschichteten, mit Öl ausgepinselten Pfanne anrösten. Schinken und Zwiebeln über die angerichteten Burgunder Bohnen geben und Petersilie darüber streuen.

Chili vegetarisch

Für 4 Personen
Pro Portion: 426 kcal, 6 g Fett, 13 % Fettkalorien, 70 g KH
Vorbereitungszeit: ca. 45 Minuten
Zubereitungszeit: ca. 40 Minuten

100 g grüne Linsen
1 Zwiebel
1 rote Paprikaschote
1 Knoblauchzehe
1 EL Olivenöl
1 Dose Tomaten (425 g)
2 Dosen rote Kidneybohnen (je etwa 425 g)
1 TL mildes Paprikapulver
1/2–1 TL Chilipulver
Salz, Pfeffer
10 g Zucker
Korianderzweige

Zuerst die Linsen in viel Wasser 45–50 Minuten kochen, bis sie weich sind. Die Zwiebel schälen und hacken, Paprika waschen, entkernen und hacken, Knoblauch schälen und zerdrücken. Das Öl in einem großen Topf erhitzen, Zwiebel und Paprika 10 Minuten dünsten, dann Knoblauch und Tomaten zugeben. Kidneybohnen und Linsen abtropfen und mit Paprika- und Chilipulver zu der Tomatenmischung geben. Etwa 15 Minuten köcheln lassen, dann mit Salz, Pfeffer und Zucker würzen, mit den Korianderzweigen garnieren und servieren.

Gefüllte Tomaten mit Tunfisch und Mais

Für 4 Personen
Pro Portion: 160 kcal, 4 g Fett, 22,5 % Fettkalorien, 18,5 g KH
Zubereitungszeit: ca. 10 Minuten

4 mittelgroße Tomaten
1 Dose Mais (285 g)
1 Dose Tunfisch im eigenen Saft (150 g)
1 kleine Knoblauchzehe
1 EL Olivenöl
2 EL gehackte Petersilie
½ TL Salz
weißer Pfeffer
½ TL Paprikapulver, edelsüß
1 EL Essig

Jeweils einen kleinen Deckel von den Tomaten abschneiden. Tomaten mit einem kleinen Löffel aushöhlen, das Fruchtfleisch würfeln, dabei die Kerne entfernen. Mais und Tunfisch abtropfen lassen, Tunfisch etwas zerpflücken. Knoblauch schälen und fein hacken. Mit Öl, 1 EL Petersilie, Salz, Pfeffer, Paprika und Essig mischen. Die Soße mit Tunfisch, Mais und Tomatenfruchtfleisch vermengen, in die Tomaten füllen und mit der restlichen Petersilie bestreuen.

Gefüllte Zucchini

Für 4 Personen
Pro Portion: 129,5 kcal, 4 g Fett, 27,8 % Fettkalorien, 5,3 g KH
Zubereitungszeit: ca. 25 Minuten

4 mittelgroße Zucchini
1 kleine rote Paprikaschote
Salz
100 g Zottarella leicht
125 g gekochter Schinken ohne Fettrand
Pfeffer
frische gehackte Thymian- oder Basilikumblättchen

Die Zucchini und die Paprikaschote waschen und putzen. Die Zucchini in ca. 5 cm lange Stücke schneiden, in reichlich kochendem Salzwasser 4 Minuten blanchieren, in kaltem Wasser abschrecken und gut abtropfen lassen. Die Zucchinistücke mit einem Teelöffel aushöhlen, dabei einen dünnen Rand stehen lassen. Den Backofen auf 200°C vorheizen. Das ausgehöhlte Zucchinifleisch, die Paprika und den Zottarella klein würfeln, den Schinken in feine Streifen schneiden, mit den gehackten Thymian- oder Basilikumblättchen gut mischen und mit Salz und Pfeffer würzen. Die Gemüse-Käse-Masse in die Zucchinistücke füllen und etwas frisch gemahlenen Pfeffer darüber streuen. Die gefüllten Zucchini auf ein mit Backpapier ausgelegtes Backblech setzen und ca. 15 Minuten backen.

Gefüllte Zwiebeln mit Rosinen

Für 4 Personen
Pro Portion: 420 kcal, 12 g Fett, 26 % Fettkalorien, 59 g KH
Zubereitungszeit: ca. 1 Stunde 30 Minuten

4 Gemüsezwiebeln
Salz
3 EL Olivenöl
2 EL Madeira
2 EL Rosinen
2 EL geröstete Pinienkerne
3 EL Paniermehl
6–8 Salbeiblätter
1 l Gemüsebrühe
200 g Reis

Die Zwiebeln schälen und im Ganzen in reichlich Salzwasser in etwa 15 Minuten garen. Die Zwiebeln herausheben und gut abtropfen lassen. Den Backofen auf 180°C vorheizen. Von den Zwiebeln einen Deckel abschneiden. Die Zwiebeln aushöhlen und das Innere fein hacken. In einem Topf das Öl erhitzen und die Zwiebelmasse darin andünsten. Den Madeira und die Rosinen dazugeben und alles einige Minuten köcheln lassen. Die Pinienkerne, das Paniermehl und die gewaschenen Salbeiblätter unterrühren, mit Salz abschmecken und in die ausgehöhlten Zwiebeln füllen. Die gefüllten Zwiebeln im heißen Ofen auf der mittleren Schiene in etwa 45 Minuten garen. In der Zwischenzeit den Reis nach Packungsvorschrift in der Gemüsebrühe garen und zusammen mit den Zwiebeln servieren.

Gemüse-Curry mit Schinken

Für 4 Personen
Pro Portion: 201 kcal, 6 g Fett, 27 % Fettkalorien, 10 g KH
Zubereitungszeit: ca. 50 Minuten

1 Blumenkohl
500 g Tomaten
1 Zwiebel
1 Knoblauchzehe
200 g gekochter Schinken ohne Fettrand
1 EL Olivenöl
1 EL Tomatenmark
2 TL Curry
je 1 TL Cayennepfeffer und Paprikapulver
200 ml Gemüsebrühe
Salz, Pfeffer, Zucker
100 g Jogurt (1,5 % Fett)
2 EL Korianderblättchen

Blumenkohl waschen und in Röschen teilen. Tomaten waschen, halbieren, entkernen und in Würfel schneiden. Zwiebel und Knoblauch schälen und in feine Würfel schneiden. Schinken in grobe Würfel schneiden. Öl erhitzen und Zwiebel und Knoblauch darin glasig dünsten. Schinken, Tomatenmark, Curry, Cayennepfeffer und Paprika zugeben und kurz mitdünsten. Kohl, drei Viertel der Tomatenwürfel und Brühe zugeben. Aufkochen, abschmecken und abgedeckt ca. 20 Minuten köcheln lassen. Den Rest der Tomatenwürfel, Jogurt und Koriander unterheben und abgedeckt einige Minuten ziehen lassen.

TIPP: Dazu empfehlen wir Langkornreis.

Geschmorte Gurken

Für 2 Personen
Pro Portion: 383 kcal, 12 g Fett, 28 % Fettkalorien, 31 g KH
Zubereitungszeit: ca. 35 Minuten

1 kg Gemüsegurken
2 Zwiebeln
500 g Kartoffeln
125 ml Gemüsebrühe
200 ml saure Sahne (10 % Fett)
1 EL Weizenmehl
Salz, Pfeffer
1 Bund Dill

Gemüsegurken waschen, abtrocknen, halbieren, entkernen und in Stücke schneiden. Zwiebeln abziehen und würfeln. Kartoffeln schälen. Gurken und Zwiebeln in einer beschichteten Pfanne kurz andünsten, Gemüsebrühe hinzufügen und zusammen in 20 Minuten gar dünsten. In der Zwischenzeit Kartoffeln kochen und den Dill fein hacken. Saure Sahne mit Weizenmehl verrühren, unter die Gurken rühren, mit Salz, Pfeffer und Dill würzen.

Grünkohl mit Kasseler

Für 4 Personen
Pro Portion: 363 kcal, 11,5 g Fett, 28,5 % Fettkalorien, 26,5 g KH
Zubereitungszeit: ca. 1 Stunde 15 Minuten

1 Zwiebel
30 g Gänse- oder Schweineschmalz
600 g TK-Grünkohl
500 ml Gemüsebrühe
4 Scheiben mageres Kasseler à 125 g
600 g Kartoffeln
Salz, Pfeffer
Muskatnuss

Zwiebel schälen, würfeln und im Schmalz glasig dünsten. Grünkohl zufügen, mit Gemüsebrühe auffüllen. Wenn der Grünkohl aufgetaut ist, umrühren und in etwa 1 Stunde gar kochen. In den letzten 10 Minuten die Kasselerscheiben auf den Grünkohl legen und mit erhitzen. Inzwischen die Kartoffeln kochen, pellen und zerstampfen. Kasseler aus dem Grünkohl nehmen, den Kartoffelbrei unter den Kohl mengen und, falls nötig, noch etwas Gemüsebrühe zufügen. Das Ganze kräftig mit Salz, Pfeffer und geriebener Muskatnuss abschmecken und mit dem Kasseler servieren.

Grünkohlpuffer

Für 4 Personen
Pro Portion: 319 kcal, 10 g Fett, 28 % Fettkalorien, 36,5 g KH
Zubereitungszeit: ca. 50 Minuten

400 g Kartoffeln
Salz
500 g Grünkohl
15 g getrocknete Steinpilze
1 Zwiebel
4 Stängel Majoran
3 Eier
4 EL Paniermehl
1 EL Sonnenblumenöl
Pfeffer
300 g Jogurt (1,5 % Fett)

Kartoffeln mit Schale in Salzwasser 20 Minuten kochen. Grünkohl in reichlich Salzwasser 10 Minuten kochen, auf einem Sieb gut abtropfen lassen. Steinpilze 30 Minuten in warmem Wasser einweichen. Zwiebel schälen und würfeln. Vom Majoran die Blättchen abzupfen und 1 EL davon zurückbehalten. Kartoffeln pellen und grob reiben, Grünkohl kräftig ausdrücken und hacken. Steinpilze ausdrücken und klein schneiden. Die vorbereiteten Zutaten mit Eiern, Paniermehl und Salz zu einer glatten Masse verarbeiten. In einer beschichteten Pfanne im heißen Öl 16 kleine Puffer bei mittlerer Hitze backen. Jogurt mit den restlichen Majoranblättchen und Salz verrühren. Grob gemahlenen Pfeffer aus der Mühle über die heißen Grünkohlpuffer geben und sofort mit dem Majoran-Jogurt servieren.

TIPP: Wenn die Teigmasse zu feucht ist, etwas Mehl dazugeben, da die Puffer sonst auseinander fallen können.

Gurkenpfanne mit Schafskäse

Für 4 Personen
Pro Portion: 255 kcal, 8 g Fett, 28 % Fettkalorien, 36 g KH
Zubereitungszeit: ca. 35 Minuten

800 g kleine Kartoffeln
Salz
1 Salatgurke
2 Knoblauchzehen
100 g Schafskäse (Feta; 40 % Fett i. Tr.)
1 EL Olivenöl
12 eingelegte milde Peperoni (aus dem Glas)
8 grüne Oliven
1 Bund Dill
Pfeffer

Die Kartoffeln gründlich waschen, mit Schale in wenig Salzwasser in etwa 20 Minuten garen. Kurz abkühlen lassen, schälen und halbieren bzw. vierteln. Die Gurke waschen, längs halbieren, entkernen und in etwa 1 cm breite Scheiben schneiden. Den Knoblauch schälen. Den Schafskäse grob zerbröckeln. Das Olivenöl in einer großen Pfanne erhitzen. Die Kartoffeln, die Gurkenstücke, die abgetropften Peperoni und die Oliven hineingeben, den Knoblauch dazupressen. Alles bei schwacher Hitze 4–5 Minuten dünsten. Den Dill waschen und trockenschütteln. Einige Zweige für die Dekoration beiseite legen, den Rest fein hacken. Den Schafskäse und den fein gehackten Dill in die Pfanne geben und zugedeckt 1–2 Minuten mitdünsten. Die Gurkenpfanne mit Salz und Pfeffer kräftig würzen und mit Dillzweigen garniert servieren.

Kichererbsen in Jogurtsoße

Für 4 Personen
Pro Portion: 422 kcal, 6 g Fett, 13 % Fettkalorien, 71 g KH
Zubereitungszeit: ca. 15 Minuten

50 g Jogurt (1,5 % Fett)
1 rote Paprika
1 grüne Paprika
Kichererbsen aus der Dose, abgetropft (285 g)
½ Salatgurke
2 Frühlingszwiebeln
½ TL Chilipulver
1 Knoblauchzehe
½ TL Kreuzkümmelsamen
1 TL Zucker
Salz, Pfeffer
1 TL getrocknete Minze
2 EL Korianderblätter, frische Minze oder Schnittlauchröllchen

75–90 ml Wasser zum Verdünnen unter den Jogurt rühren. Paprika waschen, abtropfen und hacken. Kichererbsen in den Jogurt geben. Gurke ungeschält raspeln. Den Knoblauch schälen und zerdrücken, Kreuzkümmel zerstoßen. Chilipulver, Knoblauch, Kreuzkümmelsamen, Zucker, Salz und Pfeffer sorgfältig unterrühren. Gemüse und Minze dazugeben und noch einmal verrühren. Mit gehacktem Koriander, Minze oder Schnittlauchröllchen garnieren und vor dem Servieren gut kühlen.

Ratatouille »Gärtnerin«

Für 4 Personen
Pro Portion: 413 kcal, 9 g Fett, 20 % Fettkalorien, 70 g KH
Zubereitungszeit: ca. 1 Stunde

2 große Zwiebeln
3 große rote Paprikaschoten
3 EL Olivenöl
500 g Zucchini
500 g Auberginen
3 Knoblauchzehen
750 g Tomaten
Salz, Pfeffer
1–2 EL gehackte Petersilie

Zwiebeln schälen und fein hacken. Paprikaschoten waschen, entkernen und in Streifen schneiden. Das Öl in einem großen Topf erhitzen, Zwiebeln und Paprika leicht anbraten. Zucchini waschen und in gleich große Stücke schneiden. Auberginen waschen und würfeln. Knoblauch schälen und zerdrücken. Anschließend das Ganze zu Zwiebeln und Paprika geben, vorsichtig umrühren, und im geschlossenen Topf bei geringer Hitze etwa 25 Minuten garen, bis das Gemüse weich ist. Die Tomaten mit heißem Wasser überbrühen, enthäuten und hacken. Zugeben, leicht umrühren und unbedeckt etwa 5 Minuten garen lassen, damit die Tomaten durch und durch heiß werden. Mit Salz und Pfeffer abschmecken und mit Petersilie garnieren.

TIPP: Kann man sowohl heiß als auch kalt servieren.

Paprikaeintopf »Peperonata«

Für 4 Personen
Pro Portion: 77 kcal, 2 g Fett, 23 % Fettkalorien, 10 g KH
Zubereitungszeit: ca. 1 Stunde 15 Minuten

1 große Zwiebel
1 TL Butter oder ungehärtete Pflanzenmargarine
2 große rote Paprikaschoten
2 große gelbe Paprikaschoten
2 große grüne Paprikaschoten
2 Knoblauchzehen
500 g Tomaten
Salz, Pfeffer
1–2 EL gehackte Petersilie

Die Zwiebel schälen, fein hacken und in der Butter 10 Minuten leicht bräunen. In der Zwischenzeit die Paprikaschoten waschen, entkernen und in Streifen schneiden, dann zu der Zwiebel geben. Den Deckel aufsetzen und das Gemüse 10–15 Minuten bei mäßiger Hitze garen. Knoblauch schälen und zerdrücken, Tomaten mit heißem Wasser überbrühen, enthäuten, hacken und beides zu der Zwiebel geben. Wieder zudecken und weitere 40 Minuten garen, bis die Paprika zart und weich sind. Mit Salz und Pfeffer abschmecken, mit Petersilie bestreuen und servieren.

TIPP: Das Gericht lässt sich gut aufwärmen und schmeckt auch kalt ausgezeichnet!

Sauerkraut mit Schinken

Für 4 Personen
Pro Portion: 179 kcal, 5,5 g Fett, 27,5 % Fettkalorien, 3 g KH
Zubereitungszeit: ca. 40 Minuten

1 Zwiebel
1 EL Öl
600 ml Gemüsebrühe
6 Wacholderbeeren
1 Lorbeerblatt
1 kg Sauerkraut
Pfeffer
evtl. etwas Zucker
300 g gekochter Schinken ohne Fettrand

Zwiebel schälen und fein hacken. Öl in einem beschichteten Topf erhitzen. Die fein gehackte Zwiebel darin bei milder Hitze glasig dünsten. Gemüsebrühe, Wacholderbeeren und Lorbeerblatt dazugeben und zugedeckt 5 Minuten kochen. Sauerkraut unterrühren, mit Pfeffer würzen und zugedeckt 20 Minuten köcheln. Sauerkraut vom Herd nehmen, evtl. mit Zucker abschmecken, damit es milder schmeckt. Schinken in kleine Stücke schneiden, unter das Sauerkraut rühren und erwärmen. Nicht mehr aufkochen, da der Schinken sonst trocken wird.

Scharfes Zucchinigemüse mit gebratenem Tofu

Für 4 Personen
Pro Portion: 351 kcal, 9 g Fett, 23 % Fettkalorien, 56 g KH
Zubereitungszeit: ca. 40 Minuten

500 g Zucchini
3 EL Sojasoße
Cayennepfeffer
1 EL Honig
1 Zwiebel
1 EL Butter oder Margarine
250 g Reis
1–2 EL Curry
1,25 l Gemüsebrühe
250 g Tofu
1 EL Sonnenblumenöl
Thymian
Salz
Pfeffer

Zuerst Zucchini waschen und in dünne Stifte schneiden. In der Sojasoße, dem Cayennepfeffer und dem Honig ca. 20 Minuten marinieren. Währenddessen die Zwiebel schälen, klein schneiden, in Butter oder Margarine anbraten, Reis und Curry dazugeben und mit der Gemüsebrühe aufgießen. Aufkochen und danach auf kleiner Stufe quellen lassen. Tofu würfeln. Zucchini mitsamt der Marinade und dem Tofu in dem Öl anbraten, mit Thymian abschmecken und evtl. nachwürzen. Muss auf jeden Fall richtig stark gewürzt sein! Wenn der Reis fertig ist, wird er zusammen mit dem Gemüse auf dem Teller angerichtet.

Weißkohlröllchen in Sahnekerbel

Für 4 Personen
Pro Portion: 330 kcal, 10,1 g Fett, 29,2 % Fettkalorien, 46 g KH
Zubereitungszeit: ca. 40 Minuten

1 Weißkohl (ca. 750 g)
Salz
150 g Maisgrieß
2 Selleriestangen
80 g Ziegenfrischkäse mit Kräutern
Cayennepfeffer
80 ml Weißwein
375 ml Gemüsebrühe
1 TL Butter
1–2 Bund Kerbel
3 TL heller Soßenbinder
150 ml Kaffeesahne (4 % Fett)
2 TL körniger Senf

Weißkohl putzen und 8–10 schöne Blätter lösen. Kohlblätter in Salzwasser 30 Sekunden sprudelnd kochen. Kalt abspülen und auf einem ausgebreiteten Küchentuch abtropfen lassen. 350 ml Wasser mit 1 TL Salz aufkochen. Maisgrieß einrühren und unter Rühren 2 Minuten ausquellen lassen. Auf der Herdplatte abkühlen lassen. Sellerie putzen und in feine Würfel schneiden. Frischkäse und Sellerie unter den Maisgrieß rühren und mit Cayennepfeffer abschmecken.

Je 2 EL Maisgrieß auf ein Kohlblatt geben, Seiten einklappen und Kohlblatt aufrollen. In eine ofenfeste Form legen. Wein, heiße Brühe und Butter verrühren und etwa die Hälfte über die Kohlröllchen gießen. Form mit Alufolie verschließen und im vorgeheizten Backofen bei 200°C etwa 25 Minuten garen. Kohlröllchen herausnehmen und die Brühe aufheben. Kerbel abspülen und fein hacken. Restliche Brühe aus der Form und Soßenbinder zusammen aufkochen. Kaffesahne und Senf zugeben und Kerbel unterrühren. Evtl. etwas Kerbel zum Garnieren zurückbehalten. Kerbelsoße über die Kohlröllchen gießen und eventuell mit restlichem Kerbel bestreuen.

Tomatenauflauf mit Feta

Für 4 Personen
Pro Portion: 290 kcal, 9 g Fett, 28 % Fettkalorien, 38 g KH
Zubereitungszeit: ca. 1 Stunde 10 Minuten

750 g Kartoffeln
600 g Tomaten
125 g Feta
1 TL Sonnenblumenöl
1 Beutel Fix für Kartoffel-Gratin von Maggi

Kartoffeln und Tomaten waschen und in Scheiben schneiden. Feta in dünne Scheiben schneiden. Eine Auflaufform mit Öl einfetten. Kartoffelscheiben in die Auflaufform einschichten, Tomaten- und Fetascheiben abwechselnd dachziegelartig darauf legen. In einem Topf 300 ml Wasser erwärmen. Fix für Kartoffel-Gratin einrühren und zum Kochen bringen. Die Soße über den Auflauf gießen und im auf 200°C vorgeheizten Backofen ca. 50 Minuten backen.

Weiße Bohnen in Tomaten-Kräuter-Soße

Für 4 Personen
Pro Portion: 255,8 kcal, 6,2 g Fett, 21,8 % Fettkalorien, 34,5 g KH
Zubereitungszeit: ca. 1 Stunden 30 Minuten
Einweichzeit: ca. 12 Stunden

250 g weiße Bohnen
2 Zwiebeln
2 Knoblauchzehen
500 g Tomaten
2 EL Olivenöl
je 2 Msp. Rosmarin und Oregano
Salz, Pfeffer

Die Bohnen mit kaltem Wasser bedeckt über Nacht einweichen. Am nächsten Tag mit dem Einweichwasser aufkochen und bei milder Hitze etwa 1 Stunde köcheln lassen. Die Zwiebeln und den Knoblauch schälen und fein würfeln. Die Tomaten über Kreuz einritzen, mit kochendem Wasser überbrühen, enthäuten, entkernen und würfeln. Das Öl in einem Topf erhitzen und die Zwiebel- und Knoblauchwürfel darin glasig dünsten. Die Tomaten und die Bohnen dazugeben und bei milder Hitze etwa 10 Minuten köcheln lassen. Die Kräuter zufügen und mit Salz und Pfeffer abschmecken.

TIPP: Die Bohnen können Sie lauwarm oder kalt als Vorspeise servieren. Sie eignen sich auch hervorragend als Beilage zu Fleisch und Fisch.

Wirsing nach Bauernart

Für 4 Personen
Pro Portion: 168 kcal, 3 g Fett, 16 % Fettkalorien, 17 g KH
Zubereitungszeit: ca. 35 Minuten

1 Wirsing
1 Würfel Klare Fleischsuppe
200 g gegartes Kasseler
1 TL Sonnenblumenöl
2 Äpfel
2 Zwiebeln
2 TL Zucker

Wirsing in Streifen schneiden. In einem Topf 375 ml Wasser zum Kochen bringen. Klare Fleischsuppe darin auflösen. Wirsing zugeben, 25 Minuten kochen, abtropfen und in einer Schüssel oder auf Tellern anrichten. Kasseler in kleine Würfel schneiden und in einer Pfanne im Öl braten. Äpfel waschen und in Scheiben schneiden, Zwiebeln schälen und in Würfel schneiden. Beides mitdünsten. Zucker zufügen, unter Rühren karamellisieren lassen und alles über den angerichteten Wirsing geben.

TIPP: Dazu Kartoffeln reichen.

Wirsingrouladen vegetarisch

Für 4 Personen
Pro Portion: 232 kcal, 3,8 g Fett, 17,7 % Fettkalorien, 38 g KH
Zubereitungszeit: ca. 1 Stunde

750 g Kartoffeln
Salz
8 große Wirsingblätter
1 Zwiebel
200 g Zucchini
1 EL Margarine
1–2 EL Curry
100 ml Kaffeesahne (4 % Fett)
Pfeffer
½ Bund Koriander
400 ml Gemüsebrühe
370 g passierte Tomaten
Zucker

Die Kartoffeln schälen, waschen, in Stücke schneiden und 20 Minuten in Salzwasser garen. Die Wirsingblätter waschen, in kochendem Salzwasser 1 Minute blanchieren und abschrecken. Die dicken Mittelrippen flach schneiden und die Blätter trockentupfen. Die Zwiebel abziehen, die Zucchini putzen, waschen, beides sehr fein würfeln und in der Margarine glasig dünsten. Den Curry darüber stäuben und die Kaffeesahne zugießen. Die Kartoffeln abgießen, durch die Kartoffelpresse in die Zucchini-Sahne-Masse drücken. Alles gut verrühren und mit Salz und Pfeffer würzen. Den Koriander hacken und untermengen.

Jeweils zwei Wirsingblätter überlappend auf die Arbeitsfläche legen. Ein Viertel der Kartoffelmasse darauf geben, die Seitenränder einschlagen und zu Rouladen aufrollen. Mit Rouladenspießen fixieren und in der kochenden Gemüsebrühe zugedeckt bei geringer Hitze ca. 20 Minuten köcheln. Die Tomaten aufkochen, mit Salz, Pfeffer und einer Prise Zucker würzen. Die Rouladen aus der Brühe heben, gut abtropfen lassen und mit der Soße servieren.

Nudelgerichte

Bandnudeln mit Zucchinistreifen

Für 4 Personen
Pro Portion: 516 kcal, 8 g Fett, 14 % Fettkalorien, 88 g KH
Zubereitungszeit: ca. 20 Minuten

4 Zucchini
2 Zwiebeln
1 EL Öl
1 TL Oregano
300 ml Milch (1,5 % Fett)
2 TL Fix Soßenbinder
4 EL Frischkäse (20 % Fett i. Tr.)
Salz, Pfeffer
400 g Bandnudeln
1 Schälchen Kresse

Zucchini waschen und in Streifen schneiden. Zwiebeln schälen, halbieren und in Streifen schneiden. Das Öl erhitzen und die Zwiebeln darin kurz andünsten. Zucchini zugeben und einige Minuten mitdünsten. Oregano und Milch zugeben. 3 Minuten köcheln lassen, dann kurz aufkochen und mit dem Soßenbinder abbinden. Käse unterheben und die Zucchinimasse beiseite stellen. Nudeln in Salzwasser garen und abschütten. Mit der Soße servieren und die Kresse darüber streuen.

Artischockennudeln mit Salbei und Zucchini

Für 4 Personen
Pro Portion: 510 kcal, 12 g Fett, 21,4 % Fettkalorien, 89,7 g KH
Zubereitungszeit: ca. 40 Minuten

1 Zwiebel
2 Knoblauchzehen
2 Zucchini (500 g)
1 Dose eingelegte Artischocken (240 g)
1 EL Olivenöl
250 ml Gemüsebrühe
50 ml trockener Weißwein
100 ml Kaffeesahne (10% Fett)
1 EL Speisestärke
Salz, Pfeffer
400 g Nudeln
5 Salbeiblätter

Zwiebel und Knoblauch schälen und hacken. Zucchini putzen und in Streifen schneiden. Eingelegte Artischocken klein schneiden. Zucchini in etwas Wasser oder Artischockenflüssigkeit dünsten und die Artischocken zum Schluss miterhitzen. Öl in einem großen Topf erhitzen. Zwiebel und Knoblauch darin andünsten, mit Brühe und Wein ablöschen. Artischocken und Zucchini zufügen, die Sahne mit der Speisestärke verrühren und ebenfalls zugeben. Das Ganze ca. 5 Minuten garen, mit Salz und Pfeffer würzen. Nudeln in kochendem, gesalzenem Wasser nach Packungsanweisung bissfest garen, anschließend abtropfen lassen. Salbeiblätter klein zupfen, mit den Nudeln mischen. Nudeln mit Artischocken-Zuchini-Gemüse servieren.

Gemüsenudeln

Für 4 Personen
Pro Portion: 503 kcal, 4 g Fett, 16,5 % Fettkalorien, 84,5 g KH
Zubereitungszeit: ca. 30 Minuten

300 g Zucchini
300 g Möhren
250 g Lauchzwiebeln
2 Knoblauchzehen
400 g Tomaten
350 g Paprikaschoten
2 Zweige frischer Thymian
Pfeffer
1 EL Olivenöl
400 g Hörnchennudeln (ohne Ei)
100 ml Kaffeesahne (10 % Fett)
Salz
1 großes Bund Basilikum

Zucchini waschen und in Scheiben schneiden. Möhren schälen und würfeln. Lauchzwiebeln putzen, waschen und in kleine Stücke schneiden. Abgezogene Knoblauchzehen hacken. Tomaten abziehen und würfeln. Paprikaschoten putzen, waschen und in Streifen schneiden. Zerkleinertes Gemüse und Thymianzweige in einem Topf vermischen. 2 EL Wasser, eine kräftige Prise Pfeffer und Öl hinzufügen. Gemüse aufkochen und zugedeckt bei kleiner Hitze in etwa 15 Minuten gerade eben weich garen. Dabei einige Male umrühren. Nudeln in reichlich Salzwasser bissfest kochen, abgießen, abtropfen lassen und mit der Kaffesahne unter das Gemüse mischen. Mit Salz und Pfeffer abschmecken und mit Basilikumblättchen bestreut servieren.

Mozzarella-Nudelauflauf

Für 4 Personen
Pro Portion: 675 kcal, 20,8 g Fett, 27,7 % Fettkalorien, 84 g KH
Zubereitungszeit: ca. 50 Minuten

400 g kurze Nudeln
Salz
1 getrocknete Chilischote
1 Päckchen tiefgefrorene Zwiebeln mit Knoblauch
30 g Butter
1 Dose geschälte Tomaten (800 g Füllmenge)
Zucker
2 Mozzarella (250 g)
½ Bund Basilikum
60 g geriebener Parmesan

Nudeln nach Packungsanweisung in gesalzenem Wasser garen. Chilischote fein hacken. Chili und Zwiebeln mit Knoblauch in der heißen Butter andünsten. Tomaten mit Flüssigkeit zugeben, dabei etwas zerkleinern. Mit Salz und Zucker würzen, ca. 15 Minuten offen köcheln lassen. Mozzarella in kleine Würfel schneiden. Basilikum waschen, trockentupfen und fein schneiden. Zur Soße geben und abschmecken. In eine gefettete Auflaufform nacheinander eine Schicht abgetropfte Nudeln, Tomatensoße und Mozzarella geben. Schichten, bis die Zutaten aufgebraucht sind. Parmesan darüber streuen. Im vorgeheizten Backofen bei 200°C ca. 15 Minuten überbacken.

Nudelomelett

Für 4 Personen
Pro Portion: 639 kcal, 11,5 g Fett, 16 % Fettkalorien, 101,5 g KH
Zubereitungszeit: ca. 40 Minuten

500 g Spaghetti
Salz
3 Möhren (300 g)
2 Stangen Lauch (400 g)
1 EL Öl
100 g gegarte Putenbrust in Scheiben
Pfeffer, Muskat
4 Eier
8 EL Mineralwasser
½ Bund Petersilie

Spaghetti in gesalzenem Wasser nach Packungsanweisung kochen. Möhren und Lauch waschen, putzen, in feine Streifen schneiden und im heißen Fett ca. 8 Minuten dünsten. Mit Pfeffer und Muskat würzen. Abgetropfte Nudeln und in Streifen geschnittene Putenbrust dazugeben und zusammen leicht anbraten. Eier, Mineralwasser, Salz und Pfeffer verquirlen und darüber gießen. Zugedeckt bei geringer Hitze 10–15 Minuten stocken lassen. Petersilie waschen, trockentupfen, Blättchen von den Stängeln zupfen und fein hacken. Das Nudelomelett damit bestreuen.

Nudeln mit grünem Spargel und Schinken

Für 4 Personen
Pro Portion: 648 kcal, 16 g Fett, 22 % Fettkalorien, 81 g KH
Zubereitungszeit: ca. 30 Minuten

1 kg grüner Spargel
400 g breite Bandnudeln
Salz
1 Bund Kerbel oder glatte Petersilie
60 g Parmesan
40 g Butter
grober Pfeffer
300 g gekochter Schinken ohne Fettrand

Grünen Spargel waschen und die holzigen Enden abschneiden. Den Spargel im unteren Drittel schälen und anschließend in Stücke schneiden. Die Nudeln in gesalzenem Wasser nach Packungsanweisung bissfest garen. 4 Minuten vor Ende der Garzeit den Spargel zugeben. Kerbel oder Petersilie waschen, trockentupfen, die Blättchen abzupfen und grob hacken. Parmesan grob reiben. Nudeln und Spargel abgießen, aber nicht abtropfen lassen. Butter in einer großen Pfanne erhitzen und leicht anbräunen. Dann die Nudeln und den Spargel in der gebräunten Butter schwenken. Gehackten Kerbel bzw. Petersilie unterheben. Mit Salz und groben Pfeffer abschmecken. Geriebenen Parmesan darüber streuen und die Spargelnudeln mit Schinken servieren.

Nudeln mit grüner Soße

Für 4 Personen
Pro Portion: ca. 733,3 kcal, 24,2 g Fett, 29,7% Fettkalorien, 97,3 g KH
Zubereitungszeit: ca. 25 Minuten

2 kleine Zwiebeln
1 EL Öl
150 g Kaffeesahne (10% Fett)
100 g Crème fraîche (40% Fett)
100 g frisch gehackte Kräuter
3 Eigelb
70 g Parmesan
Salz
Pfeffer
etwas Zitronensaft
500 g Spaghetti

Zwiebeln schälen, in feine Würfel schneiden und in heißem Öl in einer Pfanne andünsten. Die Hitzezufuhr verringern, Kaffeesahne und Crème fraîche dazugeben und etwas einkochen lassen. Gehackte Kräuter untermengen. Eigelb mit Parmesan vermengen und unter die Soße heben. Mit Salz, Pfeffer und Zitronensaft abschmecken, nicht mehr kochen lassen. Spaghetti in Salzwasser »al dente« garen und zusammen mit der Kräutersoße servieren.

Nudeln mit Spargel und Garnelen

Für 4 Personen
Pro Portion: 524 kcal, 5,3 g Fett, 9,2 % Fettkalorien, 81,3 g KH
Zubereitungszeit: ca. 20 Minuten

500 g grüner Spargel
400 g Nudeln
Salz
300 g Tiefseegarnelen
1 EL Olivenöl
4 EL tiefgefrorene Petersilie
abgeriebene Schale von 1 unbehandelten Zitrone
2–3 EL Zitronensaft
200 ml Weißwein
200 ml Gemüsebrühe
1 kleine Kartoffel (ca. 50 g)
Pfeffer

Nudelwasser zum Kochen bringen, in der Zwischenzeit Spargel waschen und das untere Drittel schälen. Dann Spargel längs halbieren und in mundgerechte Stücke schneiden. Nudeln nach Packungsanweisung bissfest kochen, in den letzten 3 Minuten den Spargel mitkochen. Garnelen im heißen Öl ca. 1 Minute kräftig anbraten. Petersilie, Zitronenschale und -saft, Wein und Brühe zugeben. Kartoffel schälen, in die Soße reiben und aufkochen lassen. Abgetropfte Nudel-Spargel-Mischung unterheben und abschmecken.

Nudel-Linsen-Eintopf

Für 4 Personen
Pro Portion: 566 kcal, 10 g Fett, 16 % Fettkalorien, 92 g KH
Zubereitungszeit: ca. 25 Minuten

300 g Spaghetti
Salz
2 Zwiebeln
2 Stangen Lauch
1 EL Pflanzenöl
50 g Speck
je 1 TL Curry- und Paprikapulver
400 ml Gemüsebrühe
1 Dose rote Linsen (400 g)
Pfeffer, Essig, Zitronensaft

Nudeln in Salzwasser bissfest garen und abschütten. Zwiebeln schälen, Lauch waschen, beides in feine Streifen schneiden. Speck würfeln. Öl erhitzen und Zwiebeln und Speck einige Minuten darin dünsten. Curry- und Paprikapulver darüber stäuben und unterrühren. Lauch zugeben und mit der Brühe auffüllen. 6 Minuten köcheln. Linsen zugeben und abschmecken und weitere 4 Minuten köcheln. Nudeln unterheben und einige Minuten ziehen lassen.

Nudeltopf mit buntem Gemüse

Für 4 Personen
Pro Portion: 300 kcal, 7,5 g Fett, 22,5 % Fettkalorien, 35 g KH
Zubereitungszeit: ca. 30 Minuten

2 Zwiebeln
500 g gelbe und grüne Paprikaschoten
2 Fleischtomaten
2 EL Sonnenblumenöl
6 TL Gemüsebrühe-Pulver
150 g Schleifchennudeln
½ Bund Petersilie
½ Bund Basilikum
Salz, Pfeffer

Zwiebeln schälen und in kleine Würfel schneiden, Paprikaschoten waschen und in feine Streifen schneiden. Fleischtomaten häuten und in Würfel schneiden. In einem großen Topf Sonnenblumenöl heiß werden lassen und die Zwiebeln darin glasig dünsten. Paprika und Tomaten zugeben und mitdünsten. 1,5 l Wasser zugießen und zum Kochen bringen. Gemüsebrühe-Pulver darin auflösen und ca. 20 Minuten bei mittlerer Hitze köcheln. Ca. 10 Minuten vor Ende der Garzeit Schleifchennudeln zugeben und al dente kochen. Petersilie und Basilikumblätter hacken und unterrühren, evtl. noch mit Salz und Pfeffer würzen und abschmecken.

Pilz-Nudel-Pfanne mit Spinat

Für 3 Personen
Pro Portion: 410 kcal, 10 g Fett, 22 % Fettkalorien, 57 g KH
Zubereitungszeit: ca. 35 Minuten

210 g Spaghetti
1 große Zwiebel
1 EL Sonnenblumenöl
400 g Austernpilze oder frische Champignons
600 g TK-Blattspinat
Salz, Pfeffer
5 EL Weißwein
150 ml Kaffeesahne (10 % Fett)

Zuerst einen großen Topf mit Salzwasser zum Kochen bringen und die Nudeln al dente kochen. Zwiebel schälen, würfeln und in einer großen Pfanne in dem Öl glasig andünsten. Pilze putzen und dazugeben. Unter Rühren etwa 3–4 Minuten braten. Gefrorenen Blattspinat dazugeben, auftauen lassen, dabei hin und wieder umrühren. Mit Salz und Pfeffer würzen, abschmecken und mit Weißwein ablöschen. Mit Kaffeesahne auffüllen und eventuell nachwürzen.

Zusammen mit den Nudeln auf Tellern anrichten.

Spaghetti Bolognese Vegetariana

Für 4 Personen
Pro Portion: 617 kcal, 17 g Fett, 25 % Fettkalorien, 86 g KH
Vorbereitungszeit: ca. 50 Minuten
Zubereitungszeit: ca. 50 Minuten

175 g grüne Linsen
1 große Zwiebel
2 EL Sonnenblumenöl
1 Knoblauchzehe
100 g Möhren
2 EL gehackte Petersilie
2 EL Tomatenmark
Salz
Pfeffer
350 g Spaghetti
15 g Butter (etwa 1 EL)
100 g geriebener Parmesan

Vorbereitend die Linsen in reichlich Wasser 45–50 Minuten weich kochen. Zwiebel schälen und in Scheiben schneiden. Knoblauch ebenfalls schälen und zerdrücken. Möhren schälen und würfeln. Zuerst die Soße bereiten. Dazu die Linsen abgießen und die Flüssigkeit auffangen. Die Zwiebel in dem Öl in einem mittelgroßen Topf 5 Minuten anbraten und etwas bräunen lassen, dann Knoblauch und Möhren hinzufügen. Den Deckel aufsetzen und bei milder Hitze 15 Minuten garen, bis das Gemüse weich ist.

Linsen, Tomatenmark, Petersilie, Salz und Pfeffer und etwas Linsenflüssigkeit einrühren, so dass man eine dickflüssige Konsistenz erhält. Etwa 10 Minuten bevor die Linsensoße fertig ist, die Spaghetti al dente kochen. Gut abtropfen lassen, dann die Spaghetti in der Butter schwenken und mit schwarzem Pfeffer abschmecken. Wieder in den noch warmen Topf geben. Darauf achten, dass Nudeln und Soße wirklich heiß sind, dann die Spaghetti in eine große vorgewärmte Servierschüssel geben und die Soße darüber gießen. Zum Schluss geriebenen Parmesan getrennt dazu reichen.

Nudeln in Sahnesoße mit Schinken

Für 4 Personen
Pro Portion: 702 kcal, 11,7 g Fett, 15,1 % Fettkalorien, 102 g KH
Zubereitungszeit: ca. 30 Minuten

500 g Nudeln
200 g gekochter Schinken ohne Fettrand
400 g Champignons
1 EL Öl
300 ml Milch (1,5 % Fett)
150 g Schmelzkäse (20 % Fett i. Tr.)
2 gestr. EL Stärke
1 EL Gemüsebrühe-Pulver
Salz, Pfeffer, Muskat

Nudeln nach Packungsanweisung kochen. Schinken in kleine Stücke, Champignons in Scheiben schneiden und im Öl anbraten. Milch dazugießen und Schmelzkäse darin auflösen. Stärke in etwas Wasser anrühren, zur Soße geben und aufkochen lassen. Gemüsebrühe dazugeben und kräftig mit Salz, Pfeffer und Muskat würzen.

Spaghetti mit Garnelen

Für 4 Personen
Pro Portion: 623 kcal, 8 g Fett, 12 % Fettkalorien, 103 g KH
Zubereitungszeit: ca. 20 Minuten

500 g Spaghetti
1 Zwiebel
1 Zucchini
1 EL Sonnenblumenöl
1 EL Olivenöl
2 Dosen Tomaten à 425 ml
4 EL Gemüsebrühe-Pulver
½ TL Zucker
Pfeffer
1 Bund Basilikum
300 g Garnelen

Spaghetti nach Packungsanleitung kochen. Zwiebel schälen und in Würfel schneiden, Zucchini waschen und in Streifen schneiden. In einer Pfanne Sonnenblumenöl heiß werden lassen und beides darin anbraten. Tomaten zugeben und zum Kochen bringen. Das Gemüsebrühe-Pulver darin auflösen, mit Zucker und Pfeffer würzen und abschmecken. Ca. 5 Minuten kochen. Basilikum klein schneiden und zur Soße geben. Garnelen waschen, trockentupfen. Das Olivenöl in einer Pfanne heiß werden lassen und Garnelen darin anbraten. Spaghetti mit der Soße und den Garnelen servieren.

TIPP: Dazu empfehlen wir einen gemischten Salat.

Tagliatelle mit Tomatensoße

Für 4 Personen
Pro Portion: 562 kcal, 18 g Fett, 29 % Fettkalorien, 82 g KH
Zubereitungszeit: 30 Minuten

2 Zwiebeln
1–2 Knoblauchzehen
1 EL Olivenöl
500 g Tomaten
2 EL Tomatenmark
1 TL Zucker
100 ml trockener Weißwein
8 schwarze reife Oliven
25 g frisches Basilikum
Salz und Pfeffer
375 g Tagliatelle

Zwiebeln und Knoblauch hacken und kurz anbraten. Tomaten mit kochendem Wasser überbrühen, häuten und klein schneiden. Mit Tomatenmark, Zucker und Wein verrühren. Bei geringer Hitze andicken lassen. Oliven entkernen, vierteln und mit den gehackten Basilikumblättern unterrühren. Mit Salz und Pfeffer abschmecken. Nudeln nach Packungsanweisung bissfest kochen, abgießen und mit Tomatensoße servieren.

Reis- und Kartoffelgerichte

Bratreis mit Krabben

Für 4 Personen
Pro Portion: 373 kcal, 11,5 g Fett, 28 % Fettkalorien, 43 g KH
Zubereitungszeit: ca. 30 Minuten

200 g Langkornreis
2 Paprikaschoten
1 Bund Frühlingszwiebeln (Lauchzwiebeln)
2 Eier
2 EL Sojasoße
2 EL Sonnenblumenöl
Salz, Pfeffer
2 EL Butter
300 g Krabben

Reis nach Packungsanleitung garen. Paprikaschoten waschen, putzen und in kleine Würfel schneiden, Lauchzwiebeln putzen und in feine Ringe schneiden. Eier mit Sojasoße verquirlen. Öl in einer beschichteten Pfanne erhitzen. Paprika und gut die Hälfte der Lauchzwiebelringe bei starker Hitze unter ständigem Rühren 1 Minute braten. Salzen, pfeffern und zugedeckt beiseite stellen. Butter in die Pfanne geben und den Reis unter Rühren etwa 2 Minuten braten. Krabben und Gemüse hinzufügen, 1 Minute weiterbraten. Zum Schluss die verquirlten Eier darüber gießen und unter Wenden bei starker Hitze stocken lassen. Die restlichen Lauchzwiebeln darüber streuen.

Gemüse-Reis-Pfanne

Für 4 Personen
Pro Portion: 276 kcal, 7 g Fett, 23 % Fettkalorien, 38,5 g KH
Zubereitungszeit: ca. 30 Minuten

3 rote Paprikaschoten
1 Staudensellerie
200 g Schalotten
2 Knoblauchzehen
1 EL Olivenöl
150 g Reis
1½ Würfel Klare Gemüsebrühe
2 Bund Basilikum
50 g Parmesan

Die Paprikaschoten putzen, waschen und in Streifen schneiden. Den Staudensellerie ebenfalls putzen, waschen und in Scheiben schneiden. Die Schalotten und die Knoblauchzehen schälen, fein würfeln und im heißen Öl in einer beschichteten Pfanne andünsten. Den Reis und die Selleriescheiben zugeben und kurz mitdünsten. 350 ml Wasser zugießen, zum Kochen bringen, die Gemüsebrühwürfel darin auflösen und 10 Minuten kochen. Die Paprikastreifen zufügen und weitere 10 Minuten mitgaren. Die Basilikumblättchen klein schneiden und unter die Reis-Pfanne mischen. Den Parmesan reiben und darüber streuen.

Gefüllte Tomaten mit Naturreis

Für 4 Personen
Pro Portion: 432 kcal, 13 g Fett, 27 % Fettkalorien, 70 g KH
Zubereitungszeit: ca. 55 Minuten

250 g Naturreis
Salz, Pfeffer
4 große Fleischtomaten
1 große Zwiebel
2 Knoblauchzehen
500 g Kartoffeln
4 EL Sonnenblumenöl
2 TL ungemahlener Kreuzkümmel
2 EL grob gehackter Koriander
1 TL Margarine zum Einfetten
Korianderzweige

Den Reis rechtzeitig in Salzwasser aufsetzen, da er ca. 45 Minuten benötigt, bis er gar ist. Den oberen Teil der Tomaten abschneiden und aufheben, die Tomaten aushöhlen. Das Tomatenfruchtfleisch hacken, mit Salz und Pfeffer würzen, dann in eine leicht eingefettete, flache, feuerfeste Form geben, in der alle Tomaten nebeneinander Platz finden. Die Tomaten innen mit Salz bestreuen und dann zum Entwässern umdrehen. Den Backofen auf 200°C vorheizen. Die Zwiebel schälen und würfeln. Knoblauchzehen schälen und zerdrücken. Kartoffeln schälen und in etwa 5 mm große Würfel schneiden.

Für die Füllung die Zwiebel mit dem Öl in einer Pfanne 5 Minuten anbraten, dann die Kartoffeln und den Knoblauch zugeben. 10 Minuten garen, dann den Kreuzkümmel und den Koriander hinzufügen. Weitere 4–5 Minuten garen, bis die Kartoffeln gerade weich sind. Mit Salz und Pfeffer würzen. Die Kartoffelmischung in die Tomaten füllen. Die Tomaten in die

Form auf das Tomatenfruchtfleisch stellen, die abgeschnittenen Deckel wieder aufsetzen und 15–20 Minuten im Ofen backen, bis die Tomaten gerade weich sind. Mit Koriander garnieren und sofort zusammen mit dem gegarten Reis servieren.

Mais-Reis

Für 4 Personen
Pro Portion: 250 kcal, 1,5 g Fett, 5 % Fettkalorien, 54 g KH
Zubereitungszeit: ca. 30 Minuten

2 TL Hühnerbrühe-Pulver
2 Tassen Langkornreis (200 g)
1 Dose Maiskörner (425 ml)

In einem Topf 4 Tassen Wasser (400 ml) zum Kochen bringen. Hühner-Bouillon darin auflösen. Reis zugeben, aufkochen und im geschlossenen Topf bei geringer Wärmezufuhr in ca. 20 Minuten ausquellen lassen. 5 Minuten vor Ende der Garzeit Mais abtropfen lassen und zugeben.

Reispilaw mit Erbsen

Für 4 Personen
Pro Portion: 285 kcal, 6 g Fett, 19 % Fettkalorien, 53 g KH
Zubereitungszeit: ca. 45 Minuten

250 g Reis
2 Zwiebeln
2 EL Sonnenblumenöl
2–3 Gewürznelken
1 cm Stangenzimt
1 braune Kardamomkapsel
1 TL Kreuzkümmelsamen
100 g frische oder tiefgefrorene Erbsen
1 TL Salz

Reis waschen und 20 Minuten einweichen, gut abtropfen lassen und beiseite stellen. Zwiebeln schälen und in Ringe schneiden. In einem schweren Topf im Öl schmoren. Gewürznelken, Zimt, aufgeschnittene Kardamomkapsel und Kreuzkümmel dazugeben. Schmoren, bis die Zwiebeln dunkelbraun sind.

Mit 400 ml Wasser auffüllen und aufkochen. Reis und Erbsen dazugeben, Salz unterrühren und Hitze soweit reduzieren, dass das Ganze gerade noch siedet.

Topf mit einem Deckel fest verschließen und 20 Minuten garen. Vor dem Servieren 2–3 Minuten stehen lassen.

Bratkartoffeln mit Spiegelei

Für 4 Personen
Pro Portion: 303 kcal, 9,5 g Fett, 28 % Fettkalorien, 39,5 g KH
Zubereitungszeit: ca. 25 Minuten

1 kg Pellkartoffeln
2 Zwiebeln
1 TL Sonnenblumenöl
Rauchsalz, Pfeffer
2 EL flüssiger Würzfond
1 TL Margarine
4 Eier
Salz
4 Gewürzgurken

Kartoffeln pellen und in Scheiben schneiden. Zwiebeln schälen und würfeln. Das Öl in einer großen, beschichteten Pfanne erhitzen, Kartoffelscheiben hineingeben, anbraten, mit Rauchsalz und Pfeffer bestreuen und wenden. Zwiebeln zufügen. Würzfond mit 5 EL Wasser vermischen und an die Kartoffeln gießen. Kartoffeln öfter wenden und braten, bis sie rundum braun sind. Wenn nötig, noch etwas Wasser nachgießen. In einer separaten Pfanne die Margarine erhitzen, Eier vorsichtig aufschlagen, nebeneinander in die Pfanne gleiten lassen, mit Salz bestreuen und bei mittlerer Hitze so lange braten, bis sie fest sind. Bratkartoffeln mit Salz und Pfeffer abschmecken, auf 4 Teller verteilen und mit je 1 Gewürzgurke und 1 Spiegelei servieren.

TIPP: Dazu empfehlen wir einen knackigen Salat.

Curry mit Süßkartoffeln und Spinat

Für 4 Personen
Pro Portion: 267 kcal, 9 g Fett, 30 % Fettkalorien, 43 g KH
Zubereitungszeit: ca. 35 Minuten

500 g Süßkartoffeln
Salz
1 Zwiebel
2 Knoblauchzehen
1 TL Kurkuma
3 EL Öl
1 große Chilischote
400 ml Kokosmilch
250 g frischer Blattspinat

Süßkartoffeln schälen, würfeln und 8–10 Minuten in Salzwasser weich kochen. Zwiebeln und Knoblauch schälen und hacken, dann zusammen mit Kurkuma kurz im Öl anbraten. Chilischote entkernen, hacken und kurz mitbraten. Kokosmilch zufügen und alles unter Rühren aufkochen lassen. Den Spinat waschen und putzen. Süßkartoffeln unterheben, das Curry salzen und anschließend den Spinat unterrühren. Zugedeckt alles noch mal 3 Minuten köcheln lassen, abschmecken und fertig!

Kartoffel-Rosenkohl-Ragout

Für 4 Personen
Pro Portion: 270 kcal, 4 g Fett, 13,3 % Fettkalorien, 42,5 g KH
Zubereitungszeit: ca. 30 Minuten

600 g Rosenkohl
Salz
600 g Kartoffeln
2 Zwiebeln
1 EL Öl
40 g Mehl
1 TL Paprika, edelsüß
125 ml Milch (1,5 % Fett)
500 ml Tomatensaft
Pfeffer
4 Tomaten
½ Bund Petersilie

Rosenkohl putzen und in kochendem Salzwasser ca. 15 Minuten garen. Abtropfen lassen und Gemüsewasser auffangen. Kartoffeln waschen, vierteln und in kochendem Salzwasser ca. 10 Minuten garen. Zwiebeln schälen, würfeln und in einer Pfanne mit dem Öl andünsten. Mit Mehl und Paprikapulver bestäuben und verrühren. Mit Milch, 250 ml Rosenkohlwasser und Tomatensaft ablöschen. Aufkochen lassen und bei schwacher Hitze 5 Minuten köcheln lassen. Soße mit Salz und Pfeffer abschmecken. Tomaten waschen, vierteln und entkernen. Fruchtfleisch halbieren. Kartoffeln, Rosenkohl und Tomaten in die Soße geben und erwärmen. Petersilie waschen und trockenschütteln. Blättchen von den Stielen zupfen, fein hacken und über das Ragout streuen.

Kartoffelpüree

Für 4 Personen
Pro Portion: 170 kcal, 1 g Fett, 5 % Fettkalorien, 33 g KH
Zubereitungszeit: ca. 35 Minuten

800 g mehlig kochende Kartoffeln
250 ml Milch (1,5 % Fett)
1 gute Prise Muskatnuss
Salz, Pfeffer

Kartoffeln waschen und in der Schale weich dämpfen. Leicht abkühlen lassen, pellen, durch die Kartoffelpresse drücken oder fein zerstampfen. Milch erhitzen, über die Kartoffeln gießen, mit dem Schneebesen glatt rühren und mit Muskat, Salz und Pfeffer abschmecken.

Kartoffel-Wirsing-Lasagne

Für 4 Personen
Pro Portion: 381,5 kcal, 8 g Fett, 18,8 % Fettkalorien, 46,3 g KH
Zubereitungszeit: ca. 50 Minuten

5–6 grüne Wirsingblätter
1 kg Kartoffeln
600 ml Milch (1,5 % Fett)
1 TL Gemüsebrühe-Pulver
6 gestr. EL weißer Soßenbinder
Salz, Pfeffer, Muskatnuss
150 g gekochter Schinken ohne Fettrand (6 dünne Scheiben)
100 g geriebener Edamer (30 % Fett i. Tr.)

Wirsingblätter in kochendem Wasser 3–4 Minuten blanchieren. Blätter herausnehmen, in eiskaltes Wasser tauchen, gut abtropfen lassen und trockentupfen. Die mittleren dicken Strünke entfernen. Kartoffeln waschen, schälen und in dünne Scheiben schneiden. Milch erhitzen, Gemüsebrühe-Pulver darin auflösen, Soßenbinder einrühren. Mit Salz, Pfeffer und Muskatnuss würzen. Kartoffelscheiben zugeben, unter Rühren aufkochen und ca. 3 Minuten bei schwacher Hitze kochen lassen. Eine flache Auflaufform fetten, 2 Wirsingblätter hineinlegen, 2 Scheiben Schinken und darüber eine dünne Schicht Kartoffelscheiben geben. Den Vorgang zweimal wiederholen, so dass mit einer Schicht Kartoffelscheiben abgeschlossen wird. Die Lasagne mit Käse bestreuen und im vorgeheizten Backofen bei 200°C ca. 35 Minuten goldbraun backen.

Kartoffel-Knoblauch-Püree

Für 4 Personen
Pro Portion: 146 kcal, 3,5 g Fett, 22 % Fettkalorien, 23 g KH
Zubereitungszeit: ca. 45 Minuten

500 g Kartoffeln
Salz
10 Knoblauchzehen
250 ml Milch (1,5 % Fett)
1 EL Olivenöl
1 EL gehackte Basilikumblättchen

Die Kartoffeln waschen, schälen und in Salzwasser kochen. Knoblauchzehen schälen und im Ganzen dazugeben. Zusammen gar kochen und anschließend abgießen. Die Milch erhitzen, mit dem Olivenöl zufügen und kräftig durchstampfen, aber nicht rühren! Mit Salz abschmecken und mit Basilikum bestreut servieren.

TIPP: Das Püree passt hervorragend zu Lammgerichten oder kurz gebratenem Schweine- oder Rindfleisch.

Kartoffelwürfel mit Spinat

Für 4 Personen
Pro Portion: 95 kcal, 3 g Fett, 28 % Fettkalorien, 12 g KH
Zubereitungszeit: ca. 35 Minuten

500 g TK-Blattspinat
300 g Kartoffeln
1 EL Sonnenblumenöl
½ TL Kreuzkümmelsamen
1 Tomate
¼ TL Kurkuma
½ TL Chilipulver
Salz

Tiefgefrorenen Spinat auftauen und in einem Sieb abtropfen lassen. Kartoffeln nicht schälen, sondern gründlich reinigen. Kartoffeln vierteln, dann nochmals zerkleinern, bis jede 8–12 Stücke ergibt. Öl in einem mittelgroßen, schweren Topf erhitzen und Kreuzkümmelsamen rösten. Wenn diese zu schmoren beginnen, gewürfelte Tomate, Kurkuma, Chilipulver und Salz dazugeben. Gut vermengen und eine halbe Minute erhitzen. Spinat und Kartoffeln dazugeben und gut mit den Gewürzen verrühren. Zugedeckt 15–20 Minuten köcheln lassen. Wenn dann noch Feuchtigkeit vorhanden ist, Deckel abnehmen und bei mittlerer Hitze einige Minuten kochen. Vorsicht, nicht anbrennen lassen!

Kreolische Würz-Kartoffeln

Für 4 Personen
Pro Portion: 109,5 kcal, 2,5 g Fett, 20,5 % Fettkalorien, 17,5 g KH
Zubereitungszeit: ca. 1 Stunde

1 TL Salz
½ TL Pfeffer
¼ TL Cayennepfeffer
1 TL Paprikapulver, edelsüß
1 Msp. Knoblauchpulver
½ TL Estragon
½ TL Basilikum
4 Kartoffeln
1 Fleischtomate
2 Zwiebeln
100 g Champignons
1 EL Butter

Für die kreolische Würzmischung alle Gewürze und Kräuter mischen. Die Kartoffeln waschen, mit Schale ca. 15 Minuten in Salzwasser kochen, dann im vorgeheizten Backofen bei 200°C ca. 20 Minuten backen. Abkühlen lassen und in kleine Würfel schneiden. Die Fleischtomate brühen, häuten, den Stielansatz entfernen und das Fruchtfleisch in kleine Würfel schneiden. Die Zwiebeln schälen und fein würfeln. Die Champignons putzen und in dünne Scheiben schneiden. In einem Topf die Butter heiß werden lassen und die Zwiebeln darin andünsten. Die Kartoffeln, die Champignons und die Tomate zugeben, mit 3 TL kreolischer Würzmischung würzen und 5 Minuten garen.

TIPP: Dazu empfehlen wir einen Jogurt-Knoblauch-Dip.

Pellkartoffeln mit Schafskäse-Quark

Für 4 Personen
Pro Portion: 376 kcal, 10,2 g Fett, 24,4 % Fettkalorien, 39,8 g KH
Zubereitungszeit: ca. 30 Minuten

800 g Kartoffeln
400 g Magerquark
200 g Schafskäse
1 EL Zitronensaft
3 EL Mineralwasser
Salz, Pfeffer
Paprikapulver
2 Pck. tiefgefrorene gemischte Kräuter
2 Bund Radieschen

Kartoffeln gründlich waschen und mit Schale 20 Minuten garen. Quark mit zerdrücktem Schafskäse, Zitronensaft, Mineralwasser und Gewürzen cremig rühren. Kräuter hinzufügen. Radieschen putzen und waschen. Die Kartoffeln pellen und mit Quark und Radieschen anrichten.

Schmorbohnen mit Quetschkartoffeln

Für 4 Personen
Pro Portion: 269 kcal, 8 g Fett, 27 % Fettkalorien, 41 g KH
Zubereitungszeit: 30 Minuten

600 g grüne Bohnen
700 g fest kochende Kartoffeln
2 Zwiebeln
1 EL Pflanzenöl
2 TL Tomatenmark
1 TL Bohnenkraut
400 ml passierte Tomaten
Salz, Pfeffer, Zucker
2 EL gehobelte Mandeln

Bohnen waschen und putzen. Kartoffeln gründlich waschen und in Salzwasser garen. Zwiebeln schälen und in Würfel schneiden. Öl erhitzen und die Zwiebeln darin glasig dünsten. Tomatenmark und Bohnenkraut kurz mitdünsten. Bohnen und passierte Tomaten zugeben. Das Ganze aufkochen und abschmecken. Abgedeckt ca. 10 Minuten köcheln lassen. Kartoffeln pellen und heiß mit den Schmorbohnen servieren. Mit den Mandeln garnieren.

Süße Reibekuchen

Für 4 Personen
Pro Portion: ca. 395 kcal, 42,6 g Fett, 24,2 % Fettkalorien, 233 g KH
Zubereitungszeit ca. 20 Minuten

250 g gekochte Kartoffeln
250 g Äpfel
100 g Mehl
4 Eier
60 g Zucker
1 Prise Salz
50 g Sultaninen
20 g Margarine zum Backen
Zimt

Gekochte Kartoffeln und Äpfel reiben und zusammen mit Mehl, Eiern, 40 g Zucker, Salz und den Sultaninen zu einem dickflüssigen Teig verrühren. Margarine in einer Pfanne schmelzen lassen, den Teig portionsweise darin backen. Mit restlichem Zucker und mit Zimt bestreuen.

Backwaren – süß und pikant

Apfelkuchen mit Sahneguss

Für 12 Stück
Pro Stück: 141 kcal, 3 g Fett, 19 % Fettkalorien, 25 g KH
Zubereitungszeit: ca. 1 Stunde 20 Minuten

2 Eier
125 g Zucker
500 g Äpfel
150 g Mehl
150 g Jogurt (1,5 % Fett)
1 TL Zimt
1 EL Zucker
150 ml saure Sahne (10 % Fett)
1 Päckchen Citroback oder 3 Tropfen Backaroma Zitrone

Die Eier trennen und das Eiweiß steif schlagen. Das Eigelb mit 75 g Zucker schaumig rühren. Die Äpfel schälen, vierteln, das Kerngehäuse herausschneiden und die Äpfel in Scheiben schneiden. Den Backofen auf 200°C vorheizen und eine Springform mit Backpapier auslegen. Das Mehl und den Jogurt unter die Eigelbmasse rühren und das Eiweiß unterheben. Den Teig in der Form gleichmäßig verstreichen und die Apfelscheiben ringförmig auf dem Teig verteilen. Den Zimt mit dem 1 EL Zucker vermischen und darüber streuen. Die saure Sahne mit den restlichen 50 g Zucker und dem Citroback oder dem Backaroma verrühren und über den Äpfeln verstreichen. Den Kuchen 40–50 Minuten auf mittlerer Schiene backen.

Apfelkuchen mit Quark-Sahne-Haube

Für 12 Stück
Pro Stück: 258,5 kcal, 6,5 g Fett, 21,9 % Fettkalorien, 40,8 g KH
Zubereitungszeit: ca. 1 Stunde 30 Minuten

180 g Weizenmehl
1 TL Backpulver
100 g Zucker
80 g Halbfettmargarine
1 Pck. Vanillinzucker
5 Eier
750 g Äpfel (Boskop)
250 g Magerquark
150 g Zucker
2 TL Speisestärke
100 ml Kaffeesahne (4 % Fett)

Aus dem Mehl, dem Backpulver, dem Zucker, dem Fett, dem Vanillinzucker und einem Ei einen Mürbeteig kneten. Den Teig ausrollen, in eine mit Backpapier ausgelegte Springform legen, einen Rand von 3 cm hochziehen. Die Äpfel waschen, schälen, das Kerngehäuse entfernen, in Scheiben schneiden und auf den Teig geben. Falls die Äpfel sehr fest sind, leicht andünsten und etwas abkühlen lassen, bevor sie auf den Teig kommen. Den Backofen auf 180°C vorheizen. Die restlichen 4 Eier trennen. Die Eigelb, den Quark, den Zucker, die Stärke und die Kaffeesahne verrühren. Das Eiweiß steif schlagen und unterheben. Die Quark-Sahne-Masse auf die Äpfel geben, die Oberfläche glatt streichen und im Backofen ca. 1 Stunde und 15 Minuten backen.

Apfel-Wein-Kuchen vom Blech

Für 20 Stück
Pro Stück: 311 kcal, 4,5 g Fett, 13 % Fettkalorien, 56,5 g KH
Zubereitungszeit: ca. 1 Stunde 10 Minuten
Kühlzeit: ca. 30 Minuten

Knetteig:
300 g Mehl
50 g Speisestärke
1 TL Backpulver
150 g Zucker
1 Vanillinzucker
1 Prise Salz
2 Eier
150 g Halbfettmargarine

Apfelfüllung:
2 kg säuerliche Äpfel
Saft von 1 Zitrone
3 Pck. Puddingpulver Vanillegeschmack
100 g Zucker
2 Vanillinzucker
500 ml Weißwein
500 ml Apfelsaft

Weinguss:
3 Pck. Tortenguss, klar
100 g Zucker
375 ml Weißwein
300 ml Apfelsaft

Aus den Zutaten einen Knetteig bereiten und auf einem mit Backpapier ausgelegten Backblech (ca. 30 x 40 cm) ausrollen. Bei 200°C etwa 15 Minuten vorbacken. Äpfel schälen, vierteln, das Kerngehäuse entfernen, die Äpfel in Scheiben schneiden und sofort mit Zitronensaft beträufeln. Puddingpulver mit Zucker und Vanillinzucker mischen, nach und nach mit etwa 100 ml Wein glatt rühren. Den Saft und den restlichen Wein zum Kochen bringen, die Puddingmischung zufügen und unter Rühren einmal aufkochen lassen. Apfelscheiben untermengen, die Mischung auf den vorgebackenen Boden geben und glatt streichen.

Das Blech wieder in den Ofen schieben und ca. 35 Minuten weiterbacken. Tortenguss und Zucker in einem Topf mischen, mit etwas Wein glatt rühren. Nach und nach den Apfelsaft und restlichen Wein zufügen und unter Rühren einmal aufkochen lassen. Den Weinguss löffelweise über den erkalteten Kuchen geben und 30 Minuten kühl stellen, damit der Guss erstarrt.

Apfel-Wein-Rolle

Für 12 Stück
Pro Stück: 94 kcal, 2,5 g Fett, 24 % Fettkalorien, 18,5 g KH
Zubereitungszeit: ca. 20 Minuten
Backzeit: ca. 15 Minuten

Biskuitteig:
3 Eier
1 Eigelb
150 g Zucker
100 g Weizenmehl
1 gestr. TL Backpulver

Apfelfüllung:
2–3 säuerliche Äpfel
2 EL Zitronensaft
100 ml trockener Weißwein oder Apfelsaft
1 Pck. Vanillesoße zum Kochen
50 g Zucker
50 g gehobelte Mandeln
Puderzucker zum Bestäuben

Äpfel schälen, vierteln, entkernen und in feine Stifte schneiden. Äpfel mit Zitronensaft und 50 ml Weißwein oder Apfelsaft etwa 5 Minuten dünsten. Soßenpulver mit dem Zucker mischen, mit übrigem Weißwein bzw. Apfelsaft glatt rühren, zur Apfelmasse geben und alles unter Rühren aufkochen lassen. Topf vom Herd nehmen, Mandeln unterrühren und abkühlen lassen.

Biskuitteig aus den angegebenen Zutaten zubereiten, auf ein mit kaltem Wasser gut befeuchtetes und mit Backpapier belegtes Backblech (30 x 40 cm) geben, glatt streichen und sofort im vorgeheizten Backofen bei etwa 200°C ca. 10 Minuten backen.

Dann die Biskuitplatte auf ein mit Zucker bestreutes S Backpapier stürzen, mitgebackenes Backpapier abziehen. Apr füllung gleichmäßig darauf verstreichen, dabei an den Seiten jeweils 1 cm freilassen. Von der Längsseite aufrollen und völlig erkalten lassen. Vor dem Servieren mit Puderzucker bestäuben.

Günthers liebster Käsekuchen

Für 16 Stück
Pro Stück: 180 kcal, 3 g Fett, 15 % Fettkalorien, 24 g KH
Zubereitungszeit: ca. 15 Minuten
Backzeit: ca. 60 Minuten

1 kg Magerquark
250 g Sahnequark
3 Eier
200 g Zucker
2 Pck. Vanillezucker
1 Pck. Vanillepuddingpulver
1 TL Backpulver
55 g Grieß
1 Dose Aprikosen (250 g Einwaage)

Quark und Eier in einer Rührschüssel miteinander verrühren. Alle übrigen Zutaten, bis auf die Aprikosen, vermischen und unter die Quarkmasse heben.

Die Hälfte der Quarkmasse in eine mit Backpapier ausgelegte Springform füllen, die Aprikosen darauf verteilen und die restliche Quarkmasse darüber geben. Im vorgeheizten Backofen auf der mittleren Schiene bei etwa 180°C ca. 60 Minuten backen.

…nkuchen

…kcal, 6,9 g Fett, 26,3 % Fettkalorien,

…ungszeit: ca. 40 Minuten
Backzeit: ca. 30 Minuten

1 Dose Aprikosen (400 g)
ca. 12 Markenzwiebäcke von Brandt
750 ml Milch (1,5 % Fett)
60 g Grieß
150 g gemahlener Mohn
1 Prise Salz
100 g Zucker
100 g Rosinen
2 Eiweiß
3 EL kernige Haferflocken

Die Aprikosen abtropfen lassen, dabei den Saft auffangen. Eine Springform (26 cm Durchmesser) mit Backpapier auslegen. Den Boden mit den Zwiebäcken belegen, mit etwas Saft beträufeln und die Früchte darauf verteilen. Die Milch zum Kochen bringen, den Grieß und den Mohn einstreuen, noch einmal aufkochen, Salz, Zucker und Rosinen unterrühren und bei geringer Hitze etwa 10 Minuten ausquellen lassen. Abkühlen lassen, das Eiweiß steif schlagen und unterrühren. Den Backofen auf 200°C vorheizen. Den Mohn-Grieß-Pudding auf die Aprikosen streichen und ca. 30 Minuten backen. Nach der Hälfte der Backzeit mit den Haferflocken bestreuen und fertig backen.

Birnentarte

Von Günther Schierz
Für 8 Stück
Pro Stück: 352 kcal, 10 g Fett, 25,5 % Fettkalorien, 60 g KH
Zubereitungszeit: ca. 55 Minuten

180 g Weizenmehl
1 TL Backpulver
100 g Zucker
100 g Halbfettmargarine
1 Pck. Vanillinzucker
1 Ei
2 Dosen Birnen, halbe Frucht (à 425 ml)
100 ml Birnensaft
50 g Zucker
2 Nelken
2 EL Speisestärke
3 EL Weißwein
50 g Walnusskerne

Aus dem Mehl, dem Backpulver, dem Zucker, dem Fett, dem Vanillinzucker und dem Ei einen Mürbeteig kneten. Den Teig ausrollen, in eine mit Backpapier ausgelegte Springform legen, einen 3 cm hohen Rand hochziehen und im vorgeheizten Backofen bei 180°C ca. 20 Minuten vorbacken. Die Birnen abtropfen lassen, den Saft auffangen. Die Birnen auf dem Boden verteilen. Den Birnensaft mit dem Zucker und den Nelken zum Kochen bringen. Die Speisestärke mit dem Weißwein anrühren, in die Flüssigkeit rühren und aufkochen. Etwas abkühlen lassen und über die Birnen gießen. Die Walnusskerne hacken, darüber geben und im Backofen ca. 25 Minuten backen. Lauwarm servieren.

TIPP: Servieren Sie dazu Vanille- oder Schokoladensoße.

Himbeer-Baiser

Für 8 Stück
Pro Stück: 292,5 kcal, 9,6 g Fett, 29,5 % Fettkalorien, 47,5 g KH
Zubereitungszeit: ca. 40 Minuten
Backzeit: ca. 3 Stunden
Kühlzeit: ca. 1 Stunde

Für das Baiser:
4 Eiweiß
1 Prise Salz
200 g Zucker
1 Pck. Vanillinzucker
1 EL Speisestärke

Für den Belag:
200 g Jogurt (1,5 % Fett)
50 g Zucker
abgeriebene Schale von ½ unbehandelten Zitrone
4 Blatt weiße Gelatine
100 g Himbeergelee
150 g Schlagsahne
300 g Himbeeren
Puderzucker zum Bestäuben

Das Eiweiß mit dem Salz zu steifem Schnee schlagen, nach und nach unter ständigem Schlagen den Zucker und den Vanillinzucker zufügen. Wenn die Eiweißmasse stark glänzt und der Zucker gelöst ist, die Speisestärke unterrühren. Ein Backblech mit Backpapier auslegen und 8 Kreise mit etwa 8 cm Durchmesser darauf zeichnen. Von der Baisermasse jeweils 1 EL auf die Kreise verstreichen. Den Rest in einen Spritzbeutel mit großer gezackter Tülle füllen und einen Rand oder rundum gleichmäßige Tupfen spritzten. Bei 100°C etwa 3 Stunden mehr trocknen als backen, dabei die Backofentür einen kleinen Spalt offen lassen, damit der Dampf entweichen kann. Die Torteletts müssen weiß bleiben und dürfen keine Farbe bekommen. Nach dem Backen die Baisers herausnehmen und auf einem Rost abkühlen lassen.

Jogurt, Zucker und Zitronenschale verrühren. Gelatine einweichen, auflösen und 2 EL Jogurtmasse unterrühren. Diese Mischung dann unter den restlichen Jogurt rühren und kalt stellen, bis er zu gelieren beginnt. Himbeergelee vorsichtig erwärmen, Baiserboden damit ausstreichen. Fest werden lassen. Sahne steif schlagen, unter die gelierende Jogurtmasse ziehen und auf die Baiserböden geben. Himbeeren darauf verteilen.

TIPP: Vor dem Servieren mit Puderzucker bestäuben.

Jogurtkuchen

Von Frank Will
Für 12 Stück
Pro Stück: 251 kcal, 5 g Fett, 18 % Fettkalorien, 46 g KH
Zubereitungszeit: ca. 45 Minuten
Abtropfzeit: mindestens 8 Stunden oder über Nacht

750 g Jogurt (1,5 % Fett)
3 Eier
200 g Puderzucker
1 unbehandelte Zitrone
250 g Mehl
2 TL Backpulver
½ TL Natron
125 g Zucker
3 EL Zitronensaft
30 g Pistazienkerne

Den Jogurt auf ein mit Filterpapier ausgelegtes Sieb geben und über Nacht im Kühlschrank abtropfen lassen. Die Eier trennen. Das Eigelb und den Puderzucker mit dem Rührbesen des Handrührers cremig rühren. Die Zitronenschale abreiben und zusammen mit dem abgetropften Jogurt unterrühren. Das Eiweiß steif schlagen, auf die Jogurtmasse geben, Mehl, Backpulver und Natron mischen und über den Eischnee sieben. Alles locker unterheben. Den Teig in eine flache, mit Backpapier ausgelegte, ofenfeste Form (30 x 20 cm) füllen und im vorgeheizten Backofen bei 180°C etwa 25–30 Minuten backen.

In der Zwischenzeit die Zitrone auspressen und den Saft mit dem Zucker und 125 ml Wasser etwa 5 Minuten zu einem Sirup kochen. Mit einem Zahnstocher oder einer Gabel viele Löcher in den noch heißen Kuchen stechen, den Sirup darüber träufeln und mit den gehackten Pistazien bestreuen.

Mohnzopf

Ergibt einen großen Zopf, etwa 12 Stücke
Pro Stück: 320 kcal, 10 g Fett, 28 % Fettkalorien, 48 g KH
Zubereitungszeit: ca. 1 Stunde 5 Minuten
Zeit zum Gehen: ca. 1 Stunde 30 Minuten

500 ml Milch (1,5 % Fett)
25 g frische Hefe oder 15 g Trockenhefe und ½ TL Zucker
750 g Mehl (Type 550)
1½ TL Salz
1½ TL Zucker
50 g Butter
1 kleines Ei
100 g Mohn

Zuerst die Milch erwärmen, dann mit der Hefe vermischen (bei Trockenhefe auch ½ TL Zucker hinzufügen) und 10–15 Minuten gehen lassen. Das Mehl, das Salz und 1½ TL Zucker in eine große Rührschüssel geben und die Butter in Flöckchen zufügen. Die Hefemilch zugießen und alles zu einem Teig vermischen. 10 Minuten kneten. Schüssel mit Klarsichtfolie oder einem sauberen Tuch abdecken und etwa 1 Stunde an einem warmen Ort gehen lassen, bis sich das Volumen des Teigs verdoppelt hat.

Den Teig nochmals kurz durchkneten, in drei gleich große Stücke teilen, jedes zu einer etwa 30 cm langen Wurst rollen, die in der Mitte dick ist und an den Enden spitz zuläuft. In der Mitte mit dem Flechten des Zopfs beginnen und an den Enden in schönen Spitzen auslaufen lassen. Das Backblech mit Backpapier belegen, den Zopf darauf legen und nochmals 30 Minuten aufgehen lassen. Den Backofen auf 230°C vorheizen. Den Zopf mit dem gut verrührten Ei bepinseln, mit dem Mohn bestreuen und etwa 35 Minuten im Ofen backen.

Hackfleischschnecken

Für 20 Stück
Pro Stück: 154,2 kcal, 5 g Fett, 29,2 % Fettkalorien, 20,2 g KH
Zubereitungszeit: ca. 25 Minuten
Gehzeit: ca. 1 Stunde 30 Minuten
Backzeit: ca. 20 Minuten

500 g Mehl
1 Päckchen Trockenhefe
1 TL Salz
1 EL Sonnenblumenöl
300 g Schweinemett
100 g mageres Rinderhack
2 Zwiebeln
60 g Paniermehl
Pfeffer, evtl. Paprika und/oder Chili

Das Mehl mit der Trockenhefe und dem Salz mischen, das Öl und 250 ml lauwarmes Wasser zufügen und mit den Knethaken des Handrührgeräts untermengen. Den Hefeteig ca. 1 Stunde an einem warmen Ort gehen lassen. Das Schweinemett mit dem Rinderhack mischen, die Zwiebeln schälen und fein hacken und zusammen mit Paniermehl untermengen. Soviel Wasser zufügen, bis die Masse streichfähig ist. Würzen und abschmecken.
Wenn der Hefeteig auf die doppelte Größe aufgegangen ist, nochmals gut durchkneten und etwa ½ cm dick zu einem Rechteck ausrollen. Die Fleischmasse darauf streichen und von der langen Seite aufrollen. Die Rolle mit einem scharfen Messer in etwa 20 Scheiben schneiden. Zwei Backbleche mit Backpapier auslegen, die Schnecken darauf verteilen und nochmals ca. 30 Minuten gehen lassen. Dann die Hackfleischschnecken im vorgeheizten Backofen bei 180°C in 20–30 Minuten goldbraun backen.

Zwiebelkuchen

Ergibt ca. 12 Stücke
Pro Stück: 197 kcal, 6 g Fett, 27 % Fettkalorien, 28 g KH
Zubereitungszeit: ca. 40 Minuten
Backzeit: ca. 40 Minuten

Für den Teig:
320 g Mehl
3 Prisen Salz
½ Würfel Hefe
2 EL Sonnenblumenöl

Für den Belag:
1 kg Zwiebeln
2 EL Margarine
2 Eier
200 g saure Sahne (10 % Fett)
80 g Mehl
½ TL Salz
1 TL Kümmel

Die Hefe in einer Tasse lauwarmem Wasser auflösen. Alle Teigzutaten in eine große Schüssel geben, verrühren und mit einem Kochlöffel so lange schlagen, bis der Teig Blasen wirft. Anschließend zudecken, an einen warmen Ort stellen und etwa 30 Minuten gehen lassen, bis der Teig doppelt so groß ist. Für den Belag die Zwiebeln schälen, würfeln und in der Margarine glasig dünsten. Die Eier, die saure Sahne, das Mehl, das Salz und den Kümmel miteinander verrühren. Die Zwiebeln dazugeben. Den Teig auf einem mit Backpapier ausgelegten Backblech ausrollen. Den Belag darauf verteilen und im Backofen bei 220–225°C ca. 40 Minuten backen, bis der Teigrand schön mittelbraun ist.

Kartoffelkuchen

Für 16 Stücke
Pro Stück: 220 kcal, 6 g Fett, 25 % Fettkalorien, 122 g KH
Zubereitungszeit: 1 Stunde 30 Minuten

500 g Brotbackmischung für Krustenbrot
800 g fest kochende Kartoffeln
150 g gekochter Schinken ohne Fettrand
3 Eier
100 ml Milch (1,5 % Fett)
200 g Schmand
Salz, Pfeffer
frisch geriebene Muskatnuss

Die Brotbackmischung nach Packungsanweisung zubereiten und gehen lassen. Die Kartoffeln schälen und in dünne Scheiben schneiden, in kochendem Salzwasser 4 Minuten garen, abgießen, kalt abschrecken und gut abtropfen lassen. Den Schinken würfeln, die Eier mit Milch und Schmand verrühren und mit Salz, Pfeffer und Muskat kräftig würzen. Den Teig auf einem mit Backtrennpapier ausgelegtem Blech ausrollen und mit einer Gabel mehrfach einstechen. Die Kartoffeln dachziegelartig darauf schichten. Den Eierguss gleichmäßig darauf verteilen und den Schinken darüber streuen. Den Kuchen im vorgeheizten Backofen auf der zweiten Schiene von unten bei 200°C etwa 30 Minuten backen. Den Kuchen noch heiß vom Blech lösen, aufschneiden und servieren.

Kartoffel-Lachs-Muffins

Für 12 Stück
Pro Stück: 136 kcal, 4,5 g Fett, 29 % Fettkalorien, 16,5 g KH
Zubereitungszeit: ca. 40 Minuten

150 g Mehl
100 g Kartoffelpüreeflocken
Pfeffer, Salz, Muskat
1½ TL Backpulver
½ TL Natron
300 g Jogurt (1,5 % Fett)
100 ml Milch (1,5 % Fett)
1 Ei
50 g Halbfettmargarine
100 g geräucherter Lachs
1 kleine Zucchini
50 g geriebener Käse (30 % Fett i. Tr.)

Das Mehl mit den Kartoffelpüreeflocken, dem Pfeffer, dem Salz, dem Muskat, dem Backpulver und dem Natron gut mischen. Backofen auf 200°C vorheizen. Den Jogurt in einer zweiten Schüssel mit der Milch, dem Ei und der zerlassenen Margarine verrühren. Den Lachs und die Zucchini in kleine Würfel schneiden und unter die Eiermischung mengen. Die Mehlmischung zufügen und nur so lange rühren, bis die trockenen Zutaten feucht sind. Den Teig in 12 gefettete Muffinformen füllen und mit dem Käse bestreuen. Im Backofen 20–25 Minuten backen.

TIPP: Servieren Sie dazu Meerrettich-Jogurt.

Pyrenäisches Hirtenbrot

Für 2 Brote
Pro Portion: 1468 kcal, 37,5 g Fett, 23 % Fettkalorien, 218 KH
Zubereitungszeit: ca. 10 Minuten
Gehzeit: ca. 1 Stunde 30 Minuten
Backzeit: ca. 20 Minuten

2 Päckchen Trockenhefe
200 g Kräuter-Schmelzkäse (30 % Fett i. Tr.)
1 EL Zucker
1 TL Salz
600 g Mehl
100 g Halbfettmargarine
1 Tüte Zwiebelsuppe

Aus der Trockenhefe, etwa 300 ml Wasser, dem Kräuter-Schmelzkäse, dem Zucker, dem Salz und dem Mehl einen glatten Hefeteig zubereiten und zugedeckt an einem warmen Ort zu doppelter Größe gehen lassen. Die Halbfettmargarine mit dem Zwiebelsuppenpulver verkneten. Den Hefeteig zu einem Rechteck von 50 x 30 cm ausrollen und mit der Margarine-Zwiebelsuppe-Mischung bestreichen. Den Teig von der schmalen Seite her aufrollen. Die Rolle der Länge nach halbieren, die 2 Teile mit der aufgeschnittenen Seite nach oben auf ein mit Backpapier ausgelegtes Backblech legen und ca. 20 Minuten gehen lassen. Im vorgeheizten Backofen bei 200°C ca. 25 Minuten backen. Heiß oder kalt servieren. Das Pyrenäische Hirtenbrot lässt sich gut einfrieren und wieder aufbacken.

Desserts

Beereneis mit Jogurtsoße

Für 4 Personen
Pro Portion: 376 kcal, 11 g Fett, 26 % Fettkalorien, 61 g KH
Zubereitungszeit: ca. 45 Minuten

500 ml Milch (1,5 % Fett)
50 g Schlagsahne
120 g Zucker
50 g Crème fraîche
300 g frische oder TK-Beeren (z. B. Sauerkirschen, Himbeeren, schwarze Johannisbeeren)
1 unbehandelte Limette
250 g Jogurt (1,5 % Fett)
60 g Puderzucker
1 Pck. Vanillezucker

Milch, Sahne und Zucker aufkochen, leicht abkühlen lassen und Crème fraîche unterrühren. Die warme Masse über die Beeren geben und mit dem Stabmixer pürieren. In einer Eismaschine 30 Minuten gefrieren lassen oder in eine Metallschüssel füllen und im Tiefkühlfach gefrieren. Zwischendurch immer wieder durchrühren, damit das Eis cremig bleibt. Limettenschale abreiben, Saft auspressen und mit Jogurt, Puderzucker und Vanillezucker cremig rühren.

TIPP: Das Beereneis mit der Jogurtsoße und Früchten der Saison servieren und mit Zitronenmelisse garnieren.

Fruchtsalat mit Wein und Honig

Für 4 Personen
Pro Portion: ca. 222 kcal, 18,9 g Fett, 19,1 % Fettkalorien, 148 g KH
Zubereitungszeit: ca. 15 Minuten

125 ml trockener Weißwein
2 EL Honig
1 EL gemahlene Haselnüsse
1 EL gemahlene Mandeln
2 Äpfel
1 Banane
1 Nektarine
1 Pfirsich
1 Aprikose
100 g Erdbeeren
100 g Ananas (aus der Dose)

Den Weißwein mit dem Honig und den geriebenen Nüssen gut verrühren. Das Obst waschen, schälen und in mundgerechte Stücke schneiden. Zu der Weinsoße geben, untermengen und alles an einem kühlen Ort gut durchziehen lassen.

Fruchtiger Reispudding

Für 6 Personen
Pro Portion: ca. 323 kcal, 4,6 g Fett, 12,8 % Fettkalorien, 57,8 g KH
Zubereitungszeit: ca. 2 Stunden

200 g Reis
360 ml Milch (1,5 % Fett)
240 ml Kaffeesahne (4 % Fett)
1 Ei
2 Eiweiß
1 EL Weizenstärke
80 g brauner Zucker
1 Prise Salz
1 EL Apfelsaft
60 g Sultaninen
20 g Datteln
20 g Feigen
1 TL Zimt
Öl
20 g gehackte Pistazienkerne

Den Reis nach Packungsanweisung bissfest garen. Den Backofen auf 175°C vorheizen. In einer Schüssel die Milch mit der Kaffeesahne, dem Ei, den Eiweiß, der Weizenstärke, dem Zucker und dem Salz vermengen. Den gegarten Reis mit dem Apfelsaft, den Sultaninen, Datteln, Feigen und dem Zimt hinzufügen und verrühren. Eine ofenfeste Puddingform dünn mit Öl auspinseln und in eine größere ofenfeste Form mit ca. 3 cm hohem heißem Wasser ins Wasserbad setzten. Den Reispudding einfüllen und ca. 1 Stunde und 30 Minuten im Backofen garen. Vor dem Servieren mit Pistazienkernen bestreuen. Schmeckt warm oder kalt.

Flammende Bananen

Für 4 Personen
Pro Portion: 418 kcal, 12 g Fett, 26 % Fettkalorien, 74 g KH
Zubereitungszeit: ca. 20 Minuten

4 Bananen
25 g Butter
Saft von 1 Zitrone
4 EL Kokosraspeln
250 ml Himbeersirup
5 EL Himbeergeist

Die Bananen schälen und in schräge Scheiben schneiden. Eine große oder vier kleine Auflaufformen mit 5 g Butter einfetten und die Bananenscheiben hineinlegen. Den Zitronensaft über die Bananen gießen. Die Kokosraspeln darüber streuen, mit der restlichen Butter in Flöckchen belegen. Ca. 10 Minuten im vorgeheizten Backofen bei 180°C backen. Mit Himbeersirup begießen. Den Himbeergeist erwärmen, auf den Auflauf gießen, anzünden (flambieren) und die »Flammenden Bananen« brennend zu Tisch bringen.

Geistreiches Himbeerdessert

Für 4 Personen
Pro Portion: 193,5 kcal, 4,5 g Fett, 20,9% Fettkalorien, 17,5 g KH
Zubereitungszeit: ca. 10 Minuten ohne Auftau- und Kühlzeit

300 g TK-Himbeeren
4 EL Himbeergeist
500 g Jogurt (1,5% Fett)
1 Pck. Vanillezucker
1 Pck. Paradiescreme Vanille von Dr. Oetker
30 g Amarettini

Die Himbeeren bis auf 4 schöne Stücke mit dem Himbeergeist übergießen und antauen lassen. Den Jogurt mit dem Vanillezucker in ein hohes Rührgefäß geben. Die Paradiescreme hinzufügen und mit den Rührbesen eines Handrührgeräts auf niedrigster Stufe kurz verrühren, dann auf höchster Stufe 3 Minuten cremig aufschlagen. Je 1 EL der Creme in ein hohes Glas geben, die marinierten Himbeeren darauf verteilen. Die restliche Creme darüber geben und kühl stellen. Kurz vor dem Servieren die Amarettini über dem Dessert zerkrümeln und je eine Himbeere in die Mitte setzen.

Guavendessert mit Hüttenkäse

Für 4 Personen
Pro Portion: 124 kcal, 1 g Fett, 7 % Fettkalorien, 14 g KH
Zubereitungszeit: ca. 10 Minuten

250 g Hüttenkäse
1 EL Zitronensaft
1 EL Honig
2 TL Rosenwasser
2 EL Milch (1,5 % Fett)
250 g Guaven aus der Dose
75 g frische Pflaumen

Den Hüttenkäse, den Zitronensaft, den Honig, das Rosenwasser und die Milch in einen Mixer geben und glatt rühren. Die Guaven mit Kernen und dem Saft ebenfalls pürieren. Die pürierte Guaven- und Hüttenkäse-Mischung in abwechselnden Schichten in 4 Glaskelche geben und mit den in Scheiben geschnittenen Pflaumen garnieren. Gekühlt servieren.

Kir-Royal-Creme

Für 4 Personen
Pro Portion 241,3 kcal, 2,8 g Fett, 10,4 % Fettkalorien, 23 g KH
Zubereitungszeit: ca. 10 Minuten ohne Kühlzeit

1–2 TL Speisestärke
250 ml Johannisbeersaft
50 g Zucker
300 g gemischte Früchte, frisch oder TK
1 Piccolo-Sekt (200 ml)
100 ml Milch (1,5 % Fett)
3 EL Cassis-Likör
1 Pck. Paradiescreme Vanille von Dr. Oetker
Zitronenmelisse

Die Speisestärke mit 3 EL Johannisbeersaft anrühren, den restlichen Saft mit dem Zucker zum Kochen bringen, die angerührte Stärke hineinrühren und kurz aufkochen lassen. Die Früchte vorsichtig untermischen, abkühlen lassen, vier hohe Gläser zur Hälfte damit füllen und kalt stellen. Den gut gekühlten Sekt und die kalte Milch mit dem Cassis-Likör in ein hohes schmales Rührgefäß geben. Das Paradiescreme-Pulver zufügen und mit den Rührbesen eines Rührgeräts auf niedrigster Stufe kurz verrühren. Die Masse auf höchster Stufe 3 Minuten cremig aufschlagen. Die Creme auf den Früchten verteilen, bis zum Servieren kalt stellen und mit Melissenblättchen verzieren.

Melonen-Zimt-Sorbet

Für 10 Portionen
Pro Portion: 81 kcal, 0,5 g Fett, 5,5 % Fettkalorien, 18 g KH
Zubereitungszeit: ca. 30 Minuten
Gefrierzeit: ca. 2 Stunden 30 Minuten

6 EL Zucker
1 Honigmelone
1 Limette
1 Prise Zimt
10 Melissenblätter

Den Zucker in einem kleinen Topf mit 6 EL Wasser langsam unter Rühren erhitzen, bis er aufgelöst ist. 3–5 Minuten bei geringer Wärmezufuhr kochen. Schnell abkühlen. Die Honigmelone halbieren, die Kerne mit einem Löffel entfernen. Einige Kugeln ausstechen und zur Seite stellen. Das restliche Fruchtfleisch herauslöffeln und mit dem Saft der Limette in einer Schüssel pürieren. Den erkalteten Zuckersirup unterrühren. Mit Zimt abschmecken und im Gefrierfach ca. 1 Stunde und 30 Minuten halb fest werden lassen. Mit einem Schneebesen kräftig durchschlagen, ca. 1 Stunde weiter gefrieren und nochmals kräftig durchschlagen. Das Sorbet portionieren und mit den Melonenkugeln und Melissenblättern garniert servieren.

Mohnschaum auf Ananas und Brombeeren

Für 4 Personen
Pro Portion: 217,5 kcal, 7,2 g Fett, 29,8 % Fettkalorien, 21,8 g KH
Zubereitungszeit: ca. 30 Minuten

50 g Mohn
2 EL Zucker
40 ml Milch (1,5 % Fett)
2 Eigelb
4 Eiweiß
4 Scheiben Ananas aus der Dose
150 g Brombeeren (frisch oder TK)
4 EL Orangenlikör, z. B. Cointreau
Puderzucker zum Bestäuben

Den Mohn mit 1 EL Zucker in der Milch aufkochen, den Topf von der Kochstelle nehmen und den Mohn 15 Minuten ausquellen lassen. Das Eigelb vorsichtig unter die Mohnmasse rühren. Das Eiweiß zu steifem Schnee schlagen, den restlichen Zucker einrieseln lassen und unter die Mohn-Eigelb-Masse ziehen. Die Ananasscheiben in Stücke schneiden und mit den Brombeeren auf feuerfeste Dessertteller verteilen. Mit dem Orangenlikör beträufeln. Den Mohnschaum auf die Früchte geben. Im Grill kurz überbacken, mit Puderzucker bestäuben und sofort servieren.

Pfirsich-Maracuja-Creme

Für 8 Personen
Pro Portion: 162 kcal, 4,5 g Fett, 25 % Fettkalorien, 30 g KH
Zubereitungszeit: ca. 10 Minuten

500 g Jogurt (1,5 % Fett)
250 g Sahnequark (40 % Fett)
1 Pck. Vanillezucker
50 g Zucker
1 Pck. Sahnesteif
1 Pck. geriebene Zitronenschale oder abgeriebene Schale von 1 unbehandelten Zitrone
1 Dose Pfirsiche (850 g)
250 ml Maracujasaft
1 Pck. Vanillesoße ohne Kochen

Den Jogurt mit dem Quark, dem Vanillezucker, dem Zucker, dem Sahnesteif und der Zitronenschale gut verrühren. Die Pfirsiche abtropfen lassen, klein schneiden, unter die Jogurt-Quark-Masse heben und in eine Schüssel füllen. Den Maracujasaft mit der Vanillesoße nach Packungsanweisung verrühren und gut gekühlt zur Creme servieren.

Rhabarberschaum mit Erdbeeren

Für 4 Personen
Pro Portion: 227 kcal, <1 g Fett, 3 % Fettkalorien, 48,5 g KH
Zubereitungszeit: ca. 30 Minuten ohne Kühlzeit

400 g Rhabarber
1 Pck. Vanillezucker
2 EL Zitronensaft
50 ml Weißwein
50 g Zucker
500 g Erdbeeren
100 g Puderzucker
3 Eiweiß
Zitronenmelisse

Den Rhabarber putzen, waschen und in Stücke schneiden. Rhabarberstücke, Vanillezucker und Zitronensaft in einem Kochtopf – evtl. mit etwas Wasser – bei geschlossenem Deckel zum Kochen bringen. 10 Minuten ohne Deckel kochen lassen, zwischendurch umrühren. Den Rhabarber pürieren und kalt stellen. Den Weißwein und den Zucker in einen kleinen Topf geben und in 3–4 Minuten zu Sirup einkochen.

Die Erdbeeren putzen, waschen und in Scheiben schneiden, unter den abgekühlten Sirup geben und kalt stellen. Den Puderzucker sieben, mit den Eiweiß in eine Schüssel geben und im heißen Wasserbad 6 Minuten mit dem Rührbesen aufschlagen. Den abgekühlten Rhabarber vorsichtig unterheben. Abwechselnd die Erdbeeren, den Rhabarberschaum und darüber wieder Erdbeeren in hohe Gläser schichten und mit der Zitronenmelisse garnieren.

Zabaione mit Beeren

Für 4 Personen
Pro Portion: 167 kcal, 5,2 g Fett, 28 % Fettkalorien, 22,8 g KH
Zubereitungszeit: ca. 40 Minuten

400 g TK-Beerenfrüchte
Saft und Schale von 1 unbehandelten Zitrone
3 Eigelb
4 EL Zucker
4 EL Marsala

Die Beeren auftauen lassen und mit dem Zitronensaft mischen. Einen großen Topf mit Wasser füllen und erhitzen. Eine Edelstahlschüssel ins Wasserbad setzen. Die Eigelbe mit dem Zucker und der Zitronenschale verquirlen. Den Marsala unter Rühren langsam dazugießen. Die Masse bei milder Hitze im Wasserbad zu einer schaumigen Creme aufschlagen. Die Zabaione auf Desserttellern verteilen und mit den Beeren servieren.

Zwieback-Trifle

Für 6 Portionen
Pro Portion: 282,2 kcal, 8,2 g Fett, 26,1 % Fettkalorien, 39,5 g KH
Zubereitungszeit: ca. 20 Minuten

200 g TK-Beerenfrüchte
2 EL Zucker
4 Stück Vollkornzwieback von Brandt
3 EL Sherry
100 g Waldbeerenmarmelade
250 g Sahnequark (40 % Fett)
500 g Vanillejogurt
12 Mini-Kokoszwiebäcke von Brandt
1 EL Krokant

Die Beeren auftauen lassen und mit dem Zucker süßen. Den Vollkornzwieback in Stücke brechen und in eine Schüssel geben, mit etwa 1 EL Sherry beträufeln. Die Marmelade auf die getränkten Zwiebackstücke streichen. Den Quark und den Vanillejogurt miteinander vermischen und die Hälfte auf die Marmelade schichten. Die Beeren auf die Creme schichten und darauf die Kokoszwiebäcke verteilen, die Zwiebäcke wieder mit Sherry tränken und abschließend die restliche Creme darauf schichten. Mit dem Krokant bestreuen und etwa 1 Stunde ziehen lassen.

Teil 3

Nährwerttabellen

Bei der größten Mühe, die Sie sich mit Nährwerten geben – die »wirkliche, echte Wahrheit« wird es nie geben. Schwankungen und Abweichungen können viele Ursachen haben. Zum einen verändern schon geringe Feuchtigkeitsanteile die Nährwertangaben für 100 Gramm – Wasser hat ja nun keine Kalorien –, und 10 Gramm mehr Wasser machen ein Produkt 10 Gramm schwerer und damit auf 100 Gramm um mindestens 40 kcal (10 x 4 kcal aus Eiweiß oder Kohlenhydraten) leichter. Zum anderen können neue Züchtungen (Mais, Getreide, aber auch »fettarme« Schweinerassen) für veränderte Nährwerte sorgen. Bei Fertigprodukten kommt noch das Problem der Rezepturänderung hinzu. Produkte, die vielleicht bei Drucklegung LOW FETT 30 sind, können schon ein Jahr später High-Fett-Varianten sein (so passiert bei einem Ballaststoff-Schokoriegel).

Nur weil das eine oder andere Produkt mal nicht zu haben ist oder nicht mehr funktioniert, geht die Welt nicht unter. Entspannen Sie sich: Für jedes Produkt, das nicht funktioniert, gibt es ein neues, das LOW FETT 30 ist.

Produkt	Gramm	kcal	g Fett	KH	% kcal aus Fett
Fleisch					
Lamm/Hammel					
Brust	100	381	3,7	0,0	8,74
Kalb					
Braten	100	113	3,0	0,0	23,89
Brust	100	131	6,3	0,0	43,28
Gulasch	100	111	3,1	0,0	25,14
Haxe	100	98	1,6	0,0	14,69
Kotelett	100	110	3,0	0,0	24,55
Schnitzel	100	107	2,6	0,0	21,87
Rind					
Braten aus der Keule	100	119	3,5	0,0	26,47
Filetsteak	100	121	4,0	0,0	29,75
Fleisch, mager, Hüfte, Wade	100	108	2,4	0,0	20,00
Gulasch aus der Keule	100	119	3,5	0,0	26,47
Hackfleisch	100	216	14,0	0,0	58,33
Hochrippe	100	161	8,9	0,0	49,75
Leber	100	113	3,1	1,7	24,69
Lende	100	130	4,5	0,0	31,15
Ochsenschwanz	100	184	11,5	0,0	56,25
Roastbeef vom Rind	100	132	4,8	0,0	32,73
Roulade aus der Keule	100	119	3,5	0,0	26,47
Rumpsteak	100	121	4,0	0,0	29,75
Steak aus der Hüfte	100	109	2,4	0,0	19,82
Tatar	100	113	3,0	0,0	23,89
Schwein					
Bauch	100	261	21,2	0,0	73,10
Eisbein	100	186	12,2	0,0	59,03
Filet	100	106	2,0	0,0	16,98
Geschnetzeltes aus dem Schinken	100	106	2,0	0,0	16,98

Produkt	Gramm	kcal	g Fett	KH	% kcal aus Fett
Gulasch aus dem Schinken	100	106	2,0	0,0	16,98
Kassler	100	237	17,0	0,0	64,56
Kotelett	100	193	13,0	0,0	60,62
Mett	100	318	27,5	0,0	77,83
Minuten-Schnitzel aus der Oberschale	100	106	2,0	0,0	16,98
Roulade aus der Oberschale	100	106	2,0	0,0	16,98
Rückenspeck	100	759	82,5	0,0	97,83
Schinken-Braten aus der Hüfte	100	100	1,5	0,0	13,50
Schinken-Braten aus der Nuss	100	93	1,0	0,0	9,68
Schnitzel aus dem Schinken	100	106	2,0	0,0	16,98
Schnitzel aus der Oberschale	100	106	2,0	0,0	16,98
Schulter	100	271	22,5	0,0	74,72
Wild					
Hase	100	113	3,0	0,0	23,89
Hirsch	100	112	3,3	0,0	26,52
Reh, Keule	100	97	1,3	0,0	12,06
Reh, Rücken	100	122	3,6	0,0	26,56
Geflügel					
Ente	100	227	17,2	0,0	68,19
Gans	100	342	31,0	0,0	81,58
Huhn, Brathuhn	100	166	9,6	0,0	52,05
Hühnchenbrust	100	99	1,0	0,0	9,09
Hühnchenkeule mit Haut	100	174	11,2	0,0	57,93
Hühnerbrust mit Haut	100	145	6,2	0,0	38,48
Hühnerbrust ohne Haut	100	105	1,0	0,0	8,57
Hühnerherz	100	124	5,3	1,8	38,47
Hühnerleber	100	136	4,7	1,2	31,10
Putenbrust	100	105	1,0	0,0	8,57
Suppenhuhn	100	257	20,3	0,0	71,09
Truthahn	100	151	7,0	0,0	41,72
Truthahnbrust ohne Haut	100	105	1,0	0,0	8,57

Produkt	Gramm	kcal	g Fett	KH	% kcal aus Fett
Truthahnjungtier	100	151	6,8	0,0	40,53
Truthahnkeule ohne Haut	100	114	3,6	0,0	28,42
Sonstige Fleischarten					
Hackfleisch (halb & halb)	100	260	20,0	0,0	69,23
Kaninchen	100	152	7,6	0,0	45,00
Ziege	100	149	7,9	0,0	47,72
Fleisch-Fertigprodukte					
Keunecke Harzer Würzfleisch	100	106	6,6	3,0	56,04
Keunecke Putenmedaillons in Paprikasahnesauce	100	149	7,6	3,2	45,91
Keunecke Schweinegeschnetzeltes nach Gyros Art	100	73	3,2	4,4	39,45

Wurstwaren

becel Diät Kalbsleberwurst	100	253	21,0	2,0	74,70
becel Diät Landleberwurst	100	280	24,0	2,0	77,14
becel Diät Teewurst	100	293	25,0	1,0	76,79
becel Diät Wiener Würstchen	100	272	24,0	1,0	79,41
Bernard Matthews Balance Aufschnitt Hähnchen-Brust Kräuter	100	101	1,0	2,0	8,91
Bernard Matthews Balance Aufschnitt Puten-Brust Curry	100	114	2,0	4,0	15,79
Bernard Matthews Balance Aufschnitt Puten-Brust geräuchert	100	101	1,0	2,0	8,91
Bierschinken	100	169	11,4	0,0	60,71
Bierwurst	100	250	20,0	0,0	72,00
Blutwurst	100	317	30,0	0,0	85,17
Bockwurst	100	277	25,3	0,0	82,20
Bratwurst (Schwein)	100	298	28,8	0,0	86,98
Cervelatwurst	100	394	34,8	0,0	79,49

Produkt	Gramm	kcal	g Fett	KH	% kcal aus Fett
Corned beef	100	141	6,0	0,0	38,30
Dosenwürstchen	100	306	28,3	0,0	83,24
Du darfst Apfel-Zwiebel-Leberwurst	100	273	21,0	7,0	69,23
Du darfst Cervelatwurst	100	296	24,0	1,0	72,97
Du darfst Fränkische Fleischwurst	100	195	15,0	1,0	69,23
Du darfst Gemüse-Putenwurst	100	106	4,0	5,5	33,96
Du darfst Kassler	100	268	8,0	27,0	26,87
Du darfst Pfälzer Leberwurst	100	257	21,0	2,0	73,54
Du darfst Salami	100	308	24,0	1,0	70,13
Du darfst Wiener (Dosenwürstchen, 5 Paar)	100	195	15,0	1,0	69,23
Du darfst Würstchen	100	191	15,0	1,0	70,68
Dölling Berliner Dampfwurst	100	275	24,0	1,5	78,55
Dölling Deichgrafen Salami 1a, braun/weiß	100	401	35,0	0,5	78,55
Dölling Holsteiner Schinkenwurst, grob	100	215	13,0	0,5	54,42
Dölling Katenrauch, schwarz	100	416	38,0	0,5	82,21
Dölling Gourmet Puten-Salami 1a mit Jodsalz	100	315	25,0	0,5	71,43
Dölling Reine Rindsalami 1a	100	221	15,0	0,5	61,09
Fleischwurst	100	296	28,5	0,0	86,66
hareico Bockwurst in Lake	100	286	25,0	0,5	78,67
hareico Holsteiner Lotsenwurst	100	307	25,0	0,5	73,29
hareico Jagdwurst	100	282	25,0	0,3	79,79
hareico Kutscher-Sahne-Leberwurst fein	100	408	40,0	1,0	88,24
hareico Käse Würstchen	100	302	28,0	0,5	83,44
hareico Lamm Salami	100	361	33,0	0,1	82,27
hareico Münchner Weißwurst	100	262	24,0	0,5	82,44
hareico Rum-Aalrauch-Mettwurst	100	318	28,0	0,1	79,25
Herta Bacon Bits	100	306	28,0	0,0	82,35

Produkt	Gramm	kcal	g Fett	KH	% kcal aus Fett
Herta Farmer Schinken Virginia	100	104	2,0	0,0	17,31
Herta Feinster Lachsschinken	100	123	1,0	0,0	7,32
Herta Finesse Hähnchen-Brust	100	106	2,0	0,0	16,98
Herta Finesse Hähnchen-Pastete Ardenner Art	100	93	1,0	0,0	9,68
Herta Finesse Hähnchen-Pastete Provence	100	93	1,0	0,0	9,68
Herta Finesse Lachsschinken	100	125	1,0	0,0	7,20
Herta Finesse Schinken Country	100	106	2,0	0,0	16,98
Herta Finesse Schinken Honig	100	106	2,0	0,0	16,98
Herta Finesse Schinken Knoblauch	100	106	2,0	0,0	16,98
Herta Finesse Truthahn-Brust	100	101	1,0	0,0	8,91
Herta Finesse Truthahn-Pastete Barbecue	100	122	2,0	2,0	14,75
Herta Hähnchen-Brust Kentucky	100	104	2,0	0,0	17,31
Herta Rohschinken-Würfel	100	119	2,0	0,0	15,13
Herta Schinken-Streifen	100	109	3,0	0,0	24,77
Herta Truthahn-Brust Virginia	100	109	2,0	0,0	16,51
Jagdwurst	100	205	16,2	0,0	71,12
Kalbsbratwurst	100	266	25,0	0,0	84,59
Knackwurst	100	300	28,0	0,0	84,00
Kraft Lunchables Fun Pack Kochschinken	100	138	6,3	15,5	41,09
Kraft Lunchables Fun Pack Mortadella	100	174	9,4	15,5	48,62
Kraft Lunchables Fun Pack Zartes Putenfleisch	100	125	4,4	16,0	31,68
Kraft Lunchables Fun Pack Zarte Salami	100	157	8,8	14,5	50,45
Kraft Lunchables Kochschinken	100	305	16,5	22,0	48,69

Produkt	Gramm	kcal	g Fett	KH	% kcal aus Fett
Kraft Lunchables Pizza	100	295	16,0	26,5	48,81
Kraft Lunchables Salami	100	410	28,0	22,0	61,46
Kraft Lunchables Zarte Hühnerbrust	100	265	11,5	21,5	39,06
Kraft Lunchables Zartes Putenfleisch	100	305	17,0	21,5	50,16
Lachsschinken	100	133	1,0	0,0	6,77
Leberpastete	100	314	28,6	0,0	81,97
Leberwurst, mager	100	257	21,0	0,0	73,54
Mettwurst	100	390	37,2	0,0	85,85
Mortadella	100	345	32,8	0,0	85,57
Münchener Weißwurst	100	287	27,0	0,0	84,67
Putepur Bierschinken	100	162	10,0	3,0	55,56
Putepur Bratwurst	100	222	18,0	3,0	72,97
Putepur Regensburger	100	252	20,0	3,0	71,43
Putepur Rostbratwurst	100	262	22,0	3,0	75,57
Putepur Saftschinken	100	117	5,0	3,0	38,46
Putepur Schinkenwurst	100	158	10,0	3,0	56,96
Putepur Schlemmerbraten	100	137	5,0	3,0	32,85
Rotwurst	100	301	29,0	0,0	86,71
Salami	100	371	33,0	0,0	80,05
Schinken ohne Fettrand	100	145	2,9	0,0	18,00
Schinken, gekocht	100	193	12,8	0,0	59,69
Schinken, geräuchert	100	383	35,0	0,0	82,25
Speck, durchwachsen	100	621	65,0	0,0	94,20
Teewurst	100	416	36,6	0,0	79,18
Tulip Gourmetti »Classic«	100	109	3,0	2,0	24,77
Tulip Gourmetti »Provence«	100	106	3,0	3,0	25,47
Tulip Gourmetti »Romano«	100	106	3,0	4,0	25,47
Tulip Gourmetti Putenbrust »California«	100	110	2,0	2,0	16,36
Tulip Gourmetti Putenbrust »Classic«	100	110	2,0	3,0	16,36
Wiener Würstchen	100	296	28,3	0,0	86,05

Produkt	Gramm	kcal	g Fett	KH	% kcal aus Fett
Fisch					
Meeresfisch					
Brasse	100	116	5,5	0,0	42,67
Flunder	100	72	0,7	0,0	8,75
Heilbutt	100	101	2,3	0,0	20,50
Hering	100	193	17,8	0,0	83,01
Hering, Filet	100	207	15,0	0,0	65,22
Kabeljau	100	75	0,6	0,0	7,20
Kabeljau, Filet	100	68	0,0	0,0	0,00
Kabeljau, Leber	100	609	65,0	0,0	96,06
Katfisch	100	88	2,8	0,0	28,64
Lachs	100	202	13,6	0,0	60,59
Lengfisch	100	80	0,7	0,0	7,88
Makrele	100	180	11,6	0,0	58,00
Ostseehering	100	155	9,2	0,0	53,42
Sardine	100	118	4,5	0,0	34,32
Schellfisch	100	77	0,6	0,0	7,01
Scholle	100	86	1,9	0,0	19,88
Seehecht	100	91	2,5	0,0	24,73
Seelachs	100	80	0,8	0,0	9,00
Seeteufel	100	73	0,7	0,0	8,63
Seezunge	100	83	1,4	0,0	15,18
Steinbutt	100	82	1,7	0,0	18,66
Tunfisch	100	227	15,3	0,0	60,66
Süßwasserfisch					
Aal	100	281	24,5	0,0	78,47
Barsch	100	81	0,8	0,0	8,89
Felchen	100	100	3,2	0,0	28,80
Forelle	100	102	2,7	0,0	23,82
Hecht	100	82	0,9	0,0	9,88
Karpfen	100	115	4,8	0,0	37,57
Rotbarsch	100	105	3,6	0,0	30,86

Produkt	Gramm	kcal	g Fett	KH	% kcal aus Fett
Schleie	100	77	0,7	0,0	8,18
Zander	100	83	0,7	0,0	7,59
Meerestiere und -gemüse					
Alge	100	37	0,4	2,1	9,73
Auster	100	66	1,2	4,8	16,36
Garnele	100	87	1,4	0,0	14,48
Hummer	100	81	1,9	0,0	21,11
Krebs	100	65	0,5	0,0	6,92
Languste	100	84	1,1	1,3	11,79
Miesmuschel	100	51	1,3	0,0	22,94
Steckmuschel	100	54	1,3	0,0	21,67
Tintenfisch	100	68	0,8	0,0	10,59
Fischprodukte					
Appel Heringsfilets in Eier-Senf-Creme	100	258	22,5	1,9	78,49
Appel Heringsfilets in Piri-Mango-Creme	100	218	16,2	4,4	66,88
Appel Heringsfilets Tomate-Burgunder Art	100	204	15,9	3,3	70,15
Appel Paté del Mar, Lachs mit Zitrone	100	241	19,1	0,0	71,33
Bahlsen Heringsfilets in Sahne-Meerrettich-Creme	100	220	18,3	2,5	74,86
Tunfisch in Wasser	100	113	0,5	0,0	3,98
TK-Fisch und -Meeresfrüchte					
bofrost Alaska-Seelachsfilet 471	100	74	0,4	0,0	4,86
bofrost Kabeljaufilet, naturbelassen 477	100	74	0,4	0,0	4,86
bofrost Pangasiusfilets 482	100	85	2,5	0,9	26,47
bofrost Riesengarnelen (Black Tiger Garnelen)	100	70	0,9	0,9	11,57

Produkt	Gramm	kcal	g Fett	KH	% kcal aus Fett
Costa Barbecue Garnelen, roh, geschält	100	83	0,9	1,5	9,76
Costa Blaue Seehecht Filets	100	62	1,2	0,3	17,42
Costa Haifisch	100	75	0,8	0,0	9,60
Iglo Feine Filets Schollen	100	86	2,0	0,0	20,93
Mr. Wok Königsgarnelen	100	108	1,0	17,0	8,33

Getreide und Getreideprodukte

Produkt	Gramm	kcal	g Fett	KH	% kcal aus Fett
Amaranth	100	364	8,8	57,0	21,76
Buchweizen, geschält	100	319	1,5	74,0	4,23
Buchweizengrütze	100	339	1,4	72,6	3,72
Buchweizenmehl	100	358	2,4	70,7	6,03
Cous-Cous	100	332	0,8	69,0	2,17
Gerste, Korn	100	318	1,9	63,3	5,38
Gerstengrütze	100	314	1,4	66,1	4,01
Grieß	100	326	0,0	14,0	0,00
Dinkelflocken	100	303	2,0	62,0	5,94
Grünkern, Korn	100	327	2,4	63,3	6,61
Hafer, Korn	100	358	6,4	59,8	16,09
Haferflocken	100	375	6,3	63,3	15,12
Hafergrütze	100	392	5,3	69,7	12,17
Hirse, Korn	100	356	3,5	68,8	8,85
Mais, Korn	100	333	3,4	64,7	9,19
Maismehl	100	350	2,8	66,3	7,20
Paniermehl	100	350	0,0	70,0	0,00
Quinoa	100	343	5,0	60,3	13,12
Reis, Naturreis, gekocht	100	127	0,7	27,3	4,96
Reis, parboiled, gekocht	100	123	0,3	27,6	2,20
Reis, poliert, gekocht	100	104	0,3	23,5	2,60
Reis, Wildreis	100	338	2,0	73,0	5,33
Risotto-Reis	100	349	0,8	72,6	2,06
Reismehl	100	355	0,6	79,6	1,52
Roggen, Korn	100	299	1,5	60,7	4,52
Roggenmehl, Type 1150	100	321	1,2	67,8	3,36

Produkt	Gramm	kcal	g Fett	KH	% kcal aus Fett
Roggenmehl, Type 1370	100	318	1,3	66,7	3,68
Roggenmehl, Type 1800	100	295	1,4	59,0	4,27
Roggenmehl, Type 805	100	323	0,9	71,0	2,51
Roggenmehl, Type 997	100	314	1,0	67,9	2,87
Sago	100	344	0,2	84,9	0,52
Sojamehl	100	370	18,5	3,1	45,00
Dr. Oetker Gustin					
klassische Speisestärke	100	346	0,1	85,9	0,26
Maizena Feine Speisestärke	100	348	0,0	87,0	0,00
Mondamin Feine Speisestärke	100	348	0,0	87,0	0,00
Weizen, Korn	100	316	1,8	61,0	5,13
Weizengries	100	327	0,7	69,0	1,93
Weizenkleie, Schneekoppe	100	185	5,0	19,0	24,32
Weizenpuder	100	351	0,0	86,0	0,00
Weizenmehl, Type 1050	100	336	1,6	67,2	4,29
Weizenmehl, Type 405	100	338	0,9	70,9	2,40
Weizenmehl, Type 630	100	339	1,4	69,0	3,72
Weizenmehl, Type 812	100	333	1,2	66,7	3,24
Weizenmehl,Type 550	100	338	1,0	70,8	2,66
Weizenstärke	100	333	0,1	86,1	0,27
Bratlinge					
Veris Natur Fit – Mix für					
Grünkernbratlinge	100	369	7,4	63,5	18,05

Brot, Knäcke, Zwieback

Baguette	100	272	2,0	56,0	6,62
Brandt Brödli mit Vollkorn	100	392	7,5	68,0	17,22
Brandt Diät-Markenzwieback	100	415	7,0	77,0	15,18
Brandt Frühstücks-Zwieback	100	373	5,0	70,0	12,06
Brandt Kokos-Zwieback	100	420	12,0	71,0	25,71
Brandt Markenzwieback	100	394	6,0	74,0	13,71
Brandt Mini-Kokoszwieback	100	419	11,0	73,0	23,63
Brandt Mini-Markenzwieback	100	394	6,0	74,0	13,71

Produkt	Gramm	kcal	g Fett	KH	% kcal aus Fett
Brandt Vollkornzwieback	100	362	6,0	64,0	14,92
Brötchen, hell	100	254	1,7	49,6	6,02
Burger Dinkel Knäckebrot	100	321	1,7	64,9	4,77
Finn Crisp, pro Scheibe 6 g	100	20	0,1	4,1	4,50
Fladenbrot (Vollkorn-)	100	370	4,0	70,0	9,73
Griesson Leicht & Cross Knusperbrot Vollkorn	100	316	3,0	62,0	8,54
Gutena Filinchen Ballaststoff Active Knusper-Brot	100	377	5,7	70,7	13,61
Gutena Filinchen Diät Knusper-Brot	100	395	5,0	87,2	11,39
Gutena Filinchen Knusper-Brot	100	399	6,2	74,7	13,98
Gutena Filinchen Vital Knusper-Brot	100	392	5,8	71,6	13,32
Gutena Filinchen Wellness Active Knusper-Brot	100	395	6,3	73,7	14,35
Kamps-Eck	100	275	10,4	36,1	34,04
Kamps Korneck	100	245	11,1	50,2	40,78
Kamps Kürbiskernbrot	100	266	9,3	38,7	31,47
Kamps Mehrkornbrötchen	100	297	6,7	49,3	20,30
Kamps Sonnenblumenbrötchen	100	339	13,5	41,2	35,84
Knäckebrot	100	317	1,3	65,3	3,69
Laugenbrezeln/-brötchen	100	246	1,8	50,3	6,59
Leicht & Cross Roggen	100	335	3,0	68,0	8,06
Mehrkornbrötchen	100	233	6,7	49,0	25,88
Mohnbrötchen	100	268	5,4	47,0	18,13
Müslitoast, Reformhaus	100	234	5,5	37,5	21,15
Neukircher Frühstück Zwieback	100	397	7,3	73,4	16,55
Neukircher Original Zwieback	100	390	5,7	74,8	13,15
Neukircher Vital-Diät Zwieback	100	399	8,0	71,0	18,05
Neukircher Vollkorn Zwieback	100	378	8,2	76,7	19,52
Neukircher Zwieback Plus	100	400	7,7	72,4	17,32
Pema Barbara-Rütting-Biobrot	100	178	2,0	34,0	10,11
Pema Feines Vollkornbrot	100	190	2,0	35,0	9,47

Produkt	Gramm	kcal	g Fett	KH	% kcal aus Fett
Roggenbrot	100	228	0,9	47,6	3,55
Roggenmischbrot	100	221	1,0	45,4	4,07
Roggenvollkornbrot	100	205	1,1	40,8	4,83
Schwedenbrötchen, Zmörli, Reformhaus	100	370	7,1	61,0	17,27
Wasa Knusperleicht Weizen	100	365	2,3	72,9	5,67
Wasa Köstlich	100	305	8,0	45,2	23,61
Wasa Mehrkorn	100	315	2,7	60,8	7,71
Wasa Original Skorpa Weizen	100	400	9,0	71,1	20,25
Wasa Würzig	100	310	1,5	63,1	4,35
Weizenmischbrot	100	239	1,0	50,0	3,77
Weizenschrotbrot	100	219	0,9	43,5	3,70
Weizentoastbrot	100	265	4,0	48,1	13,58
Weißbrot	100	237	1,1	47,8	4,18

Müslis und Frühstücksflocken

Produkt	Gramm	kcal	g Fett	KH	% kcal aus Fett
bofrost Bircher Müsli	100	122	3,9	19,1	28,77
Dr. Oetker Vitalis Früchte Müsli	100	318	4,3	61,4	12,17
Dr. Oetker Vitalis gefüllte Knusperkissen Vanille-Geschmack	100	444	13,6	71,0	27,57
Dr. Oetker Vitalis Knusper Honeys	100	430	16,4	63,2	34,33
Dr. Oetker Vitalis Knusper Müsli	100	408	14,2	61,0	31,32
Dr. Ritter Bio-Gourmet-Müesli Schoko-Knusper	100	394	15,0	55,6	34,26
Dr. Ritter Müesli (mit Bio-Getreide) Nuss-Kern-Müsli	100	390	16,8	61,2	38,77
granoVita Bio-Müsli	100	371	12,4	53,5	30,08
granoVita Choco Hits	100	385	3,7	80,3	8,65

Produkt	Gramm	kcal	g Fett	KH	% kcal aus Fett
granoVita					
Vollkorn-Knusper Pecan	100	476	27,2	48,0	51,43
Kelloggs All-Bran Flakes	100	318	2,0	66,0	5,66
Kelloggs Choco Corn Flakes	100	383	2,5	84,0	5,87
Kelloggs Choco Smacks	100	385	5,0	77,0	11,69
Kelloggs Chombos	100	386	3,3	83,0	7,69
Kelloggs Cornflakes	100	368	1,0	82,0	2,45
Kelloggs Crunchy Nut	100	383	2,5	84,0	5,87
Kelloggs Froot Loops	100	388	3,0	83,0	6,96
Kelloggs Frosties	100	373	0,5	87,0	1,21
Kelloggs Honey Loops	100	371	3,0	78,0	7,28
Kelloggs Just Right	100	351	2,5	75,0	6,41
Kelloggs müslix Schoko	100	457	18,0	68,0	35,45
Kelloggs Nutri-Grain					
7-Früchte Müsli	100	371	11,0	59,0	26,68
Kelloggs Nutri-Grain Apfel	100	370	8,0	69,0	19,46
Kelloggs					
Nutri-Grain Heidelbeere	100	360	8,0	69,0	20,00
Kelloggs Optima Nut Feast	100	366	6,0	66,0	14,75
Kelloggs Pops	100	385	1,4	88,0	3,27
Kelloggs Rice Krispies	100	373	1,0	85,0	2,41
Kelloggs Smacks	100	369	1,0	83,0	2,44
Kelloggs Special »K«	100	369	1,0	75,0	2,44
Kelloggs Toppas	100	340	1,5	72,0	3,97
Müsli Vierkorn	100	400	10,0	71,0	22,50
Nestlé Banane-Nuss-Clusters	100	395	9,0	70,6	20,51
Nestlé Chocapic	100	391	4,3	80,4	9,90
Nestlé Cini-Minis	100	410	9,8	75,9	21,51
Nestlé Fitness	100	358	1,3	79,2	3,27
Nestlé Nesquik					
Knusper-Frühstück	100	394	4,4	83,6	10,05
Nestlé Trio	100	389	2,5	85,7	5,78
Schneekoppe					
VollFrucht Hochwert-Müesli	100	315	3,0	63,0	8,57
Wasa Müsli	100	355	5,0	64,9	12,68

Produkt	Gramm	kcal	g Fett	KH	% kcal aus Fett

Müsliriegel/Fruchtschnitten

Produkt	Gramm	kcal	g Fett	KH	% kcal aus Fett
Balisto Getreide-Choco	100	509	27,9	55,8	49,33
Balisto Getreide-Erdnuss	100	515	29,1	53,5	50,85
Balisto Getreide-Jogurt-Creme	100	485	23,2	62,9	43,05
Balisto Schoko-Jogurt-Beeren-Mix	100	512	27,3	59,6	47,99
Balisto Schoko-Korn-Mix	100	516	27,2	60,8	47,44
Balisto Schoko-Müsli-Mix	100	515	28,8	57,2	50,33
Corny free	100	384	17,2	60,4	40,31
Corny fruchtig herb	100	417	10,3	73,5	22,23
Corny Schoko Banane	100	408	13,6	65,0	30,00
granoVita Apfel-Zimt-Fruchtschnitte	100	339	7,0	64,3	18,58

Backmischungen, süßes Gebäck

Produkt	Gramm	kcal	g Fett	KH	% kcal aus Fett
RUF Backmischung Biskuit-Teig	100	365	2,6	80,3	6,41
RUF Backmischung Hefeteig	100	335	1,5	68,7	4,03
RUF Backmischung Obstkuchenteig	100	351	1,2	78,5	3,08
RUF Backmischung Rührkuchen	100	352	1,1	79,6	2,81
RUF Backmischung Eierpfannkuchen	100	414	5,6	75,4	12,17
Neukircher Wild Berries	100	393	7,4	71,9	16,95

Backzutaten

Produkt	Gramm	kcal	g Fett	KH	% kcal aus Fett
Birnendicksaft, Reformhaus	100	280	0,0	69,0	0,00
Bitterschokolade	100	550	32,0	62,0	52,36
Blatt Gelatine, rot	100	352	0,0	0,0	0,00
Blatt Gelatine, weiß	100	352	0,0	0,0	0,00

Produkt	Gramm	kcal	g Fett	KH	% kcal aus Fett
Blockschokolade	100	550	32,0	62,0	52,36
Bourbon Vanillezucker Dr. Oetker	100	381	0,1	95,0	0,24
Backfeste Puddingcreme Dr. Oetker	100	390	0,2	96,7	0,46
Backpulver Backin Dr. Oetker	100	89	0,0	22,0	0,00
Bourbon Vanille-Zucker Dr. Oetker	100	381	0,1	95,0	0,24
Erdbeer-Sahne Tortencreme mit Erdbeerstückchen Dr. Oetker	100	387	0,2	86,1	0,47
Gezuckerter Tortenguss klar Dr. Oetker	100	359	0,1	88,2	0,25
Gezuckerter Tortenguss rot Dr. Oetker	100	359	0,1	88,2	0,25
Kirsch-Sahne Tortencreme	100	350	0,0	72,6	0,00
Dr. Oetker Käsekuchen Hilfe	100	356	0,1	88,5	0,25
Dr. Oetker Sahnesteif	100	365	0,0	91,2	0,00
Dr. Oetker Sahnetorten Hilfe	100	386	0,0	82,7	0,00
Dr. Oetker Tortenguss klar	100	307	0,2	73,3	0,59
Dr. Oetker Tortenguss rot	100	306	0,2	73,2	0,59
Dr. Oetker Trockenbackhefe	100	335	2,5	26,0	6,72
Dr. Oetker Vanillin-Zucker	100	394	0,0	98,5	0,00
Feigen, kandiert	100	269	0,2	70,0	0,67
Flüssige Obstsüße, Reformhaus	100	290	0,0	72,0	0,00
Fruchtzucker (Fructose)	100	400	0,0	99,0	0,00
Gelatine gemahlen, rot	100	352	0,0	0,0	0,00
Gelatine gemahlen, weiß	100	352	0,0	0,0	0,00
Hagelzucker	100	400	0,0	100,0	0,00
Hefe	100	83	2,4	11,9	26,02
Kakaopulver, fettarm	100	272	12,0	17,0	39,71
Kandierte Früchte	100	250	0,0	62,0	0,00
Kandiszucker	100	400	0,0	100,0	0,00
Kokosflocken	100	444	18,0	68,4	36,49

Produkt	Gramm	kcal	g Fett	KH	% kcal aus Fett
Marzipan	100	453	25,0	49,0	49,67
Melasse	100	272	0,0	66,0	0,00
Orangeat	100	305	1,0	74,0	2,95
Persipan	100	436	27,8	36,5	57,39
Puddingpulver	100	349	0,0	86,0	0,00
Puderzucker	100	375	0,0	86,0	0,00
Rohrzucker	100	390	0,0	97,6	0,00
RUF Agartine	100	380	0,0	95,0	0,00
RUF Backaroma Bittermandel	100	765	85,0	0,0	100,00
RUF Backaroma Butter-Vanille	100	855	95,0	0,0	100,00
RUF Backaroma Rum	100	702	78,0	0,0	100,00
RUF Marzipan-Rohmasse	100	511	31,0	41,0	54,60
Sahnesteif	100	365	0,0	91,2	0,00
Schwartau 4 Back- und Speisefarben	100	238	0,9	60,0	3,40
Schwartau Citro-back	100	350	9,0	52,0	23,14
Schwartau Dekor Konfetti	100	423	5,0	93,8	10,64
Schwartau Echte Belegkirschen rot	100	314	0,9	78,1	2,58
Schwartau Feine Dekor Rosen	100	445	9,0	85,0	18,20
Schwartau Feine Marzipan Rohmasse	100	449	29,0	37,0	58,13
Schwartau Haselnuss Krokant	100	476	16,0	78,0	30,25
Schwartau Kuchenglasur dunkel	100	613	45,0	50,0	66,07
Schwartau Kuvertüre Halbbitter	100	540	33,9	51,8	56,50
Schwartau Kuvertüre Vollmilch	100	560	34,5	56,3	55,45
Schwartau Orange-back	100	350	9,0	53,0	23,14
Schwartau Orangeat	100	292	0,9	72,0	2,77
Schwartau Rum Rosinen	100	248	0,9	51,0	3,27
Schwartau Zucker Streusel bunt	100	437	7,8	91,5	16,06
Tortenguss klar, mit Zucker	100	359	0,1	88,2	0,25
Tortenguss klar, ohne Zucker	100	307	0,2	73,3	0,59
Tortenguss rot, mit Zucker	100	306	0,2	73,2	0,59
Traubenzucker	100	370	0,0	91,6	0,00

Produkt	Gramm	kcal	g Fett	KH	% kcal aus Fett
Trockenbackhefe	100	335	2,5	26,0	6,72
Ursüße (Zuckerrohr)	100	387	0,0	95,0	0,00
Vanillezucker	100	375	0,0	100,0	0,00
Vanillinzucker	100	394	0,0	98,5	0,00
Vollzucker (Zuckerrübe)	100	369	0,0	89,0	0,00
Zitronat	100	285	1,0	70,0	3,16
Zucker, weiß	100	400	0,0	100,0	0,00
Zucker, braun	100	375	0,0	95,0	0,00
Zuckerrübensirup	100	300	0,0	80,0	0,00

Nudeln

Buitoni Spaghettini	100	362	1,7	74,4	4,23
Eierteigwaren, gekocht	100	118	2,6	18,2	19,83
Glasnudeln	100	160	0,0	20,0	0,00
Mamma lucia Pasta 100% Hartweizen, bunte Ware	100	343	1,4	71,0	3,67
Mamma lucia Pasta aus 100% Hartweizen, weiße Ware alle Sorten	100	357	1,3	75,0	3,28
Mamma lucia Pasta Hartweizen, Vollkorn-Ware	100	332	2,5	63,4	6,78
Mamma lucia Tortellini mit Fleischfüllung	100	369	9,6	56,1	23,41
Mamma lucia Tortellini mit Käsefüllung	100	369	7,6	60,5	18,54
Nestlé Cappelletti con Prosciutto Crudo	100	300	8,0	44,8	24,00
Nestlé Fagottini Basilico e Ricotta	100	305	8,8	44,8	25,97
Nestlé Ravioli ai 4 formaggi	100	309	12,8	35,2	37,28
Nestlé Tagliatelle all'uovo	100	300	4,0	52,8	12,00
Nudeln, eifrei, roh	100	362	1,2	75,2	2,98
Schaaf Spätzle ohne Ei	100	346	0,1	74,3	0,26
Schaaf Teigwaren mit 20% Ei	100	354	2,3	70,0	5,85

Produkt	Gramm	kcal	g Fett	KH	% kcal aus Fett
Tress Echtes Schwabenkorn Dinkel-Vollkorn Nudeln	100	358	2,1	73,2	5,28
Vollkorn-Nudeln, Dinkel, ohne Ei, gekocht, Reformhaus	100	182	1,5	35,0	7,42
Vollkornnudeln, 6-Korn, ohne Ei, gekocht, Reformhaus	100	121	1,5	24,0	11,16
Vollkornnudeln, roh	100	343	3,0	64,0	7,87

Gemüse, Kartoffeln, Salat

frisch

Produkt	Gramm	kcal	g Fett	KH	% kcal aus Fett
Alfalfasprossen	100	24	0,7	0,4	26,25
Artischocke, roh	100	22	0,1	2,6	4,09
Aubergine, roh	100	17	0,2	2,7	10,59
Austernpilz	100	11	0,1	0,0	8,18
Avocado, roh	100	228	21,2	0,4	83,68
Bambussprossen, gekocht	100	17	0,3	1,0	15,88
Birkenpilz, roh	100	16	0,4	0,0	22,50
Blattsellerie, roh	100	18	0,2	4,3	10,00
Blumenkohl, gekocht	100	18	0,2	2,0	10,00
Blumenkohl, roh	100	22	0,3	2,3	12,27
Bohnen, grün, getrocknet	100	290	1,3	47,4	4,03
Bohnen, grün, roh	100	26	0,2	5,3	6,92
Brennnessel, roh	100	12	0,0	0,0	0,00
Broccoli, gekocht	100	22	0,2	2,3	8,18
Broccoli, roh	100	26	0,2	2,8	6,92
Brunnenkresse	100	18	0,3	2,0	15,00
Butterpilz, roh	100	14	0,4	0,3	25,71
Champignons, frisch	100	15	0,0	0,5	0,00
Chicorée, roh	100	16	0,2	2,3	11,25
Chili, roh	100	32	0,5	6,0	14,06
Chinakohl, roh	100	12	0,3	1,3	22,50
Eichblattsalat	100	11	0,2	1,1	16,36
Eisbergsalat	100	13	0,3	1,9	20,77
Endivien	100	10	0,2	0,3	18,00

Produkt	Gramm	kcal	g Fett	KH	% kcal aus Fett
Erbsen, gekocht, abgetropft	100	68	0,5	10,8	6,62
Erbsen, grün, roh	100	70	0,4	12,6	5,14
Feldsalat	100	14	0,3	0,7	19,29
Fenchel, roh	100	24	0,3	2,8	11,25
Frühlingszwiebel, roh	100	23	0,5	3,0	19,57
Gartenkresse, roh	100	33	1,3	1,8	35,45
Gemüsebanane, roh	100	158	0,0	37,5	0,00
Grünkohl, roh	100	37	0,8	3,0	19,46
Gurke, roh	100	12	0,2	2,1	15,00
Hallimasch, roh	100	13	0,7	0,5	48,46
Kapern, eingelegt	10	1	0,0	0,0	0,00
Kartoffel, gekocht (mit Schale)	100	70	0,1	14,8	1,29
Kartoffel, roh	100	70	0,1	15,4	1,29
Knoblauch, roh	100	139	0,1	28,4	0,65
Kohlrabi, roh	100	24	0,1	3,9	3,75
Kohlrübe (Steckrübe), roh	100	9	0,1	0,9	10,00
Kopfsalat	100	12	0,2	1,1	15,00
Kürbis, roh	100	26	0,1	4,8	3,46
Lauch, roh	100	25	0,3	3,2	10,80
Löwenzahn, roh	100	52	0,6	9,1	10,38
Mangold, roh	100	14	0,3	0,7	19,29
Meerettich, frisch	100	60	0,0	20,0	0,00
Meerettich, roh	100	63	0,3	12,4	4,29
Möhre, gekocht	100	18	0,2	3,4	10,00
Möhre, roh	100	25	0,2	4,9	7,20
Morchel, roh	100	9	0,3	0,2	30,00
Olive, grün	100	142	12,5	1,8	79,23
Olive, schwarz	100	351	35,8	4,9	91,79
Paprika, gedünstet	100	19	0,3	3,1	14,21
Paprika, roh	100	20	0,3	3,2	13,50
Pastinake, roh	100	22	0,4	3,4	16,36
Petersilienblatt	100	20	0,3	1,3	13,50
Pfefferschote/Pepperoni, roh	100	20	0,6	0,7	27,00

Produkt	Gramm	kcal	g Fett	KH	% kcal aus Fett
Pfifferling roh	100	11	0,4	0,2	32,73
Portulak	100	26	0,3	4,3	10,38
Radicchio	100	13	0,2	1,5	13,85
Radieschen	100	14	0,1	2,2	6,43
Rettich	100	13	0,1	1,9	6,92
Roggenkeime, roh	100	412	10,1	32,7	22,06
Rosenkohl, gekocht	100	31	0,5	2,9	14,52
Rosenkohl, roh	100	36	0,3	3,8	7,50
Rote Bete, gekocht	100	25	0,1	5,0	3,60
Rote Bete, roh	100	41	0,1	8,6	2,20
Rotkappe roh	100	13	0,7	0,0	48,46
Rotkohl, roh	100	21	0,2	3,5	8,57
Sauerampfer, roh	100	21	0,4	2,0	17,14
Schwarzwurzel, roh	100	16	0,4	1,6	22,50
Sellerie, roh	100	18	0,3	2,3	15,00
Spargel, roh	100	18	0,1	2,2	5,00
Spinat, roh	100	15	0,3	0,6	18,00
Stangensellerie, roh	100	15	0,0	2,0	0,00
Steckrübe, roh	100	35	0,2	7,1	5,14
Steinpilz, roh	100	16	0,4	0,5	22,50
Suppengrün, roh	100	40	0,0	8,0	0,00
Süßkartoffel, roh	100	137	0,5	31,3	3,28
Tomate, roh	100	17	0,2	3,5	10,59
Topinambur, roh	100	29	0,4	4,0	12,41
Trüffel roh	100	25	0,5	0,0	18,00
Weizenkeime, roh	100	301	8,3	23,6	24,82
Weiße Rübe, roh	100	24	0,2	4,7	7,50
Weißkohl, roh	100	24	0,2	4,2	7,50
Wirsing, roh	100	25	0,3	2,4	10,80
Zucchini, roh	100	19	0,4	2,1	18,95
Zuckererbsenschote, roh	100	70	0,0	1,2	0,00
Zuckermais, gedämpft	100	54	1,2	8,0	20,00
Zuckermais, roh	100	86	1,1	15,8	11,51
Zwiebel, roh	100	28	0,2	5,8	6,43

Produkt	Gramm	kcal	g Fett	KH	% kcal aus Fett
Konserve					
Apfelrotkohl, fertig zubereitet	100	49	0,0	10,6	0,00
Artischockenböden	100	22	0,8	1,7	32,73
Artischockenherzen	100	19	0,8	1,1	37,89
Baked Beans	100	69	0,6	11,2	7,83
Broccoli	100	25	0,5	2,5	18,00
Champignons, Dose	100	15	0,2	0,7	12,00
Develey Specht Apfel-Rotkohl	100	51	0,2	11,0	3,53
Develey Specht Mixed Pickles	100	32	0,2	6,3	5,63
Dicke Bohnen fein	100	64	0,5	9,7	7,03
Efko Blumenkohl	100 ml	14	0,2	1,3	12,86
Erbsen extra zart mit Möhrchen	100	41	0,5	4,4	10,98
Erbsen mit Möhrchen fein	100	52	0,4	9,0	6,92
Feine Speckbohnen in Zwiebel-Schnittlauchsauce	100	50	3,0	3,6	54,00
Gemüsemischung	100	40	0,4	6,0	9,00
Gewürzgurken	100	25	1,0	4,0	36,00
Goldmais	100	72	1,3	12,2	16,25
Grüne Bohnen extra fein	100 ml	24	0,5	3,4	18,75
Grüne Bohnen fein	100 ml	22	0,5	3,0	20,45
Grüne Bohnen, gekocht	100	32	0,3	4,4	8,44
Hengstenberg Bohnenpeperoni	100	29	1,7	2,6	52,76
Hengstenberg Champignons	100	29	0,4	4,2	12,41
Hengstenberg Cornichons	100	23	0,2	4,3	7,83
Hengstenberg Kürbis	100	79	0,1	19,4	1,14
Hengstenberg Maiskölbchen	100	31	0,3	5,5	8,71
Hengstenberg Milde Peperoni	100	31	0,2	6,4	5,81
Hengstenberg Mixed Pickles	100	23	0,0	5,0	0,00
Hengstenberg Pariser Cornichons	100	25	0,2	4,7	7,20
Hengstenberg Rote Bete	100	42	0,1	9,4	2,14
Hengstenberg Sauerkraut im Glas	100	17	0,1	2,7	5,29

Produkt	Gramm	kcal	g Fett	KH	% kcal aus Fett
Hengstenberg					
Silberzwiebeln	100	23	0,1	5,0	3,91
Knax Balsamicogürkchen	100	36	0,2	8,0	5,00
Knax Krumme Gurken	100	21	0,1	4,6	4,29
Kühne Apfelrotkohl,					
fein abgeschmeckt	100	52	0,2	11,0	3,46
Kühne Asia Gürkchen	100	35	0,1	8,0	2,57
Kühne Cornichons	100 ml	27	0,3	4,5	10,00
Kühne Feine Gürkchen	100 ml	43	0,2	9,0	4,19
Kühne Gurkenviertel	100	33	0,2	7,0	5,45
Kühne Kürbis	100	75	0,1	18,0	1,20
Kühne Rote Bete	100	62	0,2	14,0	2,90
Kühne Senfgurken	100	35	0,1	8,0	2,57
Kühne Silberzwiebeln	100	34	0,3	7,0	7,94
Leipziger Allerlei	100	49	0,6	8,0	11,02
Mais mit Kidneybohnen	100	105	1,0	20,5	8,57
Maiskolben	100	116	1,5	22,5	11,64
Maiskölbchen	100	20	0,5	2,4	22,50
Möhrchen extra fein	100	25	0,7	4,2	25,20
Möhren getrocknet	100	190	1,3	37,9	6,16
Möhren in Dosen	100	20	0,3	3,6	13,50
Olive, grün, mariniert	100	138	14,0	1,8	91,30
Pfifferling, getrocknet	100	89	1,9	1,8	19,21
Pfifferling, in Dosen	100	12	0,6	0,2	45,00
Pizza Mix	100	68	2,3	9,7	30,44
Rosenkohl, klein	100	40	0,4	6,0	9,00
Schnittbohnen	100	28	0,2	5,0	6,43
Schwarzwurzeln	100	28	0,4	4,5	12,86
Spargel in Dosen	100	13	0,3	1,0	20,77
Steinpilz, getrocknet	100	120	2,9	4,1	21,75
Tomaten in Dosen	100	19	0,2	3,6	9,47
Tomatenmark	100	39	0,5	5,5	11,54
Wachsbrechbohnen	100	26	0,4	4,0	13,85
Weiße Bohnen	100	87	0,5	15,0	5,17
Weißkohl, getrocknet	100	219	1,5	39,0	6,16

Produkt	Gramm	kcal	g Fett	KH	% kcal aus Fett
Zarter junger Gemüsemais, supersweet	100	72	1,3	12,2	16,25
Zwiebel, getrocknet	100	198	0,8	41,7	3,64
TK-Gemüse					
Blattspinat	100	27	0,5	2,0	16,67
Blumenkohl, tiefgefroren	100	22	0,2	3,3	8,18
bofrost Babymöhren 138	100	25	0,2	4,9	7,20
bofrost Blattspinat 750	100	14	0,3	0,5	19,29
bofrost Blumenkohl 763	100	23	0,3	2,5	11,74
bofrost bo*Erbsen extra zart 708	100	81	0,5	12,6	5,56
bofrost bo*Erbsen Petit Pois 709	100	81	0,5	12,6	5,56
bofrost Brechbohnen 721	100	32	0,2	5,1	5,63
bofrost Broccoli Röschen 720	100	26	0,2	2,8	6,92
bofrost Champignons in Scheiben 786	100	25	0,2	3,0	7,20
bofrost Dicke Bohnen 723	100	77	0,5	11,3	5,84
bofrost Erbsen und Karotten 711	100	52	0,3	8,3	5,19
bofrost Grünkohl 760	100	37	0,9	3,0	21,89
bofrost Junger Spinat, bellinis 751	100	14	0,3	0,5	19,29
bofrost Prinzessbohnen 719	100	32	0,2	5,1	5,63
bofrost Schwarzwurzel 729	100	16	0,4	1,6	22,50
bofrost Zwiebelwürfel 767	100	31	0,3	5,8	8,71
eismann Brechbohnen 5013	100	36	1,0	5,0	25,00
eismann Dicke Bohnen 5050	100	77	1,0	11,0	11,69
Iglo Broccoli-Röschen	100	32	0,0	5,0	0,00
Iglo Erbsen und Karotten	100	57	0,4	9,6	6,32
Iglo Junge Brechbohnen	100	28	0,1	5,0	3,21
Iglo Junge Erbsen	100	76	0,3	13,0	3,55
Iglo Junger Spinat	100	18	0,3	1,5	15,00
Iglo Mangold	100	121	9,7	5,7	72,15

Produkt	Gramm	kcal	g Fett	KH	% kcal aus Fett
Iglo Prinzessbohnen	100	28	0,1	5,0	3,21
Spinat gehackt, portioniert	100	28	0,7	2,5	22,50

Kartoffelprodukte

Blumenkohl-Kartoffel-Gratin	100	76	4,9	6,5	58,03
Maggi Kartoffel Püree	100	65	1,0	122,0	13,85
Nestlé Gnocchi di patate	100	157	0,8	34,4	4,59
Pfanni Herzhafte Schmankerln Kartoffel-Puffer (15 Stück)	100	297	1,0	66,0	3,03
Pfanni Kartoffelpüree »Das Kräftige« (1–2 Port.)	100	328	1,0	73,0	2,74
Pfanni Kartoffelpüree »Das Kräftige« (3 x 3 Port.)	100	328	1,0	73,0	2,74
Pfanni Kartoffelpüree »Das Lockere« (3 x 3 Port.)	100	336	1,0	73,0	2,68
Pfanni Püreesnack mit Champignons und knackigen Croûtons	100	391	14,0	56,0	32,23
Semmelknödel	100	123	2,0	21,3	14,63
Pfanni Bayerische Knödel	100	313	1,0	71,0	2,88
Pfanni Böhmische Knödel	100	322	2,0	64,0	5,59
Pfanni Gekochte Klöße	100	320	1,0	74,0	2,81
Pfanni Rohe Klöße	100	321	1,0	73,0	2,80

Obst

frisch					
Acerola	100	17	0,2	3,6	10,59
Ananas	100	55	0,1	13,1	1,64
Apfel	100	55	0,3	12,4	4,91
Apfelsine	100	42	0,2	9,2	4,29
Aprikose	100	45	0,1	9,9	2,00
Banane	100	92	0,2	21,4	1,96

Produkt	Gramm	kcal	g Fett	KH	% kcal aus Fett
Birne	100	55	0,3	12,7	4,91
Brombeere	100	43	0,9	7,2	18,84
Cherimoya	100	62	0,3	13,4	4,35
Dattel	100	100	0,0	26,6	0,00
Ebereschenfrucht, süß	100	87	0,0	20,3	0,00
Erdbeere	100	33	0,4	6,5	10,91
Feige	100	61	0,5	12,9	7,38
Granatapfel	100	75	0,5	16,7	6,00
Grapefruit	100	40	0,1	9,0	2,25
Guave	100	35	0,5	6,7	12,86
Hagebutte, Fleisch und Schale	100	89	0,0	18,7	0,00
Heidelbeere	100	37	0,5	7,4	12,16
Himbeere	100	36	0,3	6,9	7,50
Holunderbeere	100	54	1,7	6,5	28,33
Honigmelone	100	54	0,1	12,4	1,67
Johannisbeere, rot	100	36	0,2	7,4	5,00
Johannisbeere, schwarz	100	47	0,2	10,0	3,83
Kaki	100	69	0,3	16,0	3,91
Karambole	100	23	0,5	3,5	19,57
Kirsche, sauer	100	55	0,5	11,7	8,18
Kirsche, süß	100	63	0,3	14,2	4,29
Kiwi	100	40	0,0	8,0	0,00
Limone	100	33	1,7	1,7	46,36
Litchi	100	74	0,3	17,0	3,65
Loganbeere	100	47	0,7	9,1	13,40
Mandarine	100	46	0,3	10,1	5,87
Mango	100	58	0,4	12,8	6,21
Maulbeere	100	38	0,0	8,1	0,00
Mirabelle	100	64	0,2	14,6	2,81
Mispel	100	44	0,0	10,6	0,00
Moosbeere	100	39	0,6	7,8	13,85
Nektarine	100	53	0,0	12,4	0,00
Papaya	100	12	0,1	2,4	7,50

Produkt	Gramm	kcal	g Fett	KH	% kcal aus Fett
Passionsfrucht	100	67	0,4	13,4	5,37
Pfirsich	100	42	0,1	9,4	2,14
Pflaume	100	50	0,2	11,4	3,60
Preiselbeere	100	36	0,5	7,6	12,50
Quitte	100	40	0,5	8,3	11,25
Reineclaude	100	57	0,0	13,5	0,00
Rhabarber roh	100	20	0,0	1,6	0,00
Rhabarber, gekocht	100	11	0,1	1,0	8,18
Sanddornbeere	100	93	6,4	5,2	61,94
Stachelbeere	100	39	0,1	8,5	2,31
Wassermelone	100	37	0,2	8,3	4,86
Weintraube	100	70	0,3	16,1	3,86
Zitrone	100	41	0,5	8,1	10,98
Trockenobst					
Apfel	100	264	1,5	60,8	5,11
Aprikose	100	247	0,5	55,7	1,82
Backobst, Reformhaus	100	246	1,0	56,6	3,66
Banane	100	326	0,8	75,2	2,21
Dattel	100	278	0,5	66,3	1,62
Feige	100	242	1,2	54,0	4,46
Feige, Reformhaus	100	250	1,3	55,0	4,68
Korinthen	100	259	0,0	63,1	0,00
Pfirsich	100	242	0,5	57,7	1,86
Pflaumen	100	227	0,5	53,2	1,98
Seeberger Ananasstücke kandiert	100	323	0,6	79,0	1,67
Seeberger Apfelringe extra	100	234	1,6	53,4	6,15
Seeberger Bananenchips	100	534	31,8	60,0	53,60
Seeberger Datteln entsteint	100	277	0,5	66,3	1,62
Seeberger Delikatess-Feigen, Pulled Feigen	100	242	1,3	54,0	4,83
Seeberger Soft-Aprikosen	100	213	0,4	47,9	1,69
Sultaninen	100	280	0,5	66,2	1,61
Weinbeeren, Reformhaus	100	277	0,5	64,0	1,62

Produkt	Gramm	kcal	g Fett	KH	% kcal aus Fett
Konserve					
Ananas, Dose	100	84	0,2	20,2	2,14
Ananasscheiben in Saft, Reformhaus	100	55	0,1	12,6	1,64
Aprikosen, Dose	100	75	0,1	18,1	1,20
Aprikosen mit Fruchtzucker gesüßt, Reformhaus	100	58	0,2	14,0	3,10
Aprikosen, ungezuckert, Reformhaus	100	38	0,0	8,0	0,00
Birnen, Dose	100	77	0,1	18,7	1,17
Erdbeeren, Dose	100	76	0,2	18,1	2,37
Heidelbeeren, Vollfrucht mit Fruchtzucker, Reformhaus	100	71	0,5	15,0	6,34
Heidelbeeren, Vollfrucht, ungesüßt, Reformhaus	100	40	0,6	7,0	13,50
Heidelbeeren, ungezuckert, Reformhaus	100	40	0,0	8,8	0,00
Heidelbeeren, Dose, ohne Zucker	100	24	0,4	4,8	15,00
Himbeeren, Dose, ohne Zucker	100	26	0,7	5,5	24,23
Kirschen, Glas	100	82	0,2	19,5	2,20
Kühne Preiselbeeren	100	204	0,3	50,0	1,32
Mandarinen, gezuckert, Reformhaus	100	60	0,1	14,4	1,50
Mango, Dose	100	82	0,0	20,3	0,00
natreen Rote Grütze	100 ml	42	0,1	9,2	2,14
Pfirsiche, Dose	100	69	0,1	16,5	1,30
Pflaumen, Dose	100	75	0,1	18,1	1,20
Preiselbeeren, ungezuckert, Reformhaus	100	34	0,0	6,5	0,00
Preiselbeeren, Vollfrucht mit Fruchtzucker, Reformhaus	100	91	0,5	20,0	4,95
Sanddorn, Vollfrucht, Reformhaus	100	42	2,0	3,0	42,86

Produkt	Gramm	kcal	g Fett	KH	% kcal aus Fett
Sauerkirsche, ungezuckert, Reformhaus	100	41	0,0	8,5	0,00
Schneekoppe Ananas, Obst im Glas	100	43	0,0	10,0	0,00
Schneekoppe Apfelkompott, Obst im Glas	100	39	0,0	9,0	0,00
Süßkirsche, gezuckert, Reformhaus	100	87	0,2	21,0	2,07
TK-Obst					
bofrost Erdbeeren 809	100	33	0,4	6,5	10,91
bofrost Tropische Obstmischung 808	100	47	0,3	10,4	5,74

Milch und Milchprodukte

Produkt	Gramm	kcal	g Fett	KH	% kcal aus Fett
Bauer Milchreis unterlegt 10,0 % Fett	100	158	6,4	22,3	36,46
Bauer Milchreis unterlegt 3,5 % Fett	100	142	2,5	26,7	15,85
Bauer Sauerrahm	100	118	10,0	3,3	76,27
Bauer Schmand	100	249	24,0	3,4	86,75
Bärenmarke Crème fraîche	100	309	32,0	2,9	93,20
Bärenmarke Crème fraîche Kräuter	100	286	29,5	3,0	92,83
Crème Double	100	408	43,0	3,0	94,85
Crème fraîche 30 % Fett	100	298	30,0	4,0	90,60
Dr. Oetker Crème Double	100	408	43,0	2,9	94,85
Dr. Oetker Crème fraîche Classic	100	297	30,2	3,7	91,52
Dr. Oetker Crème légère	100	170	15,1	4,9	79,94
Dr. Oetker Tzatziki	100	135	9,9	6,9	66,00
Ehrmann Allgäuer Sauerrahm 10 % Fett	100	124	10,5	4,1	76,21

Produkt	Gramm	kcal	g Fett	KH	% kcal aus Fett
frischli Creme					
frischli Sauerrahm, Natur	100	244	24,0	4,0	88,52
frischli H-Schlagsahne, Becher	100	292	30,0	3,0	92,47
Glücksklee, Cremeasy, 24% Fett	100	263	25,0	8,0	85,55
Glücksklee, Cremeasy, 24% Fett, 1 Esslöffel	20	53	5,0	2,0	84,91
Huber Küchen-Profi-Sahne 20% Fett	100	213	20,0	4,2	84,51
Huber Sauerrahm	100	244	24,0	4,0	88,52
Landliebe Milchreis Schoko	100	137	3,7	22,0	24,31
Landliebe Milchreis Traditionell	100	129	3,3	21,0	23,02
Landliebe Milchreis Vanille	100	129	3,3	21,0	23,02
Landliebe Milchreis Zimt	100	127	3,1	21,0	21,97
Landliebe Schlagsahne mind. 32% Fett	100	310	32,0	3,1	92,90
Milram Genuss pur Crème fraîche	100	292	30,0	2,4	92,47
Milram Genuss pur Crème fraîche Frühling	100	292	30,0	2,4	92,47
Milram Genuss pur Schlagsahne 35% Fett	100	337	35,0	0,6	93,47
Milram Genuss pur Schmand 24% Fett	100	247	24,5	3,4	89,27
Milram Tzatziki	100	130	8,7	5,9	60,23
Müller Crema Puddingcreme Caramel	100	130	5,5	17,7	38,08
Müller Crema Puddingcreme Kokos	100	137	6,5	17,2	42,70
Müller Crema Puddingcreme Schoko	100	131	5,8	16,9	39,85
Müller Diät Milchreis Himbeer	100	85	2,2	13,4	23,29
Müller Diät Milchreis Pfirsich-Maracuja	100	85	2,2	13,3	23,29

Produkt	Gramm	kcal	g Fett	KH	% kcal aus Fett
Müller Diät Milchreis Pur (ohne Frucht)	100	87	2,6	12,4	26,90
Müller Diät Milchreis Zimt	100	86	2,4	13,0	25,12
Müller Grießbrei Apfel	100	138	6,2	18,3	40,43
Müller Grießbrei Kirsch	100	139	6,2	18,6	40,14
Müller Grießbrei Pfirsich	100	141	6,2	18,9	39,57
Müller Grießbrei Zimt	100	138	6,4	17,4	41,74
Müller Michreis Leicht Himbeer	100	112	0,9	12,8	7,23
Müller Milchreis der Große Pur (ohne Frucht)	100	110	2,6	18,0	21,27
Müller Milchreis der Große Schoko	100	121	2,4	21,1	17,85
Müller Milchreis Original Pur (ohne Frucht)	100	105	2,1	17,2	18,00
Müller Milchreis Original Schoko	100	112	2,6	19,0	20,89
Müller Milchreis Original Vanillegeschmack	100	107	2,5	17,8	21,03
natreen, Milchreis (alle Sorten)	100	78	0,7	14,8	8,08
Onken Schlagsahne 30 % Fett	100	293	30,0	3,0	92,15
Sahne, 10 % Fett	100	127	9,4	4,1	66,61
Sahne, 30 % Fett	100	317	30,1	3,3	85,46
saure Sahne (Rahm)	100	117	10,0	3,7	76,92
saure Sahne extra	100	187	18,0	3,4	86,63
Schmand, 24 % Fett	100	239	24,0	3,2	90,38
Tsatsiki	100	135	10,0	7,0	66,67
Zott Kaffee Sahne	100	118	10,0	4,0	76,27
Milch					
Buttermilch	100	39	0,5	4,8	11,54
Bärenmarke fettarme Milch 1,8 % Fett	100	50	1,8	4,9	32,40
Bärenmarke, Alpensahne aus Bio-Milch, 12 % Fett	100	136	12,0	4,0	79,41

Produkt	Gramm	kcal	g Fett	KH	% kcal aus Fett
Bärenmarke, Die Leichte Kondensmilch, 4 % Fett	100	99	4,0	9,0	36,36
Bärenmarke, Die Leichte Kondensmilch, 4 % Fett, 1 Tassenpackung	7	7	0,0	0,0	0,00
Bärenmarke, Kaffeesahne, 10 % Fett	100	119	10,0	4,0	75,63
Dickmilch, entrahmt	100	32	0,1	4,2	2,81
Dickmilch, Trinkmilch, 3,5 % Fett	100	61	3,5	4,0	51,64
frischli Fettarme Milch	100	46	1,5	4,8	29,35
H-Milch, 3,5 % Fett	100	68	3,6	4,7	47,65
H-Milch, entrahmt	100	36	0,1	5,0	2,50
H-Millch, 1,5 % Fett	100	47	1,5	4,9	28,72
Kondensmilch, 10 % Fett	100	182	9,6	12,5	47,47
Kondensmilch, 4 % Fett	100	128	4,1	13,3	28,83
Milram fettarme H-Milch 1,5 % Fett	100 ml	48	1,5	5,0	28,13
Milram Genuss pur Frische Buttermilch	100	38	0,5	4,0	11,84
Milram Milch-Drink Banana	100	71	3,3	7,0	41,83
Milram Milch-Drink Cacao	100	52	0,3	8,9	5,19
Milram Vitality Reine Buttermilch probiotisch	100	37	0,5	4,0	12,16
Müller Dickmilch	100	68	3,5	4,6	46,32
natreen, Sprühfertige Sahne	100	196	15,1	12,4	69,34
Rohmilch, Vorzugsmilch	100	69	3,6	4,8	46,96
Schafmilch	100	100	5,9	4,7	53,10
Schwedenmilch (Trinksauermilch), Reformhaus	100	64	3,5	4,7	49,22
Stutenmilch	100	49	1,4	6,3	25,71
Trinkmilch, entrahmt	100	35	0,1	4,9	2,57

Produkt	Gramm	kcal	g Fett	KH	% kcal aus Fett
Jogurt / Jogurtdrinks					
Bauer »FruFru« Fruchtjogurt thermisiert	100	84	0,3	16,1	3,21
Bauer »MÖVENPICK« Premium Crème Jogurt	100	135	6,8	15,7	45,33
Bauer »MÖVENPICK« Rahmjogurt mit Frucht	100	183	11,6	16,6	57,05
Bauer »Probiotic plus« mit Oligofructose und Vanille	100	107	2,7	17,0	22,71
Bauer 4-Korn-Jogurt	100	99	2,5	15,4	22,73
Bauer Bayrisch Creme	100	193	10,6	22,5	49,43
Bauer Diätjogurt	100	72	2,7	7,6	33,75
Bauer Extra-Leicht-Fruchtjogurt	100	50	0,1	7,1	1,80
Bauer Extra-Leicht-Fruchtjogurt mit Ballaststoffen	100	50	0,4	7,1	7,20
Bauer Fruchtjogurt	100	95	2,6	14,6	24,63
Bauer Jogurt stichfest mager	100	43	0,1	5,5	2,09
Bauer Kinderjogurt	100	89	2,4	13,5	24,27
Bauer Vanillejogurt auf Frucht	100	116	3,4	18,3	26,38
Ehrmann AlmiDrink 0,1Fett	100	66	0,1	13,5	1,36
Ehrmann Almighurt 0,1Fett, pur mit Traubenzucker	100	69	0,1	11,7	1,30
Ehrmann Almighurt Käsekuchen	100	111	3,0	18,0	24,32
Ehrmann Almighurt light	100	62	1,1	10,0	15,97
Ehrmann Almighurt Rahm	100	129	9,1	8,5	63,49
Ehrmann Almighurt Schoko gerührt	100	119	3,7	18,0	27,98
Ehrmann Bighurt light	100	62	1,1	10,0	15,97
Ehrmann Bighurt PUR	100	73	3,8	5,4	46,85
Ehrmann Cremiger Traumjogurt	100	143	7,0	17,0	44,06

Produkt	Gramm	kcal	g Fett	KH	% kcal aus Fett
Ehrmann Dessert plus Sahne Himbeer, Aprikose oder Orange	100	105	2,6	20,0	22,29
Ehrmann Dessert plus Sahne Schoko-Creme	100	109	3,0	18,0	24,77
Ehrmann Grieß-Traum	100	131	4,3	20,0	29,54
Ehrmann Knister Spaß	100	125	3,3	21,0	23,76
Ehrmann Vollkorn Bighurt	100	100	2,7	15,5	24,30
Ehrmann Yoginos	100	91	0,1	19,1	0,99
frischli Yo-fruit 0,2 % Fett, Erdbeer-Ananas	100	77	0,1	16,1	1,17
frischli Yo-fruit 0,2 % Fett, Himbeer/Pfirsich-Maracuja	100	77	0,1	16,1	1,17
Fruttis e+f 4er Ananas/Kokos/Tropica	100	84	0,5	17,0	5,36
Fruttis e+f 4er Set (4 x 125 g)	100	85	0,2	18,0	2,12
Fruttis sahnig 4er Set (4 x 125 g)	100	130	5,9	17,0	40,85
Jogurt aus Magermilch	100	39	0,1	4,9	2,31
Jogurt mit Früchten, gezuckert	100	103	2,5	15,5	21,84
Jogurt, 1,5 % Fett	100	53	1,5	5,6	25,47
Landliebe Jogurt mit Früchten	100	101	3,0	15,0	26,73
Landliebe Jogurt mit Vanille, gerührt	100	113	3,3	17,0	26,28
Landliebe Jogurt original	100	67	3,9	4,5	52,39
Landliebe Rahmjogurt Kirsch-Mandel	100	143	8,3	14,0	52,24
Lünebest Jogurt 3,5 % Fett	100	70	3,3	4,7	42,43
Lünebest Jogurt Vanilla auf Frucht	100	117	2,7	19,3	20,77
Lünebest Magermilch-Jogurt 0,3 % Fett	100	44	0,3	4,7	6,14
Lünebest Spezialität Mocca	100	107	3,3	15,3	27,76

Produkt	Gramm	kcal	g Fett	KH	% kcal aus Fett
Lünebest Spezialität Vanilla	100	160	5,0	23,0	28,13
Milram Buttermilch Dessert (Vanille Aprikose/ Vanille Birne)	100	108	3,8	15,0	31,67
Milram Genuss pur Jogurt mild aus Magermilch	100	34	0,1	4,4	2,65
Milram KüchenStar Frucht Jogurt 1,5 % Fett	100	92	1,3	15,9	12,72
Milram KüchenStar Frucht Jogurt 3,5 % Fett	100	111	2,6	17,1	21,08
Müller Froop Erdbeer	100	111	3,0	16,5	24,32
Müller Froop Himbeer	100	111	3,0	16,3	24,32
Müller Froop Pfirsisch-Maracuja	100	114	3,0	17,1	23,68
Müller Froop Zitrone	100	119	3,0	18,4	22,69
Müller Knusper Jogurt Crispy Crunch	100	158	4,9	22,8	27,91
Müller ProCult extra leicht Banane	100	64	0,1	9,9	1,41
Müller ProCult extra leicht Erdbeer	100	63	0,1	9,7	1,43
Müller ProCult extra leicht Heidelbeer	100	58	0,1	8,5	1,55
Müller ProCult extra leicht Kirsch	100	61	0,1	9,2	1,48
Müller Schlemmer Jogurt Brombeer/Himbeer	100	108	3,5	14,2	29,17
Müller Schlemmer Jogurt Kokos mit Ananas	100	118	3,2	17,8	24,41
natreen, Vollkorn Müsli-Jogurt (alle Sorten)	100	52	1,0	7,8	17,31
Nestlé LC1 Blutorange	100	120	3,0	16,0	22,50
Nestlé LC1 Diät 1,4 % Fett, Vanilla Ananas, Vanilla Pfirsich-Maracuja	100	67	1,3	8,7	17,46

Produkt	Gramm	kcal	g Fett	KH	% kcal aus Fett
Nestlé LC1 Drink Orange 0,9 % Fett	100	70	1,0	13,0	12,86
Nestlé LC1 Drink Pfirsich 0,9 % Fett	100	70	1,0	13,0	12,86
Nestlé LC1 Drink pur leicht gesüßt 0,9 % Fett, div. Fruchtaromen	100	69	1,0	12,5	13,04
Nestlé LC1 go 0 % Fett	100	69	0,0	15,0	0,00
Nestlé LC1 Himbeere 1,5 % Fett	100	93	1,6	14,4	15,48
Nestlé LC1 mit Frucht-Insel	100	141	4,0	20,0	25,53
Nestlé LC1 Pur 3,5 % Fett	150	110	5,0	8,0	40,91
Nestlé LC1 Quark Vanilla 20 % Fett	100	145	5,0	15,0	31,03
Nestlé LC1 Vanilla 3,5 % Fett	100	98	3,3	13,3	30,31
Nestlé LC1 Vanilla mit Pfirsich 1,5 % Fett	100	93	1,6	14,4	15,48
Nestlé LC1 Waldfrucht 1,5 % Fett	100	93	1,6	14,4	15,48
Nestlé Yoco Jogurt-Drink Erdbeer	100	132	2,0	13,5	13,64
Nestlé Yoco Jogurt-Drink Vanille	100	132	2,0	13,5	13,64
Nestlé Yoco-Snack	100	407	20,0	49,0	44,23
Onken Becher, Jogurt mild mit Frucht	100	100	2,7	15,1	24,30
Onken Bioghurt aus Vollmilch	100	67	3,7	4,7	49,70
Onken Bioghurt Becher Diät 0,1 % Fett	100	43	0,1	6,0	2,09
Onken Bioghurt Becher mit natürlichem Fettgehalt	100	67	3,7	4,7	49,70
Onken Bioghurt Becher Vollkorn	100	106	2,8	16,0	23,77
Onken Bioghurt, fettarm, gerührt	100	57	1,5	4,7	23,68

Produkt	Gramm	kcal	g Fett	KH	% kcal aus Fett
Onken Der Fitness zuliebe, Sommer, Orange, Zitrone, Ananas	100	85	0,2	14,0	2,12
Onken Der Fitness zuliebe, Winter, Baumkuchen, Nougat	100	92	1,7	12,0	16,63
Onken Sommer-Jogurt, Orange, Zitrone, Ananas	100	100	2,7	15,1	24,30
Onken Winter-Jogurt Bratapfel	100	99	2,6	15,0	23,64
Onken Winter-Jogurt Marzipan-Orange	100	105	3,2	15,0	27,43
Schneekoppe Frucht-Jogurt Erdbeere	100	60	0,8	9,0	12,00
Schneekoppe Probiotischer Jogurt	100	60	1,0	8,0	15,00
Schneekoppe Probiotischer Vanille-Jogurt	100	60	0,8	9,0	12,00
Strothmann Bighurt Banane-Aprikose	100	49	0,1	8,0	1,84
Strothmann Bighurt Heidelbeere	100	48	0,1	8,0	1,88
Zott Gourmet Diät	100	63	1,3	8,0	18,57
Zott Jogolé Fuchtjogurt	100	79	0,1	15,6	1,14
Zott Jogolé Molkedrink	100 ml	59	0,1	12,7	1,53
Zott Jogolé Molkedrink ACE	100 ml	59	0,1	12,7	1,53
Zott Sahne Jogurt	100	146	8,2	15,5	50,55
Quark					
Ehrmann Allgäuer Speisequark 0 % Fett	100	57	0,2	4,1	3,16
Ehrmann Allgäuer Speisequark 20 % Fett	100	86	3,7	4,1	38,72
Ehrmann Früchte-Traum light	100	60	1,7	5,0	25,50
Ehrmann Genuss Diät-Quark mit Früchten	100	103	4,6	9,6	40,19

Produkt	Gramm	kcal	g Fett	KH	% kcal aus Fett
Ehrmann Genuss Diätquark Vanilla	100	97	3,8	9,6	35,26
Exquisa Fruchtquark, 0,2 % Fett abs., Heidelbeer	100	90	0,2	15,9	2,00
Exquisa Fruchtquark, 0,2 % Fett abs., Himbeer	100	87	0,2	15,1	2,07
Exquisa Fruchtquark, 0,2 % Fett abs., Kirsch	100	83	0,2	14,2	2,17
Exquisa Fruchtquark, 0,2 % Fett abs., Pfirsich-Maracuja	100	79	0,2	13,1	2,28
Exquisa Quark, 0,2 % Fett abs., pur	100	48	0,2	3,5	3,75
frischli Leckermäulchen Quark Kirsch	100	140	5,8	13,6	37,29
frischli Leckermäulchen Quark Orange	100	144	6,3	14,1	39,38
frischli Leckermäulchen Quark Stracciatella	100	167	6,5	20,2	35,03
frischli Leckermäulchen Quark Stracciatella auf Kirsch	100	157	5,3	21,6	30,38
frischli Leckermäulchen Quark Tiramisu	100	144	6,3	14,0	39,38
frischli Leckermäulchen Quark Vanilla auf Erdbeer-Himbeer-Limone	100	147	4,7	20,3	28,78
frischli Leckermäulchen Quark Vanilla auf Pfirsich	100	145	4,6	19,4	28,55
Fruttis der Sahnige 10 % Fett	100	145	7,4	17,0	45,93
Landliebe Fruchtquark de Luxe	100	135	6,0	15,0	40,00
Landliebe Landquark 20 % Fett	100	99	4,7	4,1	42,73
Landliebe Landquark 40 % Fett	100	151	11,0	3,9	65,56

Produkt	Gramm	kcal	g Fett	KH	% kcal aus Fett
Landliebe Quark Erdbeer, Kirsch, Pfirsich 500	100	134	5,6	15,0	37,61
Milram Fruchtquark	100	111	2,6	15,4	21,08
Milram Fruchtquark 500	100	152	6,6	16,2	39,08
Milram Fruchtquark Diät 500	100	118	5,8	9,5	44,24
Milram Fruchtquark Vanille 500	100	152	6,6	16,2	39,08
Milram Frühlingsquark leicht	100	82	2,6	3,6	28,54
Milram Genuss pur Speise-Quark 40 % Fett	100	153	11,0	3,0	64,71
Milram KüchenStar Konditorquark Magerstufe	100	72	0,4	4,2	5,00
Milram Lecker & Locker leicht	100	72	0,2	11,1	2,50
Milram TomatenQuark	100	141	10,0	3,0	63,83
Milram TzatzikiQuark	100	150	11,0	3,0	66,00
Nestlé Doppeldecker Himbeer mit Vanillesoße	100	95	0,8	19,2	7,58
Nestlé Doppeldecker Waldmeister mit Vanillesoße	100	93	0,8	19,2	7,74
Onken Der Fitness zuliebe Quark-Creme 0,2 % Fett	100	85	0,2	14,0	2,12
Onken Feine Quark-Creme mit Frucht und Körnern	100	137	6,1	14,8	40,07
Onken Früchtequark 1,8 % Fett	100	95	1,8	12,8	17,05
Onken Frühstücksquark	100	148	10,0	4,6	60,81
Schneekoppe Frucht-Quark Aprikose	100	70	0,8	9,0	10,29
Schneekoppe Frucht-Quark Banane	100	70	0,8	9,0	10,29
Schneekoppe Frucht-Quark Heidelbeere	100	70	0,8	9,0	10,29

Produkt	Gramm	kcal	g Fett	KH	% kcal aus Fett
Schneekoppe					
Frucht-Quark Kirsche	100	70	0,8	9,0	10,29
Speisequark, 20 % Fett	100	116	4,8	3,4	37,24
Speisequark, 40 % Fett	100	167	10,8	3,3	58,20
Speisequark, mager	100	78	0,2	4,0	2,31

Käse

Produkt	Gramm	kcal	g Fett	KH	% kcal aus Fett
becel Diät Milde Reife	100	365	32,0	0,3	78,90
becel Diät Milde Reife mit grünem Pfeffer	100	365	32,0	0,3	78,90
Bresse bleu	100	432	42,0	0,5	87,50
Bresso Balance-Frischkäse mit Kräutern, 40 % Fett i. Tr.	100	169	13,0	3,1	69,23
Bresso Frischkäse cremig sahnig, 60 % Fett i. Tr., 150	100	241	22,0	2,8	82,16
Bresso Kräuter-Frischkäse, 60 % Fett i. Tr., 80 g, 150	100	240	22,0	2,8	82,50
Bresso Meerettich-Frischkäse, 60 % Fett i. Tr., 150	100	254	23,0	4,3	81,50
Brunch Feine Kräuter	100	248	24,0	3,0	87,10
Brunch Paprika-Pepperoni	100	228	22,0	3,2	86,84
Brunch Streichrahm	100	246	24,0	3,0	87,80
Camembert, 30 % Fett i.Tr.	100	216	13,3	0,0	55,42
Chavroux mindestens 45 % Fett i. Tr.	100	171	12,9	4,0	67,89
Du darfst Camembert	100	219	14,0	0,3	57,53
Du darfst Edamer	100	265	17,0	0,0	57,74
Du darfst Frischkäse Gemüse	100	130	8,0	3,4	55,38
Du darfst Gemüse Gouda	100	263	16,0	1,0	54,75
Du darfst Gouda	100	265	17,0	0,0	57,74
Du darfst Kräuter-Schmelzli	100	191	11,0	7,0	51,83
Du darfst Käseaufschnitt	100	269	17,0	0,0	56,88
Du darfst Käseraspel	100	269	17,0	1,0	56,88
Du darfst Tilsiter	100	273	17,0	0,0	56,04

Produkt	Gramm	kcal	g Fett	KH	% kcal aus Fett
Du darfst Toasties Toast	100	212	12,0	6,0	50,94
Edamer, 40 % Fett i. Tr.	100	331	22,2	0,0	60,36
Edamer, 45 % i. Tr.	100	371	26,9	0,0	65,26
Edelweiß-Weichkäse Camembert, 50 % Fett i. Tr.	100	319	26,0	0,3	73,35
Exquisa Ananas-Mango	100	290	23,0	15,0	71,38
Exquisa Fitline pur 0,2 % Fett	100	63	0,2	3,9	2,86
Exquisa Frischa pur	100	209	19,0	2,9	81,82
Exquisa Jogurt Kräuter	100	162	13,5	3,0	75,00
Exquisa Jogurt pur	100	162	13,5	3,0	75,00
Exquisa pur	100	250	24,0	2,5	86,40
Exquisa Vital	100	104	4,0	4,0	34,62
Feta, 45 % Fett i. Tr.	100	250	17,2	2,0	61,92
Fol Epi, 50 % Fett i. Tr.	100	341	27,0	1,5	71,26
Fol Epi Scheiben leicht Dreiviertelfettstufe	100	249	14,0	1,9	50,60
Géramont	100	373	33,0	2,0	79,62
Géramont Back-Camembert 50 % Fett i. Tr.	100	317	18,3	25,8	51,96
Géramont leicht 12 % Fett absolut	100	200	12,0	2,0	54,00
Géramont Torten grüner Pfeffer 60 % Fett i. Tr.	100	364	32,0	3,0	79,12
Géramont Torten Kräuter 60 % Fett i. Tr.	100	364	32,0	3,0	79,12
Gorgonzola	100	376	29,6	0,6	70,85
Gouda, 40 % Fett i. Tr.	100	300	22,3	0,0	66,90
Gouda, 48 % Fett i. Tr.	100	343	28,0	0,0	73,47
Harzer Käse	100	126	0,7	0,0	5,00
Kraft Philadelphia Fantasia Feine Kräuter	100	280	17,0	3,2	54,64
Kraft Schnittlauch Philadelphia	100	186	15,5	3,4	75,00
Kraft Velveta Chester Scheibletten	100	240	16,5	7,7	61,88

Produkt	Gramm	kcal	g Fett	KH	% kcal aus Fett
Kraft Velveta Classic Scheibletten	100	179	8,7	7,9	43,74
Landliebe Landkäse	100	399	33,9	0,0	76,47
Le Tartare 70 % Fett i. Tr.	100	348	33,5	2,5	86,64
Le Tartare Balance 14 % Fett	100	186	14,0	3,0	67,74
Le Tartare Marché Doppelrahmstufe	100	291	27,5	2,5	85,05
Le Truffier	100	322	25,0	1,4	69,88
Leerdammer Lightlife	100	288	17,3	0,0	54,06
Limburger, 20 % Fett i. Tr.	100	196	8,1	0,1	37,19
Milram Genuss pur Körniger Frischkäse	100	105	4,6	2,0	39,43
Miree Knoblauch	100	256	24,5	2,3	86,13
Miree Lachs	100	256	24,5	2,3	86,13
Mozzarella	100	239	15,3	0,0	57,62
Parmesan, 32 % Fett i. Tr.	100	396	24,5	0,1	55,68
Président Salakis Light	100	161	8,0	2,1	44,72
Ramee Weichkäse Cremeroll, 55 % Fett i. Tr., 1000	100	370	29,0	0,3	70,54
Roquefort	100	378	29,1	0,2	69,29
Schafskäse, 40 % Fett i. Tr.	100	217	16,7	0,0	69,26
Slimdammer Low fat Käse, 200 g, Scheiben	100	221	7,0	1,0	28,51
Südmilch Der Cremige 3,5 % Fett i. Tr.	100	69	3,5	6,4	45,65
Tartare Bistro, 70 % Fett i. Tr.	100	345	31,0	8,0	80,87
Ziegenkäse, 45 % Fett i. Tr.	100	280	21,8	0,0	70,07
Ziegenkäse, 48 % Fett i. Tr.	100	329	27,0	0,0	73,86
Zottarella	100	250	19,0	1,5	68,40
Zottarella leicht	100	165	8,5	1,0	46,36

Sojaprodukte

Soja-Flocken, Reformhaus	100	208	12,0	17,0	51,92
Tofu	100	83	4,8	1,9	52,05

Produkt	Gramm	kcal	g Fett	KH	% kcal aus Fett

Süßes Gebäck, Kekse

Produkt	Gramm	kcal	g Fett	KH	% kcal aus Fett
Kamps Rosinenschnecke	100	382	9,6	70,8	22,62
Kamps Streuseltaler	100	401	7,1	81,7	15,94
Löffelbiskuit	100	400	0,0	80,0	0,00
Neukircher Wild Berries Himbeere, Feingebäck mit Früchten	100	393	7,4	71,9	16,95
Neukircher Wild Berries Waldbeere, Feingebäck mit Früchten	100	393	7,4	71,9	16,95

Süßwaren

Produkt	Gramm	kcal	g Fett	KH	% kcal aus Fett
Haribo A-Z	100	340	0,0	78,0	0,00
Haribo Cola-Kracher	100	382	4,2	84,0	9,90
Haribo Color-Rado	100	342	2,1	76,0	5,53
Haribo Goldbären	100	340	0,0	78,0	0,00
Haribo Maoam Softstangen	100	392	6,3	82,0	14,46
Haribo Salino	100	320	0,0	79,0	0,00
Haribo Saure Pommes	100	340	0,0	79,0	0,00
Haribo Veilchen-Pastillen	100	320	0,0	79,0	0,00
Katjes Almdudler	100	329	0,0	75,0	0,00
Katjes Fresh Watermelon	100	329	0,0	75,0	0,00
Katjes Salmiak-Pastillen	100	314	2,0	69,0	5,73
Katjes Salzige Heringe	100	345	0,0	85,0	0,00
Katjes Saure Heringe	100	327	0,0	76,0	0,00
Pulmoll Cassis, zuckerfrei	100	239	0,0	97,0	0,00
Pulmoll Classic	100	388	0,1	96,8	0,23
Pulmoll Classic, zuckerfrei	100	239	0,0	97,0	0,00
Pulmoll Eukalyptus Menthol, zuckerfrei	100	238	0,0	96,7	0,00
Pulmoll Mint, zuckerfrei	100	239	0,0	97,0	0,00
Ragolds Atemgold Classic	100	391	0,0	97,0	0,00
Ragolds Atemgold Classic zuckerfrei	100	238	0,0	98,3	0,00
Ragolds Gletscher Eis	100	397	0,0	97,0	0,00

Produkt	Gramm	kcal	g Fett	KH	% kcal aus Fett
Storck Campino Erdbeeren & Sahne	100	424	8,5	86,1	18,04
Storck Campino Orangen & Sahne	100	422	8,5	85,8	18,13
Storck Durchbeißer Karamell	100	420	12,3	78,4	26,36
Storck Karamell-Riesen	100	406	10,4	77,5	23,05
Storck Knoppers	100	528	32,0	52,0	54,55
Storck Nimm 2	100	370	0,0	91,9	0,00
Storck Nimm 2 Lachgummi	100	327	0,2	73,5	0,55
Storck Werthers Original	100	430	8,9	85,7	18,63
Villosa Hustin Atemfrisch	100	390	0,0	97,7	0,00

Schokoladiges

Produkt	Gramm	kcal	g Fett	KH	% kcal aus Fett
3 Musketeers Schokoriegel	100	430	13,3	76,2	27,84
Amicelli	100	507	27,1	59,7	48,11
Bounty	100	471	25,6	56,4	48,92
Bounty zartherb	100	473	27,1	54,2	51,56
Hershey's milk chocolate	100	90	5,0	10,0	50,00
M & M's Choco	100	479	21,0	67,5	39,46
M & M's Minis	100	489	23,3	64,0	42,88
M & M's Peanut	100	506	26,5	57,3	47,13
Malteser	100	483	22,9	61,5	42,67
Malteser Teasers	100	535	31,0	57,0	52,15
Mars	100	477	18,5	73,6	34,91
Mars Mandel	100	497	27,7	54,7	50,16
Milky Way	100	451	16,7	71,6	33,33
Nappo	100	391	6,7	81,4	15,42
Nappo Eiskonfekt	100	602	45,4	44,5	67,87
Nappo mit Haselnüssen und Puffreis, klein	100	416	10,1	78,6	21,85
Nappo Riesen mit Haselnüssen und Puffreis	100	410	8,6	80,8	18,88
Marzipan, mit Fruchtzucker-schokolade, Reformhaus	100	519	33,0	45,5	57,23

Produkt	Gramm	kcal	g Fett	KH	% kcal aus Fett
Nestlé After Eight	100	423	13,0	74,0	27,66
Nestlé Caramac	100	561	36,0	54,0	57,75
Nestlé Choco Crossies	100	525	30,0	57,0	51,43
Nestlé Lion	100	489	22,0	66,0	40,49
Nestlé Nesquik Schoko-Sirup	100	275	1,0	64,0	3,27
Nestlé Nuts	100	502	26,0	63,0	46,61
Nestlé Quality Street	100	461	20,0	67,0	39,05
Nestlé Smarties	100	455	15,0	75,0	29,67
Piasten Schokolinsen	100	442	14,0	76,0	28,51
PowerBar Harvest	100	369	6,2	67,7	15,12
PowerBar Performance	100	342	3,1	64,6	8,16
PowerBar ProteinPlus	100	355	6,9	42,0	17,49
Ritter Sport 40 Ganze Erdnuss	100	521	29,0	59,0	50,10
Ritter Sport Alpenmilch	100	566	38,0	45,5	60,42
Ritter Sport Cocos	100	553	36,0	49,0	58,59
Ritter Sport Diät Halbbitter	100	462	31,0	48,0	60,39
Ritter Sport Diät Nugat	100	498	37,0	42,0	66,87
Ritter Sport Eierlikör Trüffel	100	551	40,0	42,0	65,34
Ritter Sport Erdbeer	100	527	30,0	53,0	51,23
Ritter Sport Haselnuss	100	576	32,0	52,0	50,00
Ritter Sport Knusper Kakao	100	521	29,0	59,0	50,10
Ritter Sport Marzipan	100	544	33,0	54,0	54,60
Ritter Sport Rum-Trauben-Nuss	100	481	25,0	60,0	46,78
Ritter Sport Voll-Nuss	100	526	30,0	57,0	51,33
Ritter Sport Vollmilch	100	495	28,0	54,0	50,91
Ritter Sport Weisse Voll-Nuss	100	552	38,0	46,0	61,96
Ritter Sport XXL Fruits & Nuts	100	524	31,0	52,0	53,24
Ritter Sport XXL Golden Peanuts	100	572	37,0	53,0	58,22
Rum-Trüffel, Diät, Reformhaus	100	483	27,0	50,0	50,31

Produkt	Gramm	kcal	g Fett	KH	% kcal aus Fett
Samba Schaumküsse	100	366	9,0	68,0	22,13
Snickers	100	497	27,2	53,8	49,26
Storck Merci Vielfalt	100	550	38,0	48,0	62,18
Storck Mini Dickmann's dunkel	100	455	20,0	65,0	39,56
Storck Mini Dickmann's Vollmilch	100	454	18,0	68,0	35,68
Storck Mini Dickmann's weiß	100	455	18,0	69,0	35,60
Storck Schokolinchen	100	405	8,4	80,6	18,67
Storck Super Dickmann's	100	366	9,0	68,0	22,13
Veris Schokoladenkreme	100	484	26,1	48,5	48,53
Weinbrandbohnen	100	375	25,0	25,0	60,00

Nachspeisen, Puddingpulver

Dr. Oeker Milchnudeln Vanille-Geschmack	100	360	0,9	81,7	2,25
Dr. Oetker Aranca Aprikose/ Maracuja-Geschmack, Zubereitung mit Ei	100	390	0,5	88,4	1,15
Dr. Oetker Bratapfel-Dessert	100	102	1,4	20,6	12,35
Dr. Oetker Bratapfel-Dessert mit Bourbon-Vanille-Soße	100	105	2,0	19,5	17,14
Dr. Oetker Fruchtzauber Aprikose	100	384	0,3	94,9	0,70
Dr. Oetker Fruchtzauber Birne	100	388	0,3	94,3	0,70
Dr. Oetker Fruchtzauber Erdbeere	100	385	0,3	95,0	0,70
Dr. Oetker Fruttina Zitrone-Geschmack	100	344	0,1	82,6	0,26
Dr. Oetker Gala Bourbon-Vanille	100	342	0,1	84,8	0,26
Dr. Oetker Gala feiner Schokoladenpudding	100	319	2,7	68,0	7,62

Produkt	Gramm	kcal	g Fett	KH	% kcal aus Fett
Dr. Oetker Galetta Schokolade	100	363	1,4	84,7	3,47
Dr. Oetker Götterspeise Himbeer	100	68	0,0	15,8	0,00
Ehrmann Creme Pudding Schoko	100	121	3,0	20,5	22,31
Ehrmann Creme Pudding Vanille-Geschmack	100	113	2,9	19,0	23,10
Ehrmann Genuss Diät Dessert Schoko-Sahne	100	76	2,4	10,5	28,42
Ehrmann Milchfrisch Schoko-Sahne 125	100	104	2,7	18,0	23,37
Ehrmann Milchfrisch Vanille-Geschmack-Sahne	100	101	2,3	17,0	20,50
Kühne Rote Grütze Gartenfrucht	100	99	0,2	23,0	1,82
Kühne Rote Grütze Sauerkirschen	100	128	0,2	30,0	1,41
Kühne Rote Grütze Waldfrucht	100	101	0,5	23,0	4,46
Landliebe Grießpudding mit Früchten 150	100	137	6,9	16,0	45,33
Landliebe Grießpudding Natur 150	100	155	8,6	16,0	49,94
Landliebe Sahnepudding Kakao 150 und 500	100	160	8,8	17,0	49,50
Milchpudding	100	94	1,2	18,0	11,49
Mondamin Süße Gerichte Grieß-Auflauf (2–3 Port.)	100	359	1,0	81,0	2,51
Mondamin Süße Gerichte Grießbrei (2–3 Port.)	100	364	1,0	83,0	2,47
Mondamin Süße Gerichte Kaiserschmarrn (2–3 Port.)	100	397	7,0	65,0	15,87
Mondamin Süße Gerichte Milchreis (2–3 Port.)	100	377	1,0	88,0	2,39

Produkt	Gramm	kcal	g Fett	KH	% kcal aus Fett
natreen Creme Dessert Schokolade	100	85	4,2	7,3	44,47
natreen Creme Dessert Vanille-Geschmack	100	77	3,7	6,8	43,25
natreen Götterspeise Himbeer-Geschmack	100	24	0,0	5,9	0,00
natreen Pudding Vanille-Geschmack	100	65	1,4	9,7	19,38
natreen Soßenpulver Vanille-Geschmack	100	56	1,5	7,4	24,11
natreen, Vanilla-Pudding (alle Sorten)	100	56	0,9	9,4	14,46
Nestlé Duo de Cafe & Sahne	100	178	11,1	16,7	56,12
Nestlé Duo de Mousses	100	207	12,0	18,7	52,17
Nestlé Mickey-Mousse, Erdbeer-Mousse	100	173	8,0	22,7	41,62
Nestlé Mickey-Mousse, Mousse Vanilla-Geschmack	100	167	8,0	20,0	43,11
Nestlé Profiterole	100	228	9,0	30,0	35,53
Nestlé Rote Grütze mit Vanille	100	81	0,8	17,6	8,89
Nestlé Schoko Pudding mit Vanille	100	112	3,2	18,4	25,71
Nestlé Wackel-Goofy	100	68	0,0	16,8	0,00
Onken Diät-Pudding Schoko	100	85	3,0	10,0	31,76
Onken Wölkchen Vanille	100	127	5,5	16,4	38,98
Onken Wölkchen Zitrone	100	135	5,8	17,7	38,67
Puddis Grießpudding mit Schokosoße	100	101	2,3	17,0	20,50
Puddis Kokospudding mit Schokosoße 4 x 125 frisch	100	95	1,9	17,0	18,00
Puddis Milchpudding Karamel 4 x 125	100	104	2,1	19,0	18,17
Puddis Milchpudding mit Schokolade 4 x 125	100	98	2,5	16,0	22,96
Puddis Milchpudding Vanille					

Produkt	Gramm	kcal	g Fett	KH	% kcal aus Fett
4 x 125	100	96	2,1	17,0	19,69
Puddis Pudding & Milchcreme Haselnuss	100	112	3,8	17,0	30,54
Puddis Pudding & Milchcreme Schoko	100	111	3,9	16,0	31,62
Puddis Schokopudding mit Vanillesoße 4 x 125	100	119	4,0	18,0	30,25
Puddis Vanillepudding mit Schokosoße 4 x 125	100	101	2,2	18,0	19,60
RUF Erfrischungsspeise Orange	100	344	0,1	85,5	0,26
RUF Erfrischungsspeise Zitrone	100	342	0,0	85,3	0,00
RUF Exquisite Dessert Mousse Straciatella	100	462	14,7	73,0	28,64
RUF Feinkost Schokolade mit Mandel	100	336	7,1	60,6	19,02
RUF Instant Götterspeise Kirsch-Geschmack	100	374	0,0	93,5	0,00
RUF Instant Kaltschale Erdbeer	100	381	0,5	93,9	1,18
RUF Instant Kaltschale Sauerkirsch	100	381	0,1	94,8	0,24
RUF Rote Grütze glatt	100	335	0,1	83,1	0,27
RUF Rote Grütze mit Sago	100	334	0,1	83,0	0,27
RUF Süßer Kick Creme Vanille	100	462	16,8	73,7	32,73
RUF Süßer Kick Grießbrei	100	390	11,0	64,9	25,38
Schneekoppe Dessert-Pudding Schoko-Kirsch	100	60	0,9	10,0	13,50
Schneekoppe Dessert-Pudding Vanille-Erdbeere	100	60	0,8	9,0	12,00
Schneekoppe Dessert-Pudding Vanille-Pfirsich-Maracuja	100	60	0,8	9,0	12,00
Veris Instant Fruchtsuppe Aprikose	100	383	0,1	93,6	0,23

Produkt	Gramm	kcal	g Fett	KH	% kcal aus Fett
Veris Instant Fruchtsuppe Erdbeer	100	380	0,2	92,5	0,47
Veris Instant Fruchtsuppe Heidelbeer	100	378	0,3	92,0	0,71
Veris Instant Fruchtsuppe Sanddorn-Banane	100	385	0,6	93,5	1,40
Veris Instant Fruchtsuppe Sauerkirsche	100	382	0,2	92,8	0,47
Veris Instant Fruchtsuppe Schwarze Johannisbeere	100	375	0,1	91,5	0,24
Veris Instant Fruchtsuppe Waldbeere	100	379	0,2	91,6	0,47
Veris Rote Grütze	100	370	0,4	86,4	0,97
Zott Mocca	100	107	3,1	16,1	26,07
Zott Monte	100	174	10,7	16,5	55,34
Zott Mousse au chocolat	100	100	3,6	12,0	32,40
Zott Mousse au vanil	100	98	3,5	12,0	32,14
Zott Sahne Pudding Schoko	100	162	8,6	18,1	47,78
Zott Sahne Pudding Vanille	100	153	8,7	16,0	51,18
Zott Tiramisu	100	306	17,8	15,2	52,35

Eis

bofrost Bunte Seeschlange	100	86	0,4	20,5	4,19
bofrost Cool Box, Knallbrause-Eis	100	134	3,7	25,0	24,85
bofrost Cool Box, Milchdäumling	100	144	3,1	25,1	19,38
bofrost Fresh Perls 126	100	18	0,0	4,5	0,00
bofrost Fruchteis Däumling Erdbeer	100	102	0,0	25,6	0,00
bofrost Fruchteis Däumling Zitrone	100	114	0,0	28,5	0,00
bofrost Orangen Fruchteis 099	100	96	0,0	24,0	0,00

Produkt	Gramm	kcal	g Fett	KH	% kcal aus Fett
bofrost Softeis-Mix, Karamel	100	176	5,3	28,6	27,10
bofrost Softeis-Mix, Schokolade	100	174	5,0	28,8	25,86
bofrost Softeis-Mix, Waldfrüchte	100	171	4,5	29,5	23,68
bofrost Sorbet Zitrone Wodka	100	131	3,1	21,7	21,30
bofrost Zitroneneis	100	131	0,3	32,0	2,06
Dr. Oetker Schatztruhe 5 Cool Cola	100	111	0,1	27,3	0,81
Dr. Oetker Schatztruhe 6 Dip & Schleck	100	112	0,1	27,4	0,80
Dr. Oetker Schatztruhe 8 Düsenjäger	100	99	0,1	24,3	0,91
Dr. Oetker Schatztruhe Tahiti-Kiste	100	109	0,1	26,8	0,83
eismann Cappuchino	100	255	11,0	36,0	38,82
eismann Caribi	100	88	1,0	22,0	10,23
eismann Caribi-Mix Orange/Erdbeer/Zitrone	100	106	1,0	26,0	8,49
eismann Cola-Orange	100	103	1,0	25,0	8,74
eismann Diätbecher Himbeer	100	139	3,2	18,7	20,72
eismann Diätbecher Schoko/Vanille	100	149	4,8	23,5	28,99
eismann Eddy's Teddy Cola	100	84	0,0	21,0	0,00
eismann Fantastic Fruchty-Mix	100	156	4,0	28,0	23,08
eismann Skatylino Apfel	100	104	1,0	26,0	8,65
eismann Skatylino Multifrucht	100	103	1,0	26,0	8,74
eismann Zitronen-Sorbet	100	131	1,0	32,0	6,87
Langnese Calippo Cola	100	87	0,0	21,5	0,00
Langnese Calippo Erdbeer	100	98	0,0	24,4	0,00
Langnese Capri	100	52	0,1	12,6	1,73
Langnese Cornetto Erdbeer	100	232	8,9	35,5	34,53
Langnese Cremissimo Crème Trüffel	100	219	6,6	20,4	27,12

Produkt	Gramm	kcal	g Fett	KH	% kcal aus Fett
Langnese Cremissimo Eiskompositionen Banana Split	100	216	7,2	34,8	30,00
Langnese Domino	100	112	8,2	7,8	65,89
Langnese Ed v. Schleck	100	114	4,7	16,2	37,11
Langnese Flutschfinger	100	62	0,0	15,2	0,00
Langnese Happen	100	92	3,7	12,5	36,20
Langnese Magnum Classic	100	282	17,3	27,4	55,21
Langnese Mini Milk Erdbeer	100	35	1,1	5,1	28,29
Langnese Mini Milk Schokolade	100	32	0,8	5,0	22,50
Langnese Mini Milk Vanille	100	33	0,7	5,4	19,09
Langnese Multipackung 4 Sundaes Chocolate	100	140	3,8	24,2	24,43
Langnese Nogger Original	100	225	15,9	17,8	63,60
Langnese Solero Exotic	100	112	3,0	19,7	24,11
Langnese Solero Ice	100	86	0,1	20,9	1,05
Langnese Solero Shots Citrus	100	22	0,2	4,7	8,18
Langnese Solero Shots Tropical	100	21	0,2	4,4	8,57
Langnese Solero Smoover	100	82	0,1	30,7	1,10
Langnese Solero Waldfrucht	100	113	4,0	19,0	31,86
Langnese Super Twister	100	106	0,1	26,0	0,85
Langnese Super Twister Choc	100	121	2,9	21,4	21,57
natreen Bourbon Vanille	100 ml	111	3,8	13,6	30,81
natreen Fürst-Pückler-Art	100	114	3,9	13,8	30,79
natreen Sandwiches-Fürst-Pückler-Art	100	140	3,9	19,6	25,07
Nestlé Motta Carioca	100 ml	109	3,2	18,9	26,42
Nestlé Motta Extreme Jogurt Frutti Rossa	100 ml	147	4,2	25,8	25,71
Nestlé Motta Happy 5	100 ml	84	0,0	24,0	0,00
Nestlé Motta Nestea	100 ml	80	0,0	20,0	0,00
Nestlé Motta Panzerknacker	100 ml	140	4,0	30,0	25,71
Nestlé Motta Pirula Tropical	100 ml	81	0,0	20,0	0,00
Nestlé Motta Sniepy Kirsch-Cola	100 ml	82	0,0	20,0	0,00

Produkt	Gramm	kcal	g Fett	KH	% kcal aus Fett
Nestlé Motta					
Wellness Lemon	100 ml	26	0,0	6,7	0,00
RUF Eispulver Schokolade	100	397	11,0	68,5	24,94
Schöller Beach Kiba	100	98	0,0	24,0	0,00
Schöller Blue Wonder	100	103	0,0	25,2	0,00
Schöller Caretta-Orange	100	96	0,0	22,8	0,00
Schöller Green Tea Ice	100	96	0,0	22,8	0,00
Schöller Ice Dots	100	19	0,0	4,6	0,00
Schöller Kaktus	100	139	2,6	27,7	16,83
Schöller Manhattan					
1l Lemon Vanilla	100	150	3,4	27,2	20,40
Schöller Manhattan					
Freezer Cherry	100	160	4,0	28,2	22,50
Schöller					
Manhattan Ice-Dots	100	19	0,0	4,6	0,00
Schöller Manhattan					
Multipackung					
Family Box Stick Cola	100	103	0,3	24,7	2,62
Schöller Milk Flip	100	125	3,1	19,2	22,32
Schöller Mövenpick					
Amarena Cream	100	156	5,2	25,0	30,00
Schöller Mövenpick					
Mandarine Citrone	100	128	0,0	30,0	0,00
Schöller Mövenpick					
Waldfrucht Cranberry	100	135	0,0	32,0	0,00
Schöller Racer	100	91	0,0	21,8	0,00
Schöller Tropsy	100	98	0,0	23,6	0,00

Knabberartikel

Bahlsen Nic Nac's	100	602	50,0	13,0	74,75
Chio Flips Classic Peanut	100	489	23,7	55,6	43,62
Chio Tortillas Nacho Cheese	100	501	24,0	67,1	43,11
granoVita					
Orvita-Dreikorn-Kräcker	100	403	14,2	57,5	31,71

Produkt	Gramm	kcal	g Fett	KH	% kcal aus Fett
Griesson Leicht & Cross Grissini Sesam	100	419	15,0	56,0	32,22
Griesson Leicht & Cross Knusperscheiben Weizen	100	411	9,0	74,0	19,71
Gutena Filinchen Brot Cracker diverse Sorten	100	518	23,0	65,0	39,96
Gutena Filinis Knusper-Leicht Kakao & Kokos	100	463	22,0	58,2	42,76
Gutena Filinis Knusper-Leicht Sonnenblumenkerne & Sesam	100	490	28,5	44,0	52,35
Gutena Knobi Filinchen Der Waffelsnack	100	406	9,6	68,1	21,28
Gutena Kräuter Filinchen Der Waffelsnack	100	395	7,6	68,4	17,32
Gutena Zwiebel Filinchen Der Waffelsnack	100	405	9,7	67,4	21,56
Leicht & Cross Grissini Classic	100	389	7,0	69,0	16,20
Lorenz Baff Popcorn	100	420	8,0	84,0	17,14
Lorenz Crunchips American Cream, Paprika, Cheese & Onion, Red Chili	100	535	35,0	49,0	58,88
Lorenz Crunchips X-Cut Salz, Paprika, Cheese & Onion, American Cream	100	533	35,0	49,0	59,10
Lorenz Erdnuss-Locken	100	492	24,0	56,0	43,90
Lorenz Erdnüsse geröstet und gesalzen	100	622	52,7	12,0	76,25
Lorenz Erdnüsse würzig pikant	100	602	50,0	13,0	74,75
Lorenz Käse-Finessen	100	550	34,0	46,0	55,64
Lorenz Monster Munch	100	499	26,0	62,0	46,89
Lorenz Pistazien	100	605	51,6	11,4	76,76
Lorenz Pommels Kartoffelsnack	100	506	29,0	58,0	51,58

Produkt	Gramm	kcal	g Fett	KH	% kcal aus Fett
Lorenz Pomsticks Paprika	100	522	32,5	52,0	56,03
Lorenz Salzletten	100	389	6,0	72,8	13,88
Lorenz Studentenfutter Master Mix	100	556	40,0	32,0	64,75
Lorenz Studentenfutter Special	100	605	51,6	11,4	76,76
Lorenz Tacitos Tortilla Chips	100	514	26,0	63,0	45,53
Neukircher Brot-Cracker, Knoblauch	100	397	6,8	75,7	15,42
Neukircher Brot-Cracker, Kräuter	100	402	7,1	72,0	15,90
Neukircher Brot-Cracker, Schinken	100	393	5,4	76,5	12,37
Neukircher Brot-Cracker, Zwiebel	100	394	6,9	74,6	15,76
Neukircher Der grüne Brot-Snack	100	397	7,6	71,0	17,23
Neukircher Röst Biskuit	100	394	5,5	74,6	12,56
Popcorn, Mikrowelle, gezuckert, Seeberger	100	470	15,3	75,6	29,30
Reiswaffeln, Reformhaus	100	395	3,4	84,0	7,75
Ritz Cracker	100	495	23,0	64,0	41,82
SCHIPPS – Paprika	100	438	14,0	73,0	28,77
SCHIPPS – salted	100	438	14,0	73,0	28,77
Schneekoppe Weihnachtsmandeln	100	590	46,0	31,0	70,17
Seeberger Reis-Gebäck Hot Chilli-Cracker	100	537	33,7	54,4	56,48
Seeberger Reis-Gebäck Japan-Mix Katana	100	397	4,8	79,3	10,88
Seeberger Reis-Gebäck Japan-Mix Matsuri	100	382	0,4	84,6	0,94
TUC Cracker Classic	100	496	22,0	67,0	39,92
TUC Cracker Sesam	100	484	20,0	67,0	37,19

Produkt	Gramm	kcal	g Fett	KH	% kcal aus Fett
TUC Cracker Vollkorn	100	490	22,0	63,0	40,41
TUC Party Snacks Pizza	100	522	30,0	53,0	51,72
TUC Sandwich	100	536	32,0	50,0	53,73
XOX Apfelchips	100	300	0,9	72,0	2,70

Snacks

Bi-Fi	100	520	48,8	0,8	84,46
Bi-Fi Minis	100	530	49,0	10,0	83,21
Bi-Fi Roll	100	470	33,0	29,0	63,19
Carazza	100	368	21,0	34,0	51,36
Jumbo Bi-Fi	100	420	39,2	0,8	84,00
Nestlé Bären Snack, Nesquik Snack	100	379	18,0	46,0	42,74
Nestlé Nesquik Snack	100	377	19,2	46,2	45,84
Pepperami	100	536	48,8	2,0	81,94
Ranger	100	376	22,0	33,0	52,66

Fertigsuppen

ASAL Blumenkohlsuppe	100 ml	31	0,9	4,7	26,13
Veris Champignoncremesuppe	100	354	4,1	56,2	10,42
Veris Gaspacho Andaluz – kalte Gemüsesuppe	100	344	6,1	66,9	15,96
Veris Gurkensuppe DORIA	100	356	3,8	69,9	9,61
Veris Klare Rindfleischsuppe	100	245	6,7	35,8	24,61
Veris Lauchcremesuppe	100	337	6,3	55,9	16,82
Tüte, Beutel, Würfel					
ASAL Blumenkohlsuppe	100 ml	31	0,9	4,7	26,13
ASAL Champignoncremesuppe	100 ml	31	0,7	4,7	20,32
ASAL Dinkelcremesuppe	100 ml	26	0,3	4,8	10,38
Du darfst Gemüsecreme-Suppe	100	122	2,0	23,0	14,75

Produkt	Gramm	kcal	g Fett	KH	% kcal aus Fett
Du darfst Hühner-Nudel-Suppe	100	94	1,0	16,4	9,57
Du darfst Lauchcreme-Suppe mit Croûtons	100	104	5,0	12,8	43,27
Du darfst Spinat-Nudel-Suppe	100	142	4,2	22,4	26,62
Du darfst Tomaten-Nudel-Suppe	100	134	1,4	26,4	9,40
Du darfst Tomatencreme-Suppe mit Croûtons	100	122	4,2	18,8	30,98
Erasco Heisse Tasse Swing Blumenkohl Broccoli mit Pasta	100 ml	64	1,0	12,0	14,06
Erasco Heisse Tasse Swing Lauch mit Pasta	100 ml	71	1,1	13,7	13,94
Erasco Heisse Tasse Swing Sommergemüse mit Pasta und Gartenkräutern	100 ml	70	1,5	12,4	19,29
Erasco Heisse Tasse Swing Spargel mit Pasta und Schnittlauch	100 ml	69	1,5	12,4	19,57
Erasco Heisse Tasse Swing Tomate mit Pasta und Basilikum	100 ml	65	0,9	12,5	12,46
Erasco Heisse Tasse Swing Waldpilz mit Pasta und Frühlingskräutern	100 ml	69	1,3	12,8	16,96
Erasco Kartoffel-Lauch-Cremesuppe	100	51	2,9	5,0	51,18
Erasco Spargel-Cremesuppe	100	41	2,9	2,6	63,66
Erasco Tomaten-Cremesuppe	100	42	1,6	5,8	34,29
Knorr Deftiger Erbsen-Topf mit Speck (2 Teller)	100	304	6,0	43,0	17,76
Knorr Deftiger Linsen-Topf mit Speck (2 Teller)	100	320	5,0	48,0	14,06

Produkt	Gramm	kcal	g Fett	KH	% kcal aus Fett
Knorr Deftiger Nudel-Topf mit Fleischklößchen (2 Teller)	100	358	8,0	55,0	20,11
Knorr Erbswurst »gelb« mit Speck	100	333	11,0	38,0	29,73
Knorr Erbswurst »grün« mit Räucherspeck	100	342	13,0	35,0	34,21
Knorr Feinschmecker Alpenländer Käsecreme-Suppe (2 Teller)	100	510	37,0	36,0	65,29
Knorr Feinschmecker Blumenkohl-Broccolicreme-Suppe (2 Teller)	100	476	32,0	36,0	60,50
Knorr Feinschmecker Frühlings-Suppe mit Fleischklößchen (3 Teller)	100	315	6,0	45,0	17,14
Knorr Feinschmecker Fränkische Grünkerncreme-Suppe (2 Teller)	100	465	31,0	36,0	60,00
Knorr Feinschmecker Fränkische Kartoffel Crème fraîche-Suppe (2 Teller)	100	514	37,0	35,0	64,79
Knorr Feinschmecker Gulasch-Suppe (3 Teller)	100	369	19,0	38,0	46,34
Knorr Feinschmecker Hühner-Suppe mit Nudeln (3 Teller)	100	325	4,0	57,0	11,08
Knorr Feinschmecker Italienische Gemüse-Suppe »Minestrone« (3 Teller)	100	265	6,0	39,0	20,38
Knorr Feinschmecker Rindfleisch-Suppe mit Fleischklößchen (3 Teller)	100	330	6,0	49,0	16,36
Knorr Feinschmecker Tomaten-Suppe mit Reis (3 Teller)	100	296	3,0	54,0	9,12

Produkt	Gramm	kcal	g Fett	KH	% kcal aus Fett
Knorr Feinschmecker Tomatensuppe »Toscana« (2 Teller)	100	342	10,0	50,0	26,32
Knorr Suppenliebe Chinesische Gemüse Suppe (3 x 1 Port.)	100	326	3,0	69,0	8,28
Knorr Suppenliebe Eiermuschel-Suppe (4 Teller)	100	315	6,0	52,0	17,14
Knorr Suppenliebe Fleischklößchen-Suppe mit Nudeln (4 Teller)	100	327	7,0	48,0	19,27
Knorr Suppenliebe Hühnersuppe mit Nudeln (3 x 1 Port.)	100	306	2,0	62,0	5,88
Knorr Suppenliebe Rindfleisch-Suppe mit Nudeln (4Teller)	100	340	5,0	60,0	13,24
Knorr Suppenliebe Spargelcreme-Suppe (3 x 1 Port.)	100	391	12,0	68,0	27,62
Knorr Suppenliebe Sternchen-Suppe (4 Teller)	100	326	4,0	59,0	11,04
Knorr Suppenliebe Tomaten-Suppe (4 Teller)	100	312	6,0	53,0	17,31
Knorr Suppenliebe Tomatencreme-Suppe mit Knusper-Croûtons (3 x 1 Port.)	100	388	11,0	64,0	25,52
Maggi Guten Appetit-Suppen Buchstabensuppe	100	347	3,6	67,2	9,34
Maggi Guten Appetit-Suppen Broccoli Suppe	100	442	22,3	43,6	45,41
Maggi Guten Appetit-Suppen Feine Erbsensuppe mit Schinkenspeck	100	337	9,5	44,2	25,37
Maggi Guten Appetit-Suppen Fleischklößchen Suppe	100	356	9,4	52,8	23,76

Produkt	Gramm	kcal	g Fett	KH	% kcal aus Fett
Maggi Guten Appetit-Suppen Frühlings Suppe	100	343	7,5	53,7	19,68
Maggi Guten Appetit-Suppen Ochsenschwanz Suppe	100	416	21,5	44,6	46,51
Maggi Guten Appetit-Suppen Rindfleisch Suppe	100	354	9,1	55,4	23,14
Maggi Guten Appetit-Suppen Spargelcreme Suppe	100	373	11,3	57,8	27,27
Maggi Guten Appetit-Suppen Tomatencreme Suppe	100	324	4,4	60,4	12,22
Maggi Internationale Spezialitäten Türkische Linsen-Suppe	100	363	11,1	46,1	27,52
Maggi Kids Suppen Hühnersuppe	100	32	0,8	4,8	22,50
Maggi Klare Fleischsuppe	100 ml	5	0,4	0,3	72,00
Maggi Meisterklasse Suppen »Gourmet« Champignoncreme Suppe	100	410	16,6	47,6	36,44
Maggi Meisterklasse Suppen »Gourmet« Kartoffelcreme Suppe	100	403	16,5	50,2	36,85
Maggi Meisterklasse Suppen »Gourmet« Tomatencreme Suppe mit Basilikum-Croûtons	100	407	19,3	47,6	42,68
Maggi Meisterklasse Suppen Tomatensuppe Gärnterin Art	100	338	8,1	54,7	21,57
Maggi Meisterklasse Suppen Tomatensuppe mit Reis	100	333	3,3	68,2	8,92
Maggi Nudelspaß Gemüse-Suppe	100	326	1,2	62,2	3,31
Maggi Nudelspaß Hühner-Bouillon	100	332	1,4	62,8	3,80
Maggi Nudelspaß Pilz-Bouillon	100	349	3,6	63,8	9,28

Produkt	Gramm	kcal	g Fett	KH	% kcal aus Fett
Maggi Rezept aus Deutschen Landen Schwäbische Maultäschle-Suppe	100	368	11,4	53,0	27,88
Maggi Suppen Mahlzeit Gemüse-Nudel Suppe	100	330	3,5	57,7	9,55
Maggi Suppen Mahlzeit Nudel-Eintopf mit Rindfleisch	100	368	6,3	63,8	15,41
Maggi Suppen Mahlzeit Spätzle-Eintopf mit Fleischklößchen	100	342	6,4	57,0	16,84
Maggi Suppenterrine Gemüsebouillon mit Nudeln	100	368	6,4	65,5	15,65
Maggi Suppenterrine Rindsbouillon mit Nudeln und Fleischklößchen	100	374	8,5	65,6	20,45
Pfanni Kartoffel-Suppe	100	312	2,1	67,4	6,06
Pfanni Kartoffel-Suppe mit Räucherspeck	100	333	7,0	55,0	18,92
Unox Heiße Tasse Chin. Gemüse-Suppe süß-sauer	100	32	0,4	6,5	11,25
Unox Heiße Tasse extra Champignon-Nudel-Suppe mit Käse	100	75	2,2	12,0	26,40
Unox Heiße Tasse extra Grüne Nudel-Suppe mit Käse	100	75	1,7	13,0	20,40
Unox Heiße Tasse extra Hühner-Nudel-Suppe	100	55	0,7	10,0	11,45
Unox Heiße Tasse extra Indische Nudel-Suppe mit Curry	100	53	1,1	9,5	18,68
Unox Heiße Tasse extra Tomaten-Nudel-Suppe	100	72	1,0	14,0	12,50
Unox Heiße Tasse Indische Hühner-Suppe mit Curry	100	53	1,7	8,3	28,87

Produkt	Gramm	kcal	g Fett	KH	% kcal aus Fett
Unox Heiße Tasse Kartoffel-Creme mit Croûtons	100	53	1,6	8,5	27,17
Unox Heiße Tasse Rindfleisch-Suppe	100	19	0,4	3,5	18,95
Unox Heiße Tasse Spargel-Creme mit Croûtons	100	61	2,8	8,4	41,31
Unox Jägersuppe	100	40	2,0	3,8	45,00
Schälchen, Tasse					
Birkel Minuto Kartoffeltopf mit Croûtons	100	83	3,0	12,0	32,53
Birkel Minuto Nudeltopf Asiatischer Art	100	100	4,0	14,0	36,00
Maggi 5 Minuten Terrine Broccoli-Nudeltopf	100	404	12,4	62,3	27,62
Maggi 5 Minuten Terrine Nudeln in Tomaten-Mozzarella-Sauce	100	405	12,1	64,0	26,89
Maggi 5 Minuten Terrine Nudeln mit Rindfleischklößchen	100	364	7,7	56,2	19,04
Maggi 5 Minuten Terrine Spaghetti in Tomatensoße	100	389	11,8	58,2	27,30
Maggi Die Cremigen Suppen Gemüsecremesuppe	100	362	25,0	27,0	62,15
Maggi Die Cremigen Suppen Kartoffelcremesuppe mit Champignons	100	351	24,0	27,0	61,54
Maggi Heißer Becher Gemüsecreme mit Croûtons	100	401	16,1	55,6	36,13
Maggi Heißer Becher Huhn+Nudeln	100	340	8,0	50,0	21,18
Maggi Heißer Becher Zwiebelsuppe	100	283	5,5	49,5	17,49
Unox Heiße Tasse Spargel-Creme-Suppe	100	40	1,2	6,9	27,00

Produkt	Gramm	kcal	g Fett	KH	% kcal aus Fett
Unox Heiße Tasse Tomate-Mozzarella	100	42	1,1	6,9	23,57
Unox Heiße Tasse Tomaten-Creme mit Croûtons	100	67	2,4	10,0	32,24
Unox Tomatencremesuppe	100	54	3,1	6,7	51,67
Dose, Glas					
Erasco Bohnensuppe	100	79	2,6	9,4	29,62
Erasco Erbsensuppe Hausmacher Art	100	81	2,5	9,8	27,78
Erasco Feine Suppen Französische Zwiebelsuppe	100	30	0,8	4,4	24,00
Erasco Feine Suppen Indonesische Bihun-Suppe	100	68	1,6	10,4	21,18
Erasco Feine Suppen Klare Ochsenschwanzsuppe	100	18	0,4	0,5	20,00
Erasco Linsensuppe Hausmacher Art	100	75	2,4	9,1	28,80
Gewiko Serbische Bohnensuppe	100	63	0,9	9,4	12,86
Herta Gulasch Suppentopf	100	49	2,0	6,0	36,73
Kattus Feurige Thai-Suppe	100	34	1,6	3,0	42,35
Keunecke Gulaschsuppe, ungarische Art	100	67	3,0	5,1	40,30
Keunecke Hühnerfleisch in kräftiger Brühe	100	39	1,3	0,0	30,00
Knorr Fleischsuppe klar, Dose	100	205	10,0	13,0	43,90
Knorr Hühner-Kraft-Bouillon, Glas	100	235	8,0	24,0	30,64
Knorr Kräuerbouillon, Glas	100	155	6,0	2,0	34,84
Lacroix Doppelte Kraftbrühe	100 ml	8	0,0	0,1	0,00
Lacroix Französische Zwiebelsuppe	100	21	0,4	3,5	17,14

Produkt	Gramm	kcal	g Fett	KH	% kcal aus Fett
Lacroix Gebundene Ochsenschwanzsuppe	100	41	0,9	5,0	19,76
Lacroix Gulaschsuppe	100	46	1,1	5,0	21,52
Lacroix Markklößchensuppe	100	59	5,0	2,0	76,27
Unox Gulaschsuppe tafelfertig	100	76	4,3	4,4	50,92

Fertiggerichte

Produkt	Gramm	kcal	g Fett	KH	% kcal aus Fett
Tüte, Beutel, Päckchen					
granoVita Puszta-Klößchen	100	245	14,2	11,1	52,16
Bernbacher Pasta Schuta	100	972	24,1	155,8	22,31
Bernbacher Spaghetti Bolognaise	100	234	3,5	40,9	13,46
Birkel Minuto Chili con carne	100	116	4,0	16,0	31,03
Birkel Minuto Frühlingstopf mit Hühnerfleisch	100	83	3,0	12,0	32,53
Knorr Deftiger Kartoffel-Topf mit Speck (2 Teller)	100	324	7,0	55,0	19,44
Knorr Hütten Snack Hackfleischnüdeli (2 Port.)	100	381	8,0	62,0	18,90
Knorr Hütten Snack Kässpätzle (2 Port.)	100	410	15,0	55,0	32,93
Knorr Hütten Snack Schinkenhörnli (2 Port.)	100	368	7,9	59,6	19,32
Knorr Hütten Snack Tomaten Hackfleisch Reis (2 Port.)	100	364	6,3	65,0	15,58
Knorr Hütten Snack Waldpilzreis (2 Port.)	100	394	11,0	63,0	25,13
Knorr Spaghetteria Broccoli Sauce Veronese	100	485	35,0	26,0	64,95
Knorr Spaghetteria Pasta ai Funghi Nudeln in Pilzsauce (2 Port.)	100	356	9,0	57,0	22,75

Produkt	Gramm	kcal	g Fett	KH	% kcal aus Fett
Knorr Spaghetteria Pasta al Pesto Nudeln in Kräuter Sauce	100	393	12,0	57,0	27,48
Knorr Spaghetteria Pasta alla Bolognese Nudeln in Fleisch und Tomaten Sauce (2 Port.)	100	387	11,0	55,0	25,58
Knorr Spaghetteria Pasta alla Pana Nudeln in Sahnesauce (2 Port.)	100	378	12,0	56,0	28,57
Knorr Spaghetteria Pasta alla Parmesana Nudeln in Käsesauce (2 Port.)	100	403	13,0	57,0	29,03
Knorr Spaghetteria Pasta Pomodoro Mozarella Nudeln in Tomaten Käse Sauce	100	323	3,0	61,0	8,36
Knorr Spaghetteria Sahne Sauce Carbonara	100	547	42,0	24,0	69,10
Knorr Spaghetteria Spaghetti Bolognese (2 Port.)	100	357	6,0	60,0	15,13
Knorr Spaghetteria Spaghetti Carbonara (2 Port.)	100	398	13,0	56,0	29,40
Knorr Spaghetteria Spaghetti Prosciutto (2 Port.)	100	366	8,0	59,0	19,67
Kraft Miracoli Avanti Spaghetti mit Tomatensauce 2–3 Port., + 20 g Butter	100	145	3,5	23,5	21,72
Kraft Miracoli Bolognese, 2–3 Port. + 30 g Butter	100	1455	48,5	206,0	30,00
Kraft Miracoli Cravattini mit Käse-Kräuter-Sauce, 2–3 Port., + 20 g Butter + 200 ml Milch	100	157	4,3	23,5	24,65
Kraft Miracoli Maccaroni mit Tomatensauce, 2–3 Port., + 20 g Butter	100	129	2,9	21,0	20,23

Produkt	Gramm	kcal	g Fett	KH	% kcal aus Fett
Kraft Miracoli Piccoli Mit Käsesauce, 2–3 Port. + 20 g Butter + 125 ml Milch	100	186	6,1	26,5	29,52
Kraft Miracoli Spaghetti Carbonara, 2–3 Port. + 20 g Butter + 200 ml Milch	100	148	3,9	22,6	23,72
Kraft Miracoli Spaghetti mit Tomatensauce, 2–3 Port., + 20 g Butter	100	130	2,9	21,0	20,08
Maggi American Pasta Dream Tagliatelline & Peanut	100	390	12,2	55,0	28,15
Maggi Asia Chop Suey	100	347	5,0	64,7	12,97
Maggi Asia Nudel Snack Kari-Curry	100	343	0,9	69,3	2,36
Maggi Gratin Nudel-Gratin mit Tomaten und Schinken	100	387	8,1	62,6	18,84
Maggi Pasta Snack Nudeln in Broccoli-Creme	100	416	12,7	59,3	27,48
Maggi Pastaria Tomate Mozarella Penne in Tomaten-Käse-Sauce	100	382	8,3	65,0	19,55
Maggi Wirtshaus Nudelpfanne »Försterin«	100	364	6,4	60,6	15,82
Pfanni Erbsen-Püree (4 Port.)	100	282	2,0	48,0	6,38
Pfanni Süße Schmankerln Dampfnudeln (2 Port.)	100	371	3,0	73,0	7,28
Dose					
Erasco 1-Portion Gebackene Bohnen	100	65	0,9	9,6	12,46
Erasco 1-Portion Feuriger Chinagemüse-Topf	100	21	0,2	4,2	8,57
Erasco 1-Portion Ital. Tomaten-Nudeltopf	100	45	0,6	7,6	12,00
Erasco 1-Portion Spaghetti in Tomaten-Sauce	100	52	0,7	9,4	12,12

Produkt	Gramm	kcal	g Fett	KH	% kcal aus Fett
Erasco Chili con carne	100	86	1,5	10,1	15,70
Erasco Feuriger Chinagemüse-Topf	100	23	0,2	4,5	7,83
Erasco Griech. Reispfanne	100	166	5,4	23,8	29,28
Erasco Ital. Tomaten-Nudeltopf	100	38	0,3	6,8	7,11
Erasco Schottischer Graupentopf	100	37	0,3	6,5	7,30
Erasco Spaghetti in Tomaten-Sauce	100	56	0,8	10,1	12,86
Gewiko Bohnentopf	100	79	2,6	9,1	29,62
Gewiko Hühner-Suppentopf	100	56	2,4	6,0	38,57
Kartoffeleintopf, Reformhaus	100	63	2,0	9,0	28,57
Küchenfee Jokisch Bohnentopf	100	79	2,6	9,1	29,62
Küchenfee Jokisch Spaghetti in Tomaten-Sauce	100	56	0,8	10,1	12,86
Maggi Ein-Teller Kartoffeltopf Ratsherren Art	100 ml	55	1,8	8,3	29,45
Maggi Gemüseravioli	100	76	1,2	14,0	14,21
Maggi Ravioli in Tomatensauce	100	83	1,5	15,3	16,27
Maggi Spaghetti Bolognese	100	56	0,5	11,1	8,04
Unox Rustikale Kartoffelsuppe tafelfertig	100	60	3,3	6,1	49,50
Unox Tomatencremesuppe tafelfertig	100	58	3,7	5,0	57,41
Zamek Int. Spezialtopf Irischer Hochlandtopf	100	62	2,0	7,0	29,03
Zamek Metzger Meister Graupensuppe	100	50	2,0	6,0	36,00
Zamek Metzger Meister Linsensuppe	100	60	2,0	8,0	30,00
Zamek Partytopf Chilibohnentopf	100	90	2,0	13,0	20,00

Produkt	Gramm	kcal	g Fett	KH	% kcal aus Fett
Schale					
Birkel Minuto Bologneser Art	100	117	5,0	15,0	38,46
Birkel Minuto Indischer Topf	100	92	4,0	12,0	39,13
Birkel Minuto Pilztopf mit Champignons	100	113	5,0	15,0	39,82
Buitoni Canelloni alla Bolognese	100	144	5,6	17,7	35,00
Du darfst Curryhuhn	100	363	11,0	35,0	27,27
Du darfst Entenfleisch mit gewürfelten Bouillonkartoffeln	100	296	8,0	38,0	24,32
Du darfst Gemüsetopf Sizilien	100	306	10,0	45,0	29,41
Du darfst Huhn Toscana	100	332	8,0	40,0	21,69
Du darfst Kabeljaufilet in heller Soße	100	289	8,3	20,3	25,85
Du darfst Pilzragout	100	230	6,0	35,0	23,48
Du darfst Putenbrust in Salbeisauce	100	347	11,0	38,0	28,53
Du darfst Rindergulasch	100	370	10,0	40,0	24,32
Du darfst Rinderroulade	100	336	12,0	37,0	32,14
Du darfst Rindfleischbällchen	100	292	12,0	29,0	36,99
Du darfst Schweinebraten	100	239	7,0	21,0	26,36
Du darfst Schweinegeschnetzeltes	100	310	10,0	32,0	29,03
Du darfst Wirsingroulade	100	268	13,7	25,8	46,01
Du darfst Zwiebelhackbraten	100	329	13,0	30,9	35,56
Erasco Cevapcici	100	124	5,4	12,9	39,19
Erasco Hühnerfrikassee	100	100	2,8	11,8	25,20
Erasco Lasagne »Romana«	100	100	3,9	11,1	35,10
Erasco Nudelvariationen	100	68	1,2	11,0	15,88
Gewiko Chop Suey	100	107	2,6	15,3	21,87
Gewiko Rindergulasch	100	95	2,4	12,9	22,74
Gewiko Sauerbraten	100	99	1,8	13,1	16,36

Produkt	Gramm	kcal	g Fett	KH	% kcal aus Fett
Maggi 5 Minuten Terrine Linsentopf mit Kartoffeln	100	379	11,4	54,3	27,07
Maggi 5 Minuten Terrine Nudeln in Gulaschsoße	100	473	13,7	68,8	26,07
Maggi 5 Minuten Terrine Nudeln in Rahmsoße	100	443	18,8	58,7	38,19
Maggi Asia Hühnerfleisch »Shanghai«	100	303	8,0	37,0	23,76
Maggi Asia Schweinefleisch »süß-sauer«	100	410	7,0	69,0	15,37
Maggi Cariba Hühnerfleisch »Creole«	100	403	9,0	61,0	20,10
Maggi Pastaria Spaghetti Napoli	100	337	8,0	55,0	21,36
Maggi Süße Terrine Grießbrei Birne-Honig	100	400	10,2	67,0	22,95
Maggi Süße Terrine Milchnudeln mit Vanillegeschmack	100	444	14,8	65,9	30,00
Maggi Texicana Salsa	100 ml	101	0,3	23,5	2,67
Pfanni Frische-Pack Bratkartoffeln	100	93	3,0	14,0	29,03
Sonnen Bassermann Putengeschnetzeltes	100	442	17,8	40,0	36,24
Sonnen Bassermann Sauerbraten	100	482	11,5	59,0	21,47

Fertigsalate

Du darfst Eiersalat	100	156	11,0	8,4	63,46
Du darfst Fleischsalat	100	217	19,0	7,5	78,80
Du darfst Geflügelsalat	100	154	9,5	9,6	55,52
Du darfst Gemüsesalat mit Krabben	100	144	11,0	7,5	68,75
Du darfst Heringssalat	100	173	13,0	6,8	67,63

Produkt	Gramm	kcal	g Fett	KH	% kcal aus Fett
Du darfst Krabbensalat	100	169	13,0	7,2	69,23
Efko Rohkost-Salat	100	15	0,1	2,1	6,00
Efko Rotkraut-Salat	100	13	0,1	1,9	6,92
Efko Serbischer Bohnensalat	100	204	1,1	33,5	4,85
Efko Wachsbohnen-Salat	100	20	0,1	2,9	4,50
Efko Weißkraut-Salat	100	17	0,1	2,3	5,29
Hengstenberg Bohnensalat	100	70	0,4	11,2	5,14
Hengstenberg California Salat	100	68	0,7	13,0	9,26
Hengstenberg Fleischsalat herzhaft	100	330	33,4	3,8	91,09
Hengstenberg Fleischsalat leicht	100	197	17,9	5,4	81,78
Hengstenberg Mildessa Pausensalate Asia	100	42	0,4	8,6	8,57
Hengstenberg Puszta Salat	100	27	0,0	6,0	0,00
Hengstenberg Sellerie Salat	100	25	0,2	5,3	7,20
Kühne Bohnensalat	100	32	0,2	6,0	5,63
Kühne Country Beans Bohnensalat Orient	100	111	1,0	19,0	8,11
Kühne Dalmatia-Salat	100	37	0,2	8,0	4,86
Kühne Karottensalat	100	49	0,2	11,0	3,67
Kühne Mexico-Salat	100	68	0,7	13,5	9,26
Kühne Puszta-Salat	100	29	0,2	6,0	6,21
Kühne Selleriesalat	100	38	0,3	8,0	7,11

Saucen

deftig					
Veris Basis für Sauce Hollandaise	100	408	8,6	33,7	18,97
Veris Braune Sauce	100	314	4,0	56,3	11,46
Veris Delikatess Sauce zu Braten	100	336	4,5	63,8	12,05
Veris Delikatess-Jägersoße m. v. Champignons	100	350	7,5	58,5	19,29

Produkt	Gramm	kcal	g Fett	KH	% kcal aus Fett
Veris Demiglace					
Braune Grundsauce	100	376	8,2	66,2	19,63
Veris Geflügelsaft Basis	100	365	11,3	43,4	27,86
Veris Gulaschsauce Basis	100	358	8,4	40,2	21,12
Veris Sambo					
Sauce zu Braten	100	333	2,7	74,5	7,30
Veris Saucenbasis für					
Gemüsepfanne Asiatisch	100	315	0,3	73,7	0,86
Veris Thobin					
G – pflanzliches Bindemittel	100	34	0,8	2,2	21,18
Veris Weiße Soße	100	393	12,7	56,7	29,08
süß					
Dr. Oetker					
Bourbon-Vanille-Sosse	100	108	3,5	16,0	29,17
Schneekoppe Himbeersirup	100	88	0,0	21,0	0,00
RUF Soßenpulver Vanille,					
ohne Kochen	100	394	0,2	97,7	0,46
Schwartau Erdbeersauce	100	220	0,9	55,0	3,68
Schwartau Himbeersauce	100	200	0,9	50,0	4,05
Schwartau Schokosauce	100	268	4,0	56,0	13,43
Fertigsoßen					
Bamboo Garden					
Chili-Sauce mit Knoblauch	100	209	0,1	27,5	0,43
Bamboo Garden Oyster Sauce	100	156	0,1	32,2	0,58
Bamboo Garden					
Sweet & Sour Sauce	100	207	0,1	28,0	0,43
Bamboo Garden					
Teriyaki Sauce	100	93	0,0	11,0	0,00
Birkel Nudel up					
Tomate-Kräuter	100 ml	35	0,2	6,9	5,14
Braune Soße, vegetarisch,					
Reformhaus	100	19	0,3	2,8	14,21
Develey Mexicana	100 ml	90	1,5	17,3	15,00

Produkt	Gramm	kcal	g Fett	KH	% kcal aus Fett
Develey Schaschlik	100	72	0,3	15,0	3,75
Develey Zigeuner	100	71	0,3	14,8	3,80
granoVita Nudelsauce Deliciosa	100	50	1,7	6,5	30,60
granoVita Pasta chuta Bolognese Nudelsauce	100	133	5,5	12,6	37,22
Homann Thai Sauce	100	164	0,1	39,9	0,55
Knorr Feinschmecker Tomaten Kräuter Sauce Tafelfertig	100 ml	40	1,0	7,0	22,50
Knorr Jägersoße (2,25 l Dose)	100	333	9,0	54,0	24,32
Knorr Soße zu Rinderbraten (2 x ¼ l Päckchen)	100	328	9,0	45,0	24,70
Knorr Soße zum Braten (2,5 l Dose)	100	321	8,0	54,0	22,43
Knorr Soße zum Braten (3 x ¼ l Päckchen)	100	321	8,0	54,0	22,43
Knorr Tomato al Gusto Basilikum	100	35	1,0	6,0	25,71
Knorr Tomato al Gusto Champignon	100	40	1,0	7,0	22,50
Knorr Tomato al Gusto Knoblauch	100	36	1,0	6,0	25,00
Kraft Feinkostsauce Barbecue	100	103	0,3	22,5	2,62
Kraft Feinkostsauce Chili	100 ml	72	0,3	15,0	3,75
Kraft Feinkostsauce Curry Tomate	100	134	0,3	31,5	2,01
Kraft Feinkostsauce Pfeffersteak	100	87	0,3	18,5	3,10
Kraft Feinkostsauce Schaschlik	100 ml	96	0,7	20,0	6,56
Kraft Feinkostsauce Tzatziki	100 ml	255	13,0	11,5	45,88
Kraft Feinkostsauce Zigeuner	100	83	0,3	17,5	3,25

Produkt	Gramm	kcal	g Fett	KH	% kcal aus Fett
Kraft Miracoli Pasta Sauce Tomate-Chili	100	66	2,8	8,5	38,18
Kraft Miracoli Pasta Sauce Tomate-Paprika	100	40	0,3	7,5	6,75
Kühne Gourmet Saucen Asia	100	83	0,9	18,6	9,76
Kühne Gourmet Saucen Barbecue	100	130	0,9	29,0	6,23
Kühne Gourmet Saucen Hot Chili	100 ml	128	0,9	27,3	6,33
Kühne Gourmet Saucen Mexico	100	94	0,9	20,3	8,62
Kühne Gourmet Saucen Milde Curry	100	265	1,0	12,4	3,40
Kühne Gourmet Saucen Schaschlik	100	102	0,9	22,1	7,94
Kühne Gourmet Saucen Steak	100	119	0,9	27,2	6,81
Kühne Gourmet Saucen Zigeuner	100 ml	104	0,9	23,7	7,79
Kühne Tomato Italiano Knoblauch	100	35	0,9	6,4	23,14
Lacroix a l'Orange	100	70	1,0	12,1	12,86
Lacroix Asia Fond	100	7	0,0	0,7	0,00
Lacroix Balsamico di Modena	100	66	2,5	8,4	34,09
Lacroix Cumberland Sauce	100	224	0,0	55,5	0,00
Lacroix Geflügel-Fond	100	9	0,0	0,2	0,00
Lacroix Gemüse-Fond	100	5	0,0	0,7	0,00
Lacroix Kalbs-Fond	100	6	0,0	0,1	0,00
Lacroix Lamm-Fond	100	5	0,1	0,0	18,00
Lacroix Roquefort Sauce	100	200	18,9	5,4	85,05
Lacroix Sauce a la Béarnaise	100 ml	168	16,1	5,2	86,25
Lacroix Sauce Knoblauch	100	120	11,0	4,6	82,50
Lacroix Sauce pour wild	100 ml	66	2,8	8,3	38,18
Maggi Butter Saucen Basilikum Sauce	100	260	22,0	13,0	76,15

Produkt	Gramm	kcal	g Fett	KH	% kcal aus Fett
Maggi Butter Saucen					
Kräuter Sauce	100	388	30,0	24,0	69,59
Maggi Delikatess Soßen					
Currysoße	100 ml	44	1,2	6,2	24,55
Maggi Delikatess Soßen					
Kräutersoße	100 ml	49	0,7	6,0	12,86
Maggi Delikatess Soßen					
Soße zu Rinderbraten	100 ml	57	3,0	6,4	47,37
Maggi Delikatess Soßen					
Soße zu Sauerbraten	100 ml	42	1,3	6,0	27,86
Maggi Nudelspaß					
Champignon-Sauce	100	341	2,5	64,9	6,60
Maggi Nudelspaß					
Käse-Sauce	100	343	1,4	68,4	3,67
Maggi Nudelspaß					
Tomaten-Sauce	100	343	1,4	67,8	3,67
Maggi Pastaria Sauce					
Tomaten-Sauce »Napolitana«	100	137	1,0	26,0	6,57
Raguletto Champignons	100	74	2,5	11,0	30,41
Raguletto fix für Bolognese	100 ml	47	0,2	10,0	3,83
Raguletto Gemüsegarten					
Zucchini & Champignon	100	86	3,0	13,0	31,40
Raguletto Klassische Art	100 ml	70	2,5	10,0	32,14
Raguletto					
Zwiebel & Knoblauch	100	75	1,4	10,0	16,80
Tartex-Dinkel-Klößchen					
Tomaten-Kräuter-Sauce	100	132	8,8	9,4	60,00
Tartex – Feine Braune Saucen	100	63	4,3	4,9	61,43
Tartex – Feine Kräuter					
Saucen	100	65	4,6	5,0	63,69
Thomy					
Les Sauces Béarnaise	100 ml	205	19,1	6,9	83,85
Thomy Les Sauces Béchamel	100 ml	213	21,4	3,5	90,42
Thomy Les Sauces					
Pfeffer Sahne-Sauce	100 ml	115	7,5	11,2	58,70

Produkt	Gramm	kcal	g Fett	KH	% kcal aus Fett
Thomy Les Sauces Tomaten Sahne-Sauce	100 ml	82	4,1	9,3	45,00
Uncle Ben's Chinesisch süß-sauer	100	367	0,0	21,4	0,00
Unox Basis-Sauce Braun	100	136	13,0	3,8	86,03
Unox Basis-Sauce Rot	100	141	12,0	7,2	76,60
Unox Schlemmersauce Asia süß-sauer	100	100	0,0	24,8	0,00
Unox Schlemmersauce Asia-Chilli-Sauce	100	117	0,0	29,1	0,00
Unox Schlemmersauce Barbecue-Sauce	100	88	0,0	21,6	0,00
Unox Schlemmersauce Chilli-Sauce	100	86	0,0	20,4	0,00
Unox Schlemmersauce Cocktail-Sauce	100	323	31,0	10,1	86,38
Unox Schlemmersauce Grüne Pfeffer Sauce	100	236	21,0	11,7	80,08
Unox Schlemmersauce Honig-Senf-Dill-Sauce	100	438	42,0	12,3	86,30
Unox Schlemmersauce Mexikanische Sauce	100	84	0,0	19,7	0,00
Unox Schlemmersauce Zigeuner-Sauce	100	75	0,0	17,6	0,00
Veris vegetarische Sauce Bolognese	100	330	6,6	52,0	18,00
Würzsaucen					
Hengstenberg Pizza Fix Oregano	100 ml	53	0,3	10,6	5,09
Hengstenberg Pizza Fix Peperoncini	100 ml	47	0,2	9,3	3,83
Dipps, Salsas					
Chio Tortillas Dip	100	106	0,3	24,8	2,55

Produkt	Gramm	kcal	g Fett	KH	% kcal aus Fett
Hengstenberg Salsa fruchtig-exotisch	100	7	0,0	2,1	0,00
Hengstenberg Salsa italienisch	100	8	0,0	2,3	0,00
Hengstenberg Salsa kräuterwürzig	100	8	0,0	2,3	0,00
Lorenz Tacitos Salsa Dip Hot	100	130	0,2	31,3	1,38
Lorenz Tacitos Salsa Dip Mild	100	133	0,1	32,5	0,68
Dressings					
Homann Salat Dressing Gärtnerin	100	41	0,1	9,4	2,20
Knorr Salatkrönung für klare Kräuter-Sauce Französische Art	100	288	2,0	49,0	6,25
Knorr Salatkrönung für klare Kräuter-Sauce Frühlingskräuter	100	311	2,0	58,0	5,79
Knorr Salatkrönung für klare Kräuter-Sauce Küchenkräuter	100	276	2,0	51,0	6,52
Knorr Salatkrönung für klare Kräuter-Sauce Paprika-Kräuter	100	268	2,0	46,0	6,72
Knorr Salatkrönung für klare Kräuter-Sauce Schnittlauch-Kräuter	100	277	2,0	50,0	6,50
Kraft Buttermilch Dressing	100	161	13,0	10,0	72,67
Kraft Crème fraîche Dressing	100 ml	189	16,0	10,0	76,19
Kraft Gartenkräuter Dressing	100	35	0,0	7,7	0,00
Kraft Jogurt Dressing mit feinen Kräutern	100	164	13,3	9,2	72,99
Kraft Miracel Whip Jogurt	100	153	11,0	12,0	64,71
Kraft Miracel Whip, Glas	100	380	36,0	12,5	85,26
Kraft Salat Mayonnaise	100	495	51,0	8,8	92,73
Kühne Salatfix American Caesar	100	242	2,3	4,8	8,55
Livio Delikatess Mayonnaise 80 % Fett	100 ml	752	80,0	2,2	95,74

Produkt	Gramm	kcal	g Fett	KH	% kcal aus Fett
Maggi Salat mit Pfiff Dill-Petersilie	100	210	1,0	46,0	4,29
Maggi Salat mit Pfiff Französische Art	100	260	2,0	52,0	6,92
Thomy Remoulade Tube	100	712	77,1	3,2	97,46
Thomy Salat-Mayonnaise	100	510	50,8	12,4	89,65
Veris Basis für Salat-Dressing Caesar	100	331	6,5	51,0	17,67
Veris Basis für Salat-Dressing mit Kräutern	100	323	2,6	65,7	7,24
Veris Salat-Fix für Kartoffelsalat	100	237	0,6	44,5	2,28
Veris Salat-Fix Universal	100	318	0,3	70,3	0,85

Fix-Produkte

Bamboo Garden Fix-Sauce Curry	100	83	7,0	10,0	75,90
Bamboo Garden Fix-Sauce Shanghai	100	86	2,0	15,0	20,93
Bamboo Garden Fix-Sauce Singapur	100	105	3,0	18,0	25,71
Bamboo Garden Fix-Sauce Szechuan	100	141	5,0	22,0	31,91
Dr. Oetker Gustin Fix Speisebinder	100	385	0,1	96,0	0,23
Knorr Fix für China-Pfanne	100	282	7,0	44,0	22,34
Knorr Fix für Currywurst	100	337	9,0	53,0	24,04
Knorr Fix für Hackbraten	100	304	7,0	50,0	20,72
Knorr Fix für knuspriges Brathähnchen	100	270	3,0	53,0	10,00
Knorr Fix für knuspriges Wiener Schnitzel	100	331	4,0	62,0	10,88
Knorr Fix für Lasagne al forno	100	323	10,0	44,0	27,86

Produkt	Gramm	kcal	g Fett	KH	% kcal aus Fett
Knorr Gemüseküche Fix für Zuccini-Pfanne Toscana	100	352	9,0	53,0	23,01
Maggi Fix für Chicken Wings	100	262	4,0	45,8	13,74
Maggi Fix für Chili con Carne	100	262	3,5	45,8	12,02
Maggi Fix für China-Pfanne	100	295	4,0	45,3	12,20
Maggi Fix für Hackfleisch Nudel-Pfanne	100	285	9,3	33,3	29,37
Maggi Fix für knuspriges Brathähnchen	100	297	5,7	55,7	17,27
Maggi Fix für Potato Fries	100	295	4,5	51,5	13,73
Maggi Fix für Spaghetti Napoli	100	351	9,8	57,0	25,13
Maggi Fix für Spare Ribs	100	256	6,0	39,7	21,09
RUF Soßenfix dunkel	100	364	0,0	91,1	0,00
RUF Soßenfix hell	100	375	2,2	87,9	5,28
Zamek fix für Hackbraten	100	327	1,0	58,0	2,75

Würzprodukte (Senf, Essig, Ketschup, Meerettich)

Develey Bayerischer König Senf	100 ml	213	4,1	38,8	17,32
Develey Hausmacher Senf	100 ml	194	2,7	37,5	12,53
Develey Mc Donalds Tomato-Ketchup	100	119	0,2	27,2	1,51
Develey Münchner Senf	100	123	2,8	19,4	20,49
Develey Original Münchner Weißwurstsenf	100	205	2,6	40,7	11,41
Develey Senf Mild – Bautzen	100	89	4,7	5,7	47,53
Develey Senf Mittelscharf	100	91	3,5	9,7	34,62
Develey Senf Scharf/ Pfeffrig-Scharf	100	159	9,8	8,2	55,47
Hengstenberg 1893 Hausmacher Art Senf	100	184	2,7	34,8	13,21

Produkt	Gramm	kcal	g Fett	KH	% kcal aus Fett
Hengstenberg 1893 Scharfer Senf	100	122	9,4	4,0	69,34
Hengstenberg 1893 Senf mittelscharf	100	92	5,7	5,3	55,76
Hengstenberg Altmeisters Alte Liebe Rotweinessig	100 ml	21	0,0	6,0	0,00
Hengstenberg Apfel Essig	100 ml	18	0,0	5,5	0,00
Hengstenberg Balsamico Bianco	100 ml	114	0,0	29,9	0,00
Hengstenberg Balsamico Rosso	100 ml	114	0,0	29,8	0,00
Hengstenberg Delikatess Himbeer Essig	100 ml	30	0,0	7,7	0,00
Hengstenberg Gurken Meister	100 ml	37	0,0	10,6	0,00
Hengstenberg Oro di Parma Tomatenmark 3-fach	100	102	0,4	19,2	3,53
Hengstenberg Oro di Parma Tomatenmark mit Basilikum	100	73	0,2	14,4	2,47
Hengstenberg Oro di Parma Tomatenmark mit frischem Knoblauch	100	61	0,3	13,0	4,43
Hengstenberg Rotwein Essig	100 ml	19	0,0	6,4	0,00
Kraft Gewürz-Ketchup Curry	100 ml	69	0,1	16,0	1,30
Kraft Gewürz-Ketchup Tomate	100 ml	75	0,2	17,0	2,40
Livio Curryketchup	100 ml	88	0,2	20,0	2,05
Livio Tomatenketchup	100 ml	83	0,3	19,5	3,25
Maggi Tomatenketchup	100 ml	97	0,5	21,1	4,64
Senf, scharf	100	79	4,0	4,0	45,57
Senf, süß	100	125	4,0	6,0	28,80
Tomaten Ketchup	100	100	0,1	25,0	0,90

Produkt	Gramm	kcal	g Fett	KH	% kcal aus Fett
Tiefkühlkost					
Suppen					
bofrost Linsensuppe Hausfrauen-Art	100	88	2,9	10,9	29,66
eismann Bihunsuppe	100	41	1,0	5,0	21,95
Geti Wilba Erbsensuppen-Eintopf	100	82	2,0	10,0	21,95
Gemüseprodukte					
Costa China Town Frühlingsrolle	100	118	2,7	19,3	20,59
Dr. Schnetkamp Vollwert-Küche Blumenkohlröschen paniert	100	87	0,8	16,4	8,28
Dr. Schnetkamp Vollwert-Küche Gemüse-Medaillon	100	132	2,4	21,8	16,36
Dr. Schnetkamp Vollwert-Küche Gemüse-Plätzchen	100	79	1,0	14,0	11,39
Dr. Schnetkamp Vollwert-Küche Vollwertecke Broccoli-Möhren	100	134	2,4	23,4	16,12
bofrost Butterpfannengemüse	100	103	7,4	6,9	64,66
bofrost Chinesische Gemüsepfanne	100	85	6,0	5,6	63,53
bofrost Feine Gemüseablage	100	38	0,3	5,8	7,11
bofrost Laugentasche	100	223	8,7	26,6	35,11
bofrost Leipziger Allerlei	100	56	0,3	9,5	4,82
eismann Active Gemüsewelle Italia	100	91	7,0	5,0	69,23
eismann Active Pfanne Veneziano	100	74	2,0	9,0	24,32
eismann Agnolotti	100	195	3,0	33,0	13,85
eismann Apfelrotkohl	100	61	1,0	11,0	14,75
eismann Asia-Snack, Samosa	100	169	3,0	29,0	15,98
eismann China-Mix	100	45	1,0	7,0	20,00
eismann Delikatess-Gemüse	100	41	1,0	6,0	21,95

Produkt	Gramm	kcal	g Fett	KH	% kcal aus Fett
eismann Gefüllte Zucchini Ratatouille	100	76	4,0	7,0	47,37
eismann Gemüse-Salat mit Käse	100	112	4,0	13,0	32,14
Iglo ACE Auswahl Ernte	100	68	4,9	3,0	64,85
Iglo ACE Auswahl Garten	100	68	4,5	4,5	59,56
Iglo Apfel-Rotkohl	100	65	1,7	11,0	23,54
Iglo Asiatisches Wokgemüse	100	124	5,5	14,5	39,92
Iglo Balkangemüse	100	85	0,9	15,0	9,53
Iglo Rahm Kohlrabi	100	93	6,8	6,0	65,81
Lotus Gemüsemischung	100	21	0,1	3,9	4,29
Milano Gemüsemischung	100	71	0,6	12,5	7,61
Paradiso Gemüsemischung	100	61	0,6	12,0	8,85
Rahmspinat	100	49	2,7	2,8	49,59
Ratatouille mit Sauce	100	26	0,2	5,0	6,92
Zartgemüse Medaillon Blumenkohl/Broccoli	100	90	6,6	4,0	66,00
Kartoffelprodukte					
Agrarfrost Backfrites 3 %	100	147	3,0	27,0	18,37
Agrarfrost Bratkartoffeln	100	128	4,0	20,0	28,13
Agrarfrost Crazy Frites	100	182	8,0	25,0	39,56
Agrarfrost Kartoffel Puffer	100	113	1,0	23,0	7,96
Agrarfrost Kartoffel-Auflauf Brokkoli	100	86	2,0	14,0	20,93
Agrarfrost Kartoffel-Klöße halb und halb	100	121	1,0	26,0	7,44
Agrarfrost Kartoffel-Kroketten paniert	100	114	2,0	20,0	15,79
Dr. Schnetkamp Vollwert-Küche Kartoffel-Sesam Taler	100	146	3,4	24,4	20,96
Iglo Pasta Gnocchi mit Tomate-Mozzarella	100	135	4,0	19,0	26,67

Produkt	Gramm	kcal	g Fett	KH	% kcal aus Fett
McCain Frites	100	141	4,5	22,5	28,72
McCain Golden Americans	100	134	4,0	22,0	26,87
McCain Kartoffelpuffer	100	107	1,0	22,0	8,41
Schne-Frost Bratkartoffeln	100	142	5,0	21,0	31,69
Schne-Frost Gnocchi	100	141	1,7	33,3	10,85
Schne-Frost Kartoffel Omelettes	100	152	1,0	33,0	5,92
Schne-Frost Kartoffel-Reibekuchen	100	148	5,0	22,0	30,41
Schne-Frost Rösti (Schweizer Art)	100	83	1,0	18,0	10,84
Reis- und Nudelgerichte					
bofrost Gemüse-Wildreis-Mischung	100	114	3,2	17,5	25,26
bofrost Nudelpfanne Milano	100	77	1,7	11,4	19,87
bofrost Original schwäbische Schupfnudeln	100	151	1,3	30,8	7,75
bofrost schwäb. Eierspätzle	100	171	2,5	30,7	13,16
bofrost schwäb. Schupfnudeln	100	151	1,3	30,8	7,75
eismann Eierspätzle	100	180	4,0	29,0	20,00
eismann Gemüse-Nudel-Pfanne »Toskana«	100	118	2,0	18,0	15,25
eismann Gemüse-Reis-Pfanne	100	81	1,0	15,0	11,11
eismann Nudelpfanne mit Pilzmischung	100	95	1,0	18,0	9,47
eismann Nudel-Gemüse-Salat	100	80	1,0	16,0	11,25
eismann Pasta-Pfanne Romana	100	93	1,0	15,0	9,68
eismann Reismischung mit Wildreis	100	122	1,0	27,0	7,38
eismann Reispfanne	100	97	1,0	18,0	9,28
eismann Western Pastapfanne	100	114	2,0	19,0	15,79

Produkt	Gramm	kcal	g Fett	KH	% kcal aus Fett
Geti Wilba					
Nudelpfanne Toskana	100	110	2,0	17,0	16,36
Iglo Patna-Wildreis	100	80	0,2	17,0	2,25
Iglo Penne Gorgonzola	100	134	4,1	19,0	27,54
Iglo Naturreis + Cashewkerne	100	112	3,9	15,0	31,34
Iglo Tagliatelle mit					
Ruccola-Champignonsauce	100	119	2,1	19,6	15,88
Iglo Tortelloni in					
Käse-Sahne-Sauce	100	139	5,9	17,0	38,20
Pizzas und Pizza-Baguettes					
Alberto Pizza Speziale	100	230	10,0	23,0	39,13
Alberto Pizza Spinaci	100	191	7,0	23,0	32,98
Alberto Pizza Vegetale	100	169	5,0	23,0	26,63
American Wraps Barbecue	100	194	8,3	24,2	38,51
American Wraps Vegetable	100	193	8,4	23,3	39,17
bofrost Bruschetta					
Paprika und Zucchini	100	171	2,4	29,7	12,63
bofrost Bruschetta					
Schinken und Käse	100	197	6,0	25,5	27,41
bofrost Bruschetta					
Tomate und Mozzarella	100	177	4,0	26,7	20,34
bofrost Hawaii-Baguette	100	234	6,0	34,0	23,08
Bruschetta Cocktail-Crema	100	182	4,1	30,4	20,27
Bruschetta Tomate-Basilikum	100	186	5,1	30,2	24,68
Costa Garnelen-Baguettes					
mit Sauerrahm	100	189	4,5	27,5	21,43
Dr. Oetker Die Ofenfrische					
Pizza Champignon	100	175	5,0	25,3	25,71
Dr. Oetker Die Ofenfrische					
Pizza					
Schinken-Zwiebel-Spezial	100	193	5,4	28,9	25,18
eismann Baguette »Mozzarella«	100	215	7,0	30,0	29,30
eismann Ciabatta-Mix Olive	100	267	5,0	47,0	16,85
eismann Pizza-Trio Margherita	100	219	7,0	31,0	28,77

Produkt	Gramm	kcal	g Fett	KH	% kcal aus Fett
eismann Pizza-Trio Rucola	100	244	8,0	33,0	29,51
eismann Wrap's Hot Chicken	100	201	9,0	24,0	40,30
Iglo Baguettes Schinken	100	220	5,6	33,0	22,91
Iglo Bistro Baguettes Champignon	100	215	7,0	30,0	29,30
Iglo Bistro Baguettes Spinat	100	208	6,8	28,5	29,42
Iglo Bistro Baguettes Thunfisch	100	216	6,8	28,5	28,33
Iglo Kruston Bauernspeck-Zwiebel	100	203	4,5	33,0	19,95
Iglo Kruston Frischkäse-Tomate	100	235	7,2	35,0	27,57
Iglo Kruston Frühlings-Gemüse	100	220	5,9	34,0	24,14
La Pizza Prosciutto-Rucola-Pesto	100	192	6,2	24,5	29,06
La Pizza Salmone-Spinaci	100	189	5,9	24,0	28,10
Fleischgerichte					
bofrost Chop Suey Ente	100	63	1,4	5,3	20,00
bofrost Gokkelchen	100	130	0,9	10,0	6,23
bofrost Hasengeschnetzeltes in Wildcremesoße	100	88	2,8	2,5	28,64
bofrost Hähnchen Singapur	100	73	1,5	3,5	18,49
bofrost Hähnchenbrustfilet	100	100	0,9	0,9	8,10
bofrost Rehgeschnetzeltes in Preiselbeersoße	100	111	3,6	6,0	29,19
Cappelletti con Prosciutto crudo	100	300	8,0	45,0	24,00
Costa Grillplatte	100	118	2,7	19,3	20,59
eismann Hirschgulasch	100	116	4,0	6,0	31,03
eismann Hähnchenbrustfilet, unpaniert	100	89	1,0	1,0	10,11
eismann Hähnchenroulade »Kartoffel-Lauch«	100	103	3,0	3,0	26,21

Produkt	Gramm	kcal	g Fett	KH	% kcal aus Fett
eismann Putenbrust »Piccata Milanese«	100	129	1,0	13,0	6,98
eismann Ungarischer Paprikagulasch mit Balkanreis	100	102	2,0	14,0	17,65
Iglo Hähnchen süß-sauer	100	117	4,0	13,0	30,77
Käpt'n Iglo Fisch BloXX	100	175	7,0	13,0	36,00
Mr. Wok Bami Goreng	100	176	5,0	22,0	25,57
Mr. Wok China Curry	100	198	5,0	33,0	22,73
Mr. Wok Chop Suey	100	100	1,0	17,0	9,00
Mr. Wok Drachenfeuer	100	202	3,0	34,0	13,37
Mr. Wok Jadezauber	100	115	2,0	17,0	15,65
Mr. Wok Kanton Ente	100	106	3,0	16,0	25,47
Mr. Wok Nasi Goreng	100	134	2,0	23,0	13,43
Mr. Wok Shen La Gai	100	129	2,0	20,0	13,95
Putepur Cevapcici	100	235	15,0	9,0	57,45
Putepur Knusperbärchen	100	206	10,0	13,0	43,69
Putepur Schnitte Art Cordon Bleu	100	194	10,0	11,0	46,39
Fischgerichte					
bofrost Fischfilet Crossada	100	126	0,8	17,9	5,71
bofrost Fischletten	100	112	0,8	10,9	6,43
bofrost Schollenfilet, paniert	100	138	1,2	17,7	7,83
Costa Dim Sum	100	166	1,0	18,0	5,42
Costa Eismeer Shrimps Cocktail	100	108	0,3	19,0	2,50
Costa Surimi-Stücke	100	108	0,3	19,0	2,50
Costa Sushi	100	135	1,1	25,3	7,33
eismann Asia-Snack, Garnelentoast	100	228	5,0	37,0	19,74
eismann Fischpfanne Alaska	100	78	2,0	8,0	23,08
eismann Neptunspitzen	100	72	1,0	1,0	12,50
Iglo Fisch-Frikadellen	100	134	2,0	18,0	13,43
Iglo Fischstäbchen	100	184	8,0	16,0	39,13

Produkt	Gramm	kcal	g Fett	KH	% kcal aus Fett
Iglo Schlemmer-Filet Blattspinat	100	144	8,0	5,0	50,00
Kuchen und Gebäck					
bofrost Butter-Hefezöpfe	100	270	7,3	43,5	24,33
bofrost Heidelbeer-Pfannkuchen	100	130	1,3	23,8	9,00
bofrost Obsttortenvielfalt	100	181	5,5	30,6	27,35
bofrost Original Tiroler Apfelstrudelstücke	100	241	10,0	34,0	37,34
Coppenrath & Wiese Apfel-Streusel-Kuchen	100	192	6,3	30,3	29,53
Coppenrath & Wiese Benjamin Blümchen Erdbeer-Vanille-Schokolade	100	300	19,3	27,6	57,90
Coppenrath & Wiese Butterkuchen	100	363	16,3	30,3	40,41
Coppenrath & Wiese Feinste Früchtetorte Waldbeeren auf Sahne	100	184	7,7	25,7	37,66
Coppenrath & Wiese Gebackene Torte mit Kirschstreusel	100	255	7,7	42,9	27,18
Coppenrath & Wiese Käse-Aprikosen-Kuchen	100	228	7,0	35,1	27,63
eismann Apfel-Gitter-Kuchen	100	198	6,0	34,0	27,27
eismann Apfelinis	100	155	3,0	29,0	17,42
eismann Laugengebäck	100	231	3,0	43,0	11,69
Reformhaus Hefestückchen	100	278	6,9	46,7	22,34
Reformhaus Hefezopf	100	300	9,0	47,2	27,00
Reformhaus Vollkorn-Früchtebrot	100	239	3,0	48,0	11,30
Teigwaren					
bofrost Hefeklöße	100	229	2,0	45,5	7,86

Produkt	Gramm	kcal	g Fett	KH	% kcal aus Fett
Bofrost Heidelbeer-Pfannkuchen	100	130	1,3	23,8	9,00
eismann Mini-Blätterteig-schnecken Venezia Ricotta	100	340	24,0	25,0	63,53
Coppenrath & Wiese Baguette-Brötchen	100	255	1,1	54,0	3,88
Coppenrath & Wiese Baguettes	100	255	1,1	54,0	3,88
Coppenrath & Wiese Unsere Goldstücke, Weizen	100	265	2,1	52,1	7,13
eismann Baguette	100	261	1,0	54,0	3,45
eismann Bauernbrötchen italienischer Art	100	249	1,0	52,0	3,61

Brotaufstriche

Gelee, Apfel	100	242	0,0	60,0	0,00
Gelee, Himbeere	100	242	0,0	59,9	0,00
Gelee, rote Johannisbeere	100	247	0,0	60,6	0,00
Konfitüre, Hagebutte	100	252	0,0	62,3	0,00
Konfitüre, Aprikose	100	248	0,1	60,3	0,36
Konfitüre, Erdbeere	100	256	0,2	62,6	0,70
Konfitüre, Heidelbeere	100	257	0,0	63,6	0,00
Konfitüre, Pflaume	100	242	0,0	59,6	0,00
Konfitüre, Quitten	100	238	0,0	58,3	0,00
Marmelade, Apfelsine	100	259	0,0	63,6	0,00
Tartex – Kräuter der Provence	100	203	17,0	7,4	75,37
Tartex – Madras Curry	100	159	12,0	7,5	67,92
Tartex – mit Dinkel	100	308	29,1	5,0	85,03
Tartex – Olivera-Brotaufstrich	100	246	22,1	6,1	80,85
Tartex – Paprika-Brotaufstrich	100	227	18,7	9,0	74,14
Honig	100	325	0,0	81,0	0,00

Außer Haus

Produkt	Gramm	kcal	g Fett	KH	% kcal aus Fett
McDonalds (Angaben für 1 Portion/durchschnittlich)					
Apfeltasche	1 Portion	220	12,0	26,0	49,09
Barbecue Sauce	25 ml	48	1,0	11,0	18,75
Big Mäc	1 Portion	505	26,0	42,0	46,34
Cheeseburger	1 Portion	303	13,0	32,0	38,61
Chefsalat ohne Sauce	1 Portion	149	9,0	3,0	54,36
Chicken McNuggets 6er	1 Portion	205	12,0	5,0	52,68
Currysauce	1 Portion	46	1,0	10,0	19,57
Donuts Schoko	1 Portion	322	18,0	37,0	50,31
Donuts Zucker	1 Portion	296	17,0	32,0	51,69
Egg McMuffin	1 Portion	415	22,0	29,0	47,71
Eis in der Waffeltüte	1 Portion	153	3,0	25,0	17,65
Eis mit Erdbeersauce	1 Portion	225	4,0	42,0	16,00
Eis mit Karamelsauce	1 Portion	281	6,0	51,0	19,22
Eis mit Schokosauce	1 Portion	279	8,0	46,0	25,81
Fischmäc	1 Portion	382	20,0	37,0	47,12
Gemüsemäc	1 Portion	486	25,0	56,0	46,30
Ham & Eggs	1 Portion	434	20,0	29,0	41,47
Hamburger	1 Portion	254	9,0	31,0	31,89
Hamburger Royal	1 Portion	517	28,0	37,0	48,74
Hamburger Royal TS	1 Portion	561	34,0	35,0	54,55
Kirschtasche	1 Portion	241	13,0	29,0	48,55
McChicken	1 Portion	459	23,0	43,0	45,10
McCroissant	1 Portion	307	18,0	24,0	52,77
McFlurry Cappuccino	1 Portion	324	10,0	50,0	27,78
McFlurry Nuts	1 Portion	323	14,0	42,0	39,01
McFlurry Smarties	1 Portion	351	11,0	55,0	28,21
McRib	1 Portion	476	21,0	44,0	39,71
Mexicana Salat ohne Sauce	1 Portion	176	2,0	29,0	10,23
Milchshake mit Erdbeergeschmack	1 Portion	290	8,0	46,0	24,83

Produkt	Gramm	kcal	g Fett	KH	% kcal aus Fett
Milchshake mit Schokogeschmack	1 Portion	304	8,0	48,0	23,68
Milchshake mit Vanillegeschmack	1 Portion	293	8,0	47,0	24,57
Pommes frites mittlere Portion	1 Portion	321	17,0	40,0	47,66
Burger King (Angaben für 1 Portion/durchschnittlich)					
Apfelkuchen	1 Portion	189	11,5	18,1	54,76
Big Chicken gegrillt	1 Portion	647	34,0	47,4	47,30
Big Chicken gegrillt mit Käse	1 Portion	733	41,0	49,9	50,34
Big King	1 Portion	586	38,0	29,0	58,36
Big King XXL	1 Portion	853	64,0	46,0	67,53
Caesar Chicken Wrap	1 Portion	225	11,1	24,3	44,40
California Chicken Wrap	1 Portion	284	8,0	37,0	25,35
Cheeseburger	1 Portion	323	15,0	27,0	41,80
Chicken Supreme	1 Portion	631	37,0	51,0	52,77
Chicken Whopper	1 Portion	519	23,0	42,0	39,88
Chicken Whopper mit Käse	1 Portion	562	27,0	43,0	43,24
Chunky Pommes	1 Portion	325	18,0	38,0	49,85
Country Bagel	1 Portion	462	19,0	50,0	37,01
Country Burger	1 Portion	521	29,0	54,0	50,10
Crispy Chicken	1 Portion	521	33,0	34,0	57,01
Crispy Chicken mit Käse	1 Portion	478	26,4	36,3	49,71
Donut, Schokolade	1 Portion	266	15,0	28,0	50,75
Donut, Vanille	1 Portion	266	15,0	28,0	50,75
Double Cheeseburger	1 Portion	578	34,7	28,4	54,03
Double Cheeseburger mit Bacon	1 Portion	636	38,8	28,5	54,91
Double Whopper	1 Portion	856	54,0	46,0	56,78
Double Whopper mit Käse	1 Portion	899	58,0	47,0	58,06
Fish King	1 Portion	419	22,0	57,0	47,26

Produkt	Gramm	kcal	g Fett	KH	% kcal aus Fett
Fish King Sandwich	1 Portion	474	24,7	43,2	46,90
Fish King Sandwich mit Käse	1 Portion	517	28,2	43,4	49,09
French Dressing	1 Portion	170	16,0	6,0	84,71
Frit Sauce	1 Portion	64	6,0	1,7	84,38
Ham & Cheese Bagel	1 Portion	406	15,0	47,0	33,25
Hamburger	1 Portion	280	12,0	27,0	38,57
Hot Brownie	1 Portion	525	35,0	20,0	60,00
Hot Brownie mit Eis	1 Portion	587	38,0	28,0	58,26
Jogurt Dressing	1 Portion	128	11,0	5,0	77,34
Ketchup	1 Portion	16	0,0	4,0	0,00
Kindertorte	1 Portion	189	12,0	17,0	57,14
King Nuggets	1 Portion	246	16,0	11,0	58,54
King Size Chicken Sandwich	1 Portion	668	42,7	44,5	57,53
King Size Chicken Sandwich mit Käse	1 Portion	754	49,7	45,0	59,32
King Sundae mit Erdbeersauce	1 Portion	243	11,0	39,0	40,74
King Sundae mit Schokoladensauce	1 Portion	243	11,0	39,0	40,74
King Sundae – Karamel	1 Portion	251	12,0	39,0	43,03
King Sundae – Vanille	1 Portion	202	11,0	29,0	49,01
King Wings	1 Portion	425	28,5	4,0	60,35
Muffin – Blueberry	1 Portion	398	23,0	44,0	52,01
Muffin Chocolate Chip	1 Portion	417	18,6	56,3	40,14
Muffin Schokolade	1 Portion	418	24,0	46,0	51,67
Shake	1 Portion	396	8,3	59,4	18,86
Shake Cappuccino-geschmack (0,2 ml)	1 Portion	237	11,0	31,0	41,77
Shake Erdbeer-geschmack (0,2 ml)	1 Portion	236	11,0	31,0	41,95
Shake Schokoladen-geschmack (0,2 ml)	1 Portion	250	11,0	34,0	39,60

Produkt	Gramm	kcal	g Fett	KH	% kcal aus Fett
Shake Vanille-geschmack (0,2 ml)	1 Portion	187	11,0	19,0	52,94
Sweet & Sour	1 Portion	36	0,1	8,8	2,50

Getränke

Produkt	Gramm	kcal	g Fett	KH	% kcal aus Fett
Gemüsesaft, Obstsaft					
Acerola, Konzentrat	100	261	1,2	57,0	4,14
Acerola, Saft	100	22	0,3	4,5	12,27
Apfel-Kirschsaft, Reformhaus	100	47	0,0	11,0	0,00
Aprikose, Vollfrucht, Reformhaus	100	65	0,0	15,0	0,00
Brombeer-Nektar mit Fruchtzucker, Reformhaus	100	54	0,0	13,0	0,00
Gemüsemost, Reformhaus	100	18	0,0	3,3	0,00
Grapefruit, Diät-Nektar mit Süßstoff, Reformhaus	100	26	0,1	5,8	3,46
Holundernektar, mit Zucker, Reformhaus	100	56	0,0	13,5	0,00
Johannisbeere, schwarz, Diät-Nektar mit Süßstoff, Reformhaus	100	14	0,0	2,5	0,00
Karottenmost, Reformhaus	100	28	0,0	6,8	0,00
Kirsch, Diät-Nektar mit Süßstoff, Reformhaus	100	20	0,1	4,5	4,50
Multi-Vitamin-Saft, Reformhaus	100	50	0,0	12,0	0,00
Orange, Diät-Nektar mit Süßstoff, Reformhaus	100	22	0,0	5,0	0,00
Rote Bete-Most, Reformhaus	100	33	0,0	7,0	0,00
Spinatsaft	100	9	0,0	0,5	0,00
Tomatensaft	100	17	0,0	3,4	0,00

Produkt	Gramm	kcal	g Fett	KH	% kcal aus Fett
Getränke aus Milch					
Molke, süß	100	26	0,2	5,0	6,92
Multaben Figur System Drink Citro-Quark Geschmack	100 ml	67	0,8	9,5	10,75
Getränkepulver					
Buttermilchpulver	100	380	2,2	53,0	5,21
Nestlé Nescafe Typ Café au lait	100	34	2,0	3,3	52,94
Nestlé Nescafe Typ Cappucino, cremig-zart	100	38	0,8	5,8	18,95
Nestlé Nescafe Typ Cappucino, extra-kräftig	100	38	0,8	5,8	18,95

Alkoholische Getränke

Alkohol hat zwar kein Fett, aber 7 (leere) Kalorien. Da der Körper dieses Zellgift schnell wieder loswerden will, blockiert Alkohol auch noch die Leber: Bis der Alkohol abgebaut ist, läuft die Fettverbrennung auf einem deutlich schlechteren Level. Zudem macht er hemmungslos und gefräßig.

Produkt	Gramm	kcal	g Fett	KH	% kcal aus Fett
Bier					
Alkoholfreies Bier	250	65	0,0	13,0	0,0
Altbier	250	100	0,0	7,0	0,0
Berliner Weiße, mit Schuss	250	150	0,0	25,0	0,0
Diät Pils	250	100	0,0	2,0	0,0
Exportbier	250	105	0,0	8,0	0,0
Lagerbier (Vollbier), hell	250	100	0,0	7,0	0,0
Malzbier	250	135	0,0	27,0	0,0
Märzenbier	250	105	0,0	8,0	0,0
Pils	250	105	0,0	8,0	0,0
Starkbier (Doppelbock)	250	150	0,0	10,0	0,0
Weißbier, Weizenbier	500	190	0,0	15,0	0,0

Produkt	Gramm	kcal	g Fett	KH	% kcal aus Fett
Obstwein					
Apfelwein	200	90	0,0	5,0	0,0
Cidre	200	80	0,0	7,0	0,0
Federweißer	200	150	0,0	24,0	0,0
Johannisbeerwein	125	95	0,0	6,0	0,0
Wein					
Bordeaux	125	95	0,0	0,0	0,0
Burgunder	125	100	0,0	0,0	0,0
Le Filou rouge	125	95	0,0	0,0	0,0
Plavac, halbtrocken	125	100	0,0	0,0	0,0
Plavac, trocken	125	90	0,0	0,0	0,0
Rosé	125	90	0,0	3,0	0,0
Rotwein, leichte Qualität	125	80	0,0	3,0	0,0
Rotwein, schwere Qualität	125	95	0,0	3,0	0,0
Weinschorle	125	45	0,0	2,0	0,0
Weißwein, leichte Qualität	125	85	0,0	1,0	0,0
Weißwein, mittlere Qualität	125	85	0,0	3,0	0,0
Schaumweine, Sekt, Champagner					
Champagner	100	90	0,0	4,0	0,0
Diabetiker-Sekt	100	80	0,0	2,0	0,0
Sekt, 1 Piccolo	200	180	0,0	8,0	0,0
Sekt, halbtrocken	100	90	0,0	4,0	0,0
Sekt, süß	100	110	0,0	11,0	0,0
Sekt, trocken	100	75	0,0	1,0	0,0
Süßwein	cl				
Dessertwein i. D.	5	80	0,0	7,0	0,0
Madeira (Likörwein)	5	85	0,0	5,0	0,0
Malaga (spanischer Wein)	5	80	0,0	9,0	0,0
Portwein i. D.	5	80	0,0	6,0	0,0
Reiswein	5	60	0,0	2,0	0,0
Sherry, süß	5	70	0,0	3,0	0,0
Sherry, trocken	5	60	0,0	1,0	0,0

Produkt	Zentiliter cl	kcal	g Fett	KH	% kcal aus Fett
Tokayer	5	80	0,0	7,0	0,0
Wermut, süß	5	80	0,0	8,0	0,0
Wermut, trocken	5	60	0,0	3,0	0,0
Likörwein					
Anisette, 42 Vol.-%	2	75	0,0	7,0	0,0
Apricot Brandy, 35 Vol.-%	2	65	0,0	6,0	0,0
Benedictine, 43 Vol.-%	2	70	0,0	5,0	0,0
Campari Bitter, 25 Vol.-%	2	50	0,0	5,0	0,0
Cherry-Brandy, 30 Vol.-%	2	50	0,0	4,0	0,0
Cointreau, 40 Vol.-%	2	75	0,0	6,0	0,0
Curaçao, 35 Vol.-%	2	60	0,0	6,0	0,0
Danziger Goldwasser, 38 Vol.-%	2	65	0,0	6,0	0,0
Eierlikör, 20 Vol.-%	2	55	0,0	6,0	0,0
Fruchtsaftlikör, 30 Vol.-%	2	60	0,0	6,0	0,0
Grand Marnier, 40 Vol.-%	2	75	0,0	6,0	0,0
Kräuterlikör, 32 Vol.-%	2	50	0,0	3,0	0,0
Kümmel, 30 Vol.-%	2	60	0,0	6,0	0,0
Likör i. D.	2	65	0,0	6,0	0,0
Pfefferminzlikör, 30 Vol.-%	2	70	0,0	9,0	0,0
Underberg, 49 Vol.-%, 1 kl. Flasche	3	100	0,0	8,0	0,0
Weinhaltige Getränke					
Bowle, Ananas	200	160	0,0	4,0	0,0
Bowle, Erdbeer	200	200	0,0	10,0	0,0
Bowle, Feuerzangen-	200	320	0,0	44,0	0,0
Bowle, Gurken	200	150	0,0	5,0	0,0
Bowle, Mai-	200	150	0,0	1,0	0,0
Bowle, Pfirsich	200	170	0,0	8,0	0,0
Glühwein	200	185	0,0	19,0	0,0
Kalte Ente	200	180	0,0	6,0	0,0
Kullerpfirsich	200	200	0,0	20,0	0,0
Sangria	200	200	0,0	13,0	0,0

Zum guten Schluss

Liebe Leserinnen,

machen Sie sich klar, dass SIE Ihren Mann nicht schlank kriegen, wenn ER das nicht will. Sie können ihn überzeugen. Vielleicht können Sie ihn sogar überreden. Aber überlisten oder irgendwie zwingen können Sie ihn nicht. Sie können nicht für ihn turnen, Sie können nicht für ihn hungern … es nützt nichts, da muss er selbst draufkommen, dass LOW FETT 30 eine gute Methode ist, damit er seinen Rettungsring los wird.

Und falls er *nicht* will, dann kritisieren Sie auch nicht ständig an ihm herum, er ist wahrscheinlich alt genug, um selbst zu entscheiden, wie er aussehen und wie lange er leben will. Auch wenn Sie schon seit 20 Jahren verheiratet sind, können Sie ihn lediglich unterstützen und motivieren.

- Sie können ihm helfen, dass er nicht vorzeitig das Handtuch schmeißt.
- Sie können leckere LOW FETT 30-Gerichte für ihn kochen.
- Sie können ihn ins Fitnessstudio begleiten.
- Sie können ihn trösten, wenn die Waage mal nicht so flott will, wie er das gerne hätte.

Und natürlich können Sie LOW FETT 30 ebenfalls machen. Egal, welche Figur Sie haben. Gesünder als eine fettreiche Ernährung ist LOW FETT 30 allemal.

Wir wünschen Ihnen auf jeden Fall viel Erfolg …

Liebe Leser,

Seien Sie versichert, dass »unsere« Männer, also die Teilnehmer an den LOW FETT 30-Abnehmgruppen, unsere männlichen User im Internet sowie die vielen Ehemänner und Partner unserer Leserinnen von LOW FETT 30 nach diesem vernünftigen und praktikablen Konzept richtig gut leben. Auch Sie werden es schaffen! Wenn Ihre innere Einstellung dazu stimmt, kommt der »Rest«, die Umstellung in der Praxis, von ganz allein.

Und falls Sie Fragen haben oder Tipps und Tricks benötigen: Unter www.lowfett.de finden Sie alles zum Thema und jede Menge Mitstreiter, die Ihnen dabei helfen werden, alle Klippen erfolgreich zu umschiffen!

Herzlichst
Ihre Gabi Schierz und Gabi Vallenthin

Infos rund um das LOW FETT 30-Projekt

LOW FETT 30® ist ein international eingetragenes Warenzeichen, das optisch um das Gütesiegel ergänzt wird.

Die Benutzung des Begriffes »LOW FETT 30« sowie die Verwendung unseres Labels ist nur mit unserer ausdrücklichen Genehmigung gestattet. Um Ihnen als Verbraucher Sicherheit zu geben, gehen wir gegen Trittbrettfahrer, falsche Deklarationen und alle Fälle von Markenrechtsverletzungen, die uns bekannt werden, gerichtlich vor.

Kontakt via Internet
Unsere Internet-Adresse lautet: **www.lowfett.de**
Neben den grundlegenden Infos finden Sie hier:

- Adressen und Termine unserer Abnehmgruppen
- Rechner für Grundumsatz, Body Mass Index
- Rezeptrechner (zum Ausrechnen eigener Rezepte)
- Ein Rezeptforum
- Ein Frageforum, in dem Sie sich mit anderen Usern austauschen können
- Eine Suchmaschine für die SCHIPPS
- Einen E-Shop

Unsere LOW FETT 30-Bücher

STEIG EIN Das Basisbuch zur LOW FETT 30-Ernährung (zu bestellen unter www.lowfett.de)

LOW FETT 30 Essen macht Spaß
(Goldmann Verlag, München)

LOW FETT 30 für Berufstätige
(Goldmann Verlag, München)

LOW FETT 30 Die hundert besten Rezepte
(Bassermann Verlag, München)

LOW FETT 30
Abnehmen und genießen mit Nährwerttabellen
(Bassermann Verlag, München)

LOW FETT 30 Backen (Bassermann Verlag, München)

LOW FETT 30 WOK (Bassermann Verlag, München)

LOW FETT 30 Die 100 schnellsten Rezepte
(Bassermann Verlag, München)

LOW FETT 30 für Naschkatzen (Knaur Verlag, München)

Die LOW FETT 30-Nährwerte-Ampel
(Knaur Verlag, München)

LOW FETT 30 Die 100 einfachsten Rezepte
(Knaur Verlag, München)

LOW Fett 30 Im Job unterwegs (Knaur Verlag, München)

LOW FETT 30 Italienische Küche (Knaur Verlag, München)

Das Gütesiegel »LOW FETT 30« finden Sie bereits auf folgenden Nahrungsmittel-Kategorien:

Fertiggerichte
(z. B. von REWE)
Knabberartikel
(z. B. XOX Big Sticks,
Apfelchips, SCHIPPS
Paprika und Salted)
Soßen und Fruchtschalen
(z. B. VERIS/Vision)
Brotcracker
(Neukircher Brotchips,
Wildberries)
Filinchen und
Salatsoßen
(Johannas Feine Küche)

Das Projekt wird weiter unterstützt von den Unternehmen/Produkten: Bofrost, Brandt, Buko-Frischkäse, Haribo, Kelloggs, Mamma Lucia Nudeln, REWE Handelsgruppe Schoeller/Mövenpick Eiscreme und vielen anderen.

Sachregister

Rezeptregister

B = Backwaren – D = Dessert – E = Suppe/Eintopf – F = Frühstück/Snack – FG = Fleischgericht – G = Gemüsegericht – GG = Geflügelgericht – M = Fisch-/Meeresfrüchtegericht – N = Nudelgericht – RK = Reis-/Kartoffelgericht – S = Salat